V&R

Jahrbuch der Deutschen Gesellschaft für Systemaufstellungen

Im Namen der Deutschen Gesellschaft für Systemaufstellungen gGmbH
herausgegeben von Kerstin Kuschik und Kirsten Nazarkiewicz

DGfS gGmbH, von-Beckerath-Platz 7, 47799 Krefeld
www.systemaufstellung.com

Kerstin Kuschik/Kirsten Nazarkiewicz (Hg.)

Aufstellungen lernen und lehren

Praxis der Systemaufstellung

Mit Fotografien von Helmut Seuffert

Mit 14 Abbildungen

Vandenhoeck & Ruprecht

Bibliografische Information der Deutschen Nationalbibliothek:
Die Deutsche Nationalbibliothek verzeichnet diese Publikation in der Deutschen Nationalbibliografie; detaillierte bibliografische Daten sind im Internet über https://dnb.de abrufbar.

Satz: SchwabScantechnik, Göttingen
Druck und Bindung: ⊕ Hubert & Co. BuchPartner, Göttingen
Printed in the EU

Vandenhoeck & Ruprecht Verlage | www.vandenhoeck-ruprecht-verlage.com

ISBN 978-3-525-45336-0

Inhalt

Kirsten Nazarkiewicz und Kerstin Kuschik
Einführende Worte 9

I Impulse

Kerstin Kuschik und Kirsten Nazarkiewicz
Einblicke in Weiterbildungen zur Aufstellungsarbeit – fünf Fragen und viele Antworten 17

Thomas Hafer
Prüfungen als Anstoß für Lernprozesse – ein Plädoyer 33

Malte Nelles
Nein zu Prüfungen! Plädoyer für eine wilde Aufstellungsarbeit 41

II Erfahrungen

… als Teilnehmende

Scherin Beuther
Vom Ordnen übers Erkunden zur Integration 51

Elke Foltz
Wie ich dirigieren lernte 59

Martina Jerchel
Das passt zu mir! 67

Maria Klein
Frei in Beziehung gehen 73

… als Weiterbildende

Lisa Böhm-de Philipp
Sich der Rolle des Aufstellers und Weiterbildners bewusst sein 79

Peter Bourquin
Was macht das Weiterbilden mit den Leitern? 85

Marion Lockert
Freud und Leid des Trainertandems – von richtig, falsch und Kairos 93

Albrecht Mahr
Das persönliche Erleben des Aufstellenden und die Freude, davon kunstfertig Gebrauch zu machen 99

III Kenntnisse

Hildegard Wiedemann
Lernen durch Erfahrung 107

Stephanie Hartung
»Gruppe ist die Mutter« – Gruppendynamik in Aufstellungsweiterbildungen 123

Christopher Bodirsky
Der Einsatz von Miniaturen in der Weiterbildung 145

Christiane Lier und Holger Lier
Über die Kunst, geeignete (Lösungs-)Sätze zu finden 157

Kerstin Kuschik
Intuitionsfähigkeit üben 169

Georg Müller-Christ
Komplexe Aufstellungen leiten 187

Salome Scholtens und Margreet Smit
Systemische Aufstellungen in der Ausbildung im Bereich der Medizin 207

Harald Homberger
Der Heilraum – unterstützen und lernen auf Gegenseitigkeit 225

Die Autorinnen und Autoren 235
Über den Fotografen Helmut Seuffert 241
Praxis der Systemaufstellung 243

Kirsten Nazarkiewicz und Kerstin Kuschik

Einführende Worte

Die Aufstellungsarbeit beinhaltet etwas schwer Vermittelbares. Die zentrale Wirkungsweise der stellvertretenden Wahrnehmung, welche systemdynamische Entfaltungen und intrapsychische Äußerungen über andere Personen zur Verfügung stellt, ist bislang nicht hinreichend begründbar. Ausgerechnet dort, wo Menschen für ihr Handeln Aufklärung brauchen, wo sie verstehen möchten und Sinn suchen, wo sie Lösungen erkunden und Entscheidungen aus innerer Stärke und Verbundenheit mit teils noch nicht erschlossenen Ressourcen treffen möchten, stößt man auf etwas Unerklärliches. Das schließt die Weitergabe der Arbeit für zukünftige Aufstellungsleitende ein. Umso mehr ist daher Methode gefragt. Es braucht einen Blick für Zusammenhänge, Sinn für Anschlussfähigkeiten, Klarheit, Struktur, Wissensbestände, Erfahrungen, Analyse und mehr, um Menschen und Organisationen durch unwegsames inneres Gelände zu neuen Perspektiven und heilsamen oder zielführenden Handlungsoptionen zu führen. Daher gehen wir in diesem Buch der Frage nach, wie in diesem Feld zwischen Staunen und Wissen Aufstellungen lehrbar sind und welche Lernerfahrungen es gibt.

Was anfangs die Pionier*innen der Aufstellungsarbeit durch Nachmachen und selbst Probieren gelernt haben, wird heute zunehmend durch verschiedene Institute und Personen in Form von Grundlagen, Prinzipien der Arbeit, Techniken und Hintergrundtheorien vermittelt, auch Weiterbildungen und Spezialisierungen hinsichtlich spezifischer Vorgehensweisen und Weltbilder stehen zur Verfügung. Systemaufstellungen werden also systematisch in mehr oder weniger umfangreichen Ausbildungen gelehrt. Parallel entstanden Übersichts-, Einführungs-, Hand- und Lehrbücher mit Anleitungen, auch sie machen die Methode für Lesende und Lernende handhabbar. Insofern werden gesammelte Erfahrungen von erfahrenen Aufstellungsleitungen oder Best Practices inzwischen auch schriftlich und veröffentlicht weitergegeben. Schulenübergreifend wird jedoch deutlich, wie problematisch Kodifizierungen, wie halbwahr Regeln und wie grob Techniken sein können. Schon bei der Formulierung der kleinsten Regelmäßigkeit kann das potenziell Unverfügbare, aus dem wir schöpfen, in der Praxis zugunsten der Regel unterschlagen worden sein. Aufstellungen sind einmalig, also nicht reproduzierbar und der Goldstandard naturwissenschaftlicher Reliabilität, Beweis und Sicherheit durch Wiederholung, ist nicht möglich. Es ist nicht verwunderlich, dass die qualitätshafte Praxis und die Debatte um Qualität zwischen Festlegungen und Offenheit schwankt. Die Komplexität der Aufstellungsarbeit und ihrer angeleiteten Vermittlung kann immer wieder nur facettenhaft ausgeleuchtet werden. Wie das nicht Lernbare gelernt, das nicht Vermittelbare doch achtsam und systematisch vermittelt wird, davon handelt dieses Buch.

Wir stellen hier Beiträge vor, die aus Sicht der Autor*innen hilfreich sind, das Aufstellen zu lernen oder zu lehren. Die zu Wort kommenden Stimmen sind vielfältig, aber choreografiert, reichhaltig und erkenntnisreich, aber unvollständig und genau durch diese Kombinationen anregend. Sie geben Einblicke in die aktuelle Lehr-Lernlandschaft.

So ist der Einstieg ins Buch dem Perspektivenreichtum der Anwender*innen gewidmet. In *Kapitel I »Impulse«* haben im ersten Teil 15 Weiterbildner*innen der beiden Verbände DGfS (Deutsche Gesellschaft für Systemaufstellungen) und ÖfS (Österreichisches forum Systemaufstellungen) auf fünf durch die Herausgeberinnen verfasste Fragen in kurzen Antworten ihre Erfahrungen als Weiterbildner*innen beschrieben. Sie gehen darauf ein, ob und wie sie den Prozess begleiten, der aus einzelnen Teilnehmenden eine Gruppe werden lässt, wie sie an die Leitung von Aufstellungen heranführen, welche Methoden und Theorien sie verknüpfen, was ihr größter Fehler war oder was sie am Ende der Weiterbildung als Rückmeldung freut. Geantwortet haben auf einzelne oder alle Fragen: *Bija Armitstead, Christina Arnold, Siegfried Essen, Kurt Fleischner, Isabell Fröhlich, Thomas Geßner, Thomas Hafer, Christine Huss-Doliana, Peter Klein, Angelika Leisering und Wolf Maurer, Christiane Lier und Holger Lier, Malte Nelles, Carola von Bismarck, Klaus-Ingbert Wagner und Theresa Weismüller.*

Im zweiten Teil des ersten Kapitels stellen wir eine Kontroverse dar: *Thomas Hafer* und *Malte Nelles* sind aus unterschiedlichen Perspektiven der Frage nachgegangen, ob Weiterbildungen grundsätzlich mit Prüfungen abgeschlossen werden sollten. Die jeweiligen Plädoyers bilden die gegenwärtige Breite der Argumente ab und geben unseres Erachtens Impulse für eigene Positionen.

Lernen und Lehren lässt sich in der Aufstellungsarbeit kaum trennen. Daher sind in *Kapitel II »Erfahrungen«* kurze Berichte zu lesen, in denen zunächst Kolleg*innen über ihre Lernerfahrungen als Teilnehmende in Weiterbildungen und danach weitere Kolleg*innen über Einsichten schreiben, die ihnen helfen, wenn sie die Aufstellungsarbeit als Weiterbildungsleitende vermitteln. Auch wenn die jeweils vier Autor*innen hier je aus der einen *oder* anderen Perspektive ihre persönlichen Erlebnisse beschreiben, ist zu erkennen, wie nah Lernen und Lehren selbst in einer Person und Funktion beieinanderliegen. Innerhalb der jeweiligen Rubriken (Lernen/Weiterbilden) sind die Beiträge in alphabetischer Reihenfolge bezüglich der Autor*innennamen sortiert.

Scherin Beuther nimmt die Lesenden mit auf ihre »Reise« über einen längeren Zeitraum mit drei Weiterbildungsetappen unterschiedlicher Aufstellungsformen. Sie beschreibt ihre Entwicklung zur Haltung eines Sowohl-als-auch bezüglich aufstellerischer Herangehensweisen und endet mit der Bemerkung, dass diese Reise einen offenen Ausgang habe.

Um das Finden des eigenen Stils geht es *Elke Foltz* in ihrer Beschreibung des Erlernens von Aufstellungsarbeit – gerade vor dem Hintergrund einer beruflichen Expertise, die nicht auf einer therapeutisch-pädagogischen Grundlage beruht.

Vom ersten Lesen über Aufstellungen als Endzwanzigerin bis hin zur eigenen Weiterbildung in Strukturaufstellungen einige Jahre später erzählt *Martina Jerchel* in ihrem Beitrag. Wir erfahren, wie es ihr bei den einzelnen Lernschritten erging und wie wichtig ihr der systematische Aufbau der Weiterbildung und die enge Verknüpfung zwischen Theorie und Praxis war.

Maria Klein beschreibt das Lernen von Aufstellungen als abwechslungsreiches Feld zwischen Anfängerglück, »Durchwursteln«, Unzufriedenheit und Selbstvertrauen. Die Erfahrung, wie sie sich bei der Durchführung einer Aufstellung selbst verleiten ließ, einem inneren Argument voreilig zu vertrauen, statt ihrem Bauchgefühl mehr Raum zu geben, war dabei ein wichtiger Schritt hin zur Professionalität, an dem sie uns teilhaben lässt.

Als Weiterbildende reflektiert *Lisa Böhm-de Philipp* in ihrem Beitrag, welchen Nutzen Rollenverständnisse und Typologien für sie haben und erklärt beispielhaft die Wirkung der Pole Extrovertiertheit und Introvertiertheit für das Vorgehen als Aufstellungsleitung. Sie nutzt derlei Kategorisierungen sowohl zur Selbstklärung als auch zur Intervention bei gruppendynamischen Prozessen.

Welchen Einfluss die Aufgabe des Weiterbildens auf ihn hatte, darum geht es *Peter Bourquin* in seinem Beitrag. Erfahrenes und Erspürtes für Lernende in explizite Aussagen fassen zu müssen und eigenes Vorgehen durch deren Fragen stets neu zu ergründen, nimmt er beispielsweise als Chance wahr, sowohl gegenwärtig und im Jetzt zu bleiben als sich auch der Vorläufigkeit der Arbeit insgesamt bewusst zu sein. Durch das Weiterbilden reift so die eigene Fähigkeit, die Wechselbeziehung zwischen Erklärbarem und Unerklärlichem, Haltbarem und dem, was es loszulassen gilt, ausbalancieren zu können.

Marion Lockert teilt ihre Erfahrungen bei der Leitung von Weiterbildungen im Zweierteam, wobei beide Personen im Team für andere Ausbildungsblöcke zuständig sind und sich dementsprechend abwechseln. Sie beschreibt die Dynamik von Annäherungs- und Distanzbewegungen der Gruppe oder auch einzelner Personen zur Leitung und wie sie gelernt hat, einige dabei wirkende Regeln und gruppendynamische Phasen zu erkennen, um schließlich einen Ablauf zu finden, in dem das gemeinsame Arbeiten leicht geht.

In therapeutischen Aufstellungssettings sind, so *Albrecht Mahr,* Übertragungs- und Gegenübertragungsphänomene nicht nur kunstfertig zu nutzen, sondern tragen zur Verlebendigung der Aufstellung bei. Sein Text ist ein kleines Lehrstück, Empfehlung und Versprechen. Anhand zweier Beispiele verdeutlicht er seine Erfahrungen und betont die besondere Qualität, auf diese Weise gemeinsam nützliche Erkenntnisse zu gewinnen.

In *Kapitel III, »Kenntnisse«,* stellen die Autor*innen in ihren Beiträgen ausgewählte Aspekte aus ihren Weiterbildungen zur Aufstellungsarbeit vor. Den Anfang macht *Hildegard Wiedemann.* »Lernen durch Erfahrung« ist nicht nur der Titel des Beitrags, er zeigt auch einen zentralen Aspekt des Lehrens und Lernens: die gefühlte und reflektierte Erfahrung in Aufstellungen. An Beispielen aus ihren Präsenz- und Onlineveranstaltungen rekonstruiert die Autorin, wie sie die Teilnehmenden in der Weiterbildung unterstützt, mithilfe von Märchenaufstellungen Verstrickungen auf die Spur zu kommen und mehr in die eigene Präsenz zu gelangen, um dies an ihre Klient*innen weiterzuvermitteln.

Stephanie Hartung widmet sich in ihrem Beitrag der Gruppendynamik in Weiterbildungen zur Aufstellungsarbeit. Dabei geht sie von der These aus, dass es zu einer Verwechslung von Gruppe und Mutter kommen kann und frühe Erfahrungen mit Autoritäten wie den Eltern reanimiert werden können. Sie beschreibt, wie informelle rangdynamische Rollenverteilungen die Gruppengestalt bewegen und die Gruppenleiter*innen in ihrer systemischen Führung herausfordern.

Christopher Bodirsky vermittelt, wie er Miniaturen in der Weiterbildung so einsetzt, dass handwerkliche Prinzipien und eine konstruktivistische Haltung auf Augenhöhe beim Leiten früh in den Weiterbildungen eingeübt werden können. Die Teilnehmenden sammeln direkt praktische Erfahrungen, werden für bestimmte Bedeutungen sensibilisiert, wie z. B. die Reihenfolge, in welche die Stellvertretungen gestellt werden, oder üben bestimmte Phasen in Aufstellungen. So kann eine komplexe Methode in kleine Bausteine aufgeteilt und strukturiert vermittelt werden.

»Über die Kunst, geeignete (Lösungs-)Sätze zu finden«, berichten *Christiane Lier und Holger Lier.* Das Anliegen in Aufstellungen, innere Prozesse und wirksame Dialoge anzustoßen, geschieht vermittels des Anbietens und Vorschlagens von Aussagesätzen. Sind diese unmittelbar stimmig, sind ihre positiven Wirkungen sicht- und spürbar: Blickkontakte werden möglich, Prozesse kommen in Gang, Zustimmung entsteht. Die Autor*innen geben ihre kondensierten Erfahrungen weiter, worauf sie achten, wie sie bei der Vermittlung dieser Kunst vorgehen und teilen mit den Leser*innen wirkungsvolle Übungen.

Dass man die »Intuitionsfähigkeit üben« kann, ist die These von *Kerstin Kuschiks* Beitrag. Für sie ist die stellvertretende Wahrnehmung als Zugangsweise für Erkenntnis und neue Erfahrungen eine Form der Intuition, die man auch gezielt schulen kann. Neben den kreativen Übungen, die die Autorin exemplarisch ausführt und welche die Weiterbildungen begleiten können, verankert sie dieses Vorgehen auch theoretisch. Eine Intuition fördernde Atmosphäre überwindet Hemmnisse wie Irritationen, Starre, Taubheit und Scham durch Vertrauen, Humor und das Nichtwissen als nützliche Ressource. In der Verbindung von Hintergrundwissen und Übungselementen kann die intuitive Sensitivität als eine Wahrnehmungsqualität gepflegt und gefördert werden.

Wir leben in einer Zeit, in der die Systeme hochkomplex geworden sind, sodass man beim Erlernen der Aufstellungsarbeit Kompetenzen benötigt, die sich eignen, um entsprechend komplexe Aufstellungen leiten zu können. *Georg Müller-Christ* definiert in seinem Beitrag wesentliche Lernfelder für die Leitung von insbesondere Erkundungsaufstellungen. Rahmung, Formatauswahl, Durchführung und Auswertung von Aufstellungen stellen Anforderungen an klares und strukturiertes Vorgehen, damit die Komplexität handhabbar und reduziert wird. Das Gleiche gilt für die Weiterbildung selbst, damit die Teilnehmenden nicht überfordert sind, sondern ihr Lernen erleben können. Zugleich verweist der Autor immer wieder auf die »Lücken« in der Struktur, die nur durch Intuition gefüllt werden können und schließt damit an Kerstin Kuschiks Beitrag an.

Der aus dem Englischen übersetzte Beitrag der Niederländer*innen *Salome Scholtens und Margreet Smits* führt uns in den medizinischen Hochschulkontext. Die Autorinnen haben ihre Erfahrungen wissenschaftlich ausgewertet, die sie mit einem von ihnen entwickelten Angebot an systemischen Aufstellungsworkshops im Medizinstudium gemacht haben. Weder hatten sie einen klaren Auftraggeber, noch wurden sie in diesem evidenzbasierten Kontext mit offenen Armen empfangen. Sie standen vor der Herausforderung, einer Zielgruppe, die nicht danach gefragt hatte, eine Methode vorzustellen, welche dem Fachgebiet eher fremd erscheint und in einem zielorientierten Studium eine ungewohnte Prozesstiefe hat. Der Beitrag zeigt, auf welche Hürden sie gestoßen sind und wie es gelungen ist, die Teilnehmenden in ihrer Welt abzuholen und systemische Erfahrungen und systemisches Denken auch dort zu etablieren, wo zunächst kein Bedürfnis danach bestand.

Beschlossen wird der diesjährige Band mit dem Beitrag von *Harald Homberger:* »Der Heilraum – Unterstützen und Lernen auf Gegenseitigkeit«, einer Methode, die er in Peergroups ausführen lässt, jenen Übungskleingruppen der Teilnehmenden, welche die meisten Weiterbildungen begleiten. Gerahmt von Achtsamkeitspraxis und Meditationsübungen in der Gesamtgruppe der Weiterbildung regt der Heilraum in den Kleingruppen, zusammen mit einer Übungsanweisung, zu einer menschlichen Unterstützung an. Eine Sammlung von Fragen, viel Zeit, Stille, Wahrnehmung und »Zeugenbewusstsein« ermöglichen den jeweiligen Anliegengeber*innen in Wunden hineinzuspüren, welche das Leben einst geschlagen hat, diese zu heilen und als Erfahrung zu integrieren.

Diesmal haben wir gemäß der Verlagsanforderung auch alle Autor*innen darum gebeten, sich für eine Genderform zu entscheiden. Es sind unterschiedliche Handhabungen gewählt worden – bis zu der Variation, nicht zu gendern. So ist die Bandbreite der individuellen Vorlieben zu sehen, eine Vielfalt, die wir unterstützen und auf die wir die Leser*innen bitten, sich einzulassen. Mehr als in den vorherigen Büchern haben wir überhaupt dieses Mal gezielt die subjektive Sicht der Autor*innen erfragt und – insbesondere bei den Erfahrungsberichten – auf Generalisierbarkeit und fachliche Verknüpfungen, also Belege oder Quellen verzichtet. Auch beim Transfer von Modellen kommt es uns dieses Mal auf die individuelle Brille, die Erfahrungen mit der eigenen Arbeitsweise und Anwendung an.

Über eine mögliche Verallgemeinerbarkeit oder den Transfer auf die eigenen Erfahrungswerte und Weiterbildungscurriculae mögen die lesenden Anwender*innen von Aufstellungen und die Weiterbildner*innen selbst entscheiden.

Wie immer ist ein Buch ein Gemeinschaftswerk mit vielen Unterstützer*innen. Danken möchten wir ausdrücklich *Marion Lockert,* die uns als Redakteurin in den Anfängen dieses Buches geholfen hat. Auch die Illustrationen bergen die Energie von vielen Menschen, nicht nur den abgebildeten (bewusst verfremdeten). Wir haben die Mitwirkenden dieses Bandes um Einsendungen von Fotos aus ihren Weiterbildungskontexten gebeten und der Fotograf *Helmut Seuffert* hat hieraus mit eigenem Blick, speziellen Techniken und unter Einbeziehung eigener Fotografien verdichtete Abbildungen mit vielfältigen Dimensionen kreiert, die wie gewohnt die Beiträge und das Thema begleiten.

I Impulse

KNETTENBRECH
GURDULIC

Kerstin Kuschik und Kirsten Nazarkiewicz

Einblicke in Weiterbildungen zur Aufstellungsarbeit – fünf Fragen und viele Antworten

Vorbemerkung

Als Aufstellungsleiter*innen lernen wir zwar nie aus, doch man hat selten die Gelegenheit, an vielen Basis-Weiterbildungen teilzunehmen. Beinahe beiläufig erfährt man mit der Zeit, wie vielfältig die Herangehensweisen und Bedingungen des Gelingens sind. Um eine hohe Beteiligung zu ermöglichen, haben wir uns fünf Fragen überlegt, die mutmaßlich in allen Weiterbildungen eine Rolle spielen. Diese Fragen wurden über den Weiterbildungsausschuss der DGfS und über den Vorstand des ÖfS (Österreichisches forum Systemaufstellungen) verbreitet. Wir freuen uns, dass die Resonanz hoch war und die Gemeinsamkeiten sowie Unterschiede so spannend sind wie wir uns erhofft hatten. (Die Antworten sind alphabetisch nach Nachnamen sortiert.)

Frage 1: Wie gelingt es dir im Rahmen von Weiterbildungen zur Aufstellungsarbeit, aus X Teilnehmenden eine Gruppe zu machen?

Zunächst durch die Raumgestaltung: Sitzkreis; in der Mitte Blumen und eine Kerze. Dann durch Klärung der Rahmenbedingungen: Vorstellung und einführende Worte von mir; die Teilnehmenden stellen sich reihum selbst mit ihren Erwartungen an die Weiterbildung vor. Das Zusammenwachsen der Teilnehmenden geschieht im weiteren Prozess beinahe von selbst: durch das Einnehmen von Stellvertreterrollen, durch Beobachten im Außenkreis und das Vorstellen bzw. systemische Bearbeiten eigener Themen entsteht ein lebendiges Miteinander. Um die innere Öffnung und Teilhabe zu unterstützen, achte ich darauf, dass bei den Befindlichkeitsrunden und beim gegenseitigen Feedback jede*r nur von sich spricht, Erfahrungen nicht bewertet werden und alles da sein darf, was da ist, in einem haltenden Raum. (Christina Arnold)

Erstens beginne ich jede Gruppe und jeden Weiterbildungstag mit einer Redespirale nach dem dialogischen Prinzip (Buber/Bohm), d. h. reden und hören mit dem Herzen, nichts begründen müssen, weil nicht nachgefragt werden darf usw.

Zweitens ist die Verbundenheit das zentrale Thema aller Aufstellungen, sie wird immer mit dem vorläufigen Namen »SELBST« mit aufgestellt. (Siegfried Essen)

In der ersten Begrüßungsrunde versuche ich eine Verbindung zu jedem*jeder Teilnehmer*in und zur Gruppe als Ganzes aufzubauen. Während eines Weiterbildungslehrgangs gehen die Teilnehmer*innen sowohl individuell als auch als Gruppe durch tiefe Veränderungsprozesse. Dabei zeigt sich, wie bei Aufstellungen, ein Anfangsbild, ein fließender Prozess und in der Schlussrunde gewissermaßen ein »Lösungsbild«. Wie bei Aufstellungen geht es auch hier darum, Räume zu öffnen, in denen die Prozesse sich entfalten dürfen und allen Aspekten und Dynamiken Raum zu geben, die darin auftauchen. Mein wichtigster Beitrag ist das Vertrauen in den Prozess, denn dieser kennt alle Schritte, die die Gruppe für ihre Weiterentwicklung benötigt. (Kurt Fleischner)

Eine Übung erscheint uns dabei sehr »gruppenbildend« zu wirken: Nach einer Raumerfahrung des Veranstaltungsortes und des persönlichen (eigenen) Raumes als Schutzzone begleiten wir die Teilnehmer*innen verbal, die sich langsam im Raum bewegen, dahingehend, sich immer wieder zu begegnen. Wir laden sie dazu ein, sich anzu»sehen« und sich gegenseitig den Satz zu sagen: »Ich sehe dich.«

Wir beobachten immer wieder, welch nahe Begegnungen durch diesen holistischen (An-) Erkennungsmoment möglich werden und wie sich Ressentiments entweder lösen oder gar nicht erst entstehen.

Das Thema grundsätzliches Wertschätzen und ein Miteinander auf Augenhöhe thematisieren wir nicht nur, sondern machen auch in Prozessen proaktiv darauf aufmerksam. Immer wieder finden in den Pausen Gespräche statt, die Vergleiche oder Konkurrenz ansprechen. Wir greifen diese auf und bieten Vernetzung und gegenseitige Achtung an, als ein Profitieren aller voneinander. (Isabel Fröhlich-Rudner)

In meinen Weiterbildungen entstehen die Gruppen von ganz allein, indem sich die Teilnehmer von der Aufstellungsarbeit berühren lassen. Ich unterstütze das innerlich, indem ich dieser Arbeit vertraue und mich ganz dem überlasse, was dabei erscheint. Je deutlicher mir das gelingt, umso leichter fällt es den Teilnehmerinnen. Die meisten von ihnen fühlen sich schon nach wenigen Tagen sehr miteinander verbunden. Alles Weitere folgt aus dem Vertrauen in die Arbeit, wie etwa klare Regeln im Ablauf, der Wechsel von Selbsterfahrung und Theorie im Plenum mit Übungen in Kleingruppen und die Einzelarbeit im Plenum. Außerdem bilden sich neben den eigentlichen Kursen mehrere Peergroups und viele Freundschaften, einfach, weil man so viel Persönliches miteinander teilt. (Thomas Geßner)

Wir beginnen jede Weiterbildung mit Biografiearbeit. Nach einer Fantasiereise durch die wichtigen Stationen des Lebens legen die Teilnehmer*innen eine sogenannte Lebenslinie, auf der sie mit kleinen Figuren bildlich die Stationen ihres Lebens darstellen. Dann verbringen wir einen ganzen Tag damit, dass die Teilnehmer*innen einander ihr Leben anhand ihrer Lebenslinie erzählen. (Thomas Hafer)

Zum Auftakt und zwischen den Einheiten singe ich oft mit den Teilnehmenden einen passenden Chant. Chants sind einfache Herzens- und Kraftlieder. Sie existieren in allen Kulturen und schaffen ein Gefühl der Nähe und Herzensverbindung.

Durch eine Imagination hole ich die Menschen am Anfang aus ihrem Alltag ab. Ich führe sie in ihrem Inneren in den Seminarraum, lasse sie ankommen. Dann in ihr Herzensanliegen. Dieses lasse ich sie malen. So entsteht ein Bodenanker, den sie erfühlen, mit dem sie sich dann in der Gruppe einbringen.

Für einen achtsamen, respektvollen, wertschätzenden Umgang integriere ich Körpermeditationen, Körperübungen und Naturerfahrungen. Dies bringt Klarheit und Gemeinschaft. (Christine Huss-Doliana)

In den Weiterbildungen sind Teilnehmerinnen mit verschiedenen beruflichen Hintergründen, wie z. B. Gesundheitsberufe und Business, oder Therapeuten. Am ersten Tag stellt sich jeder vor der Gruppe persönlich vor und erhält eine Aufstellung: Ich und mein persönliches Ziel der Ausbildung. Es ist hilfreich, dass wir bei unseren Aufstellungen durch verschiedene Kontexte wie Familie, Beziehung, Business oder Gesundheit wandern. Dadurch zeigt sich jeder als Mensch auch von seiner persönlichen Seite. Ein weiterer Faktor sind Meditationseinheiten in der Gruppe, in denen ein Gefühl von Verbundenheit entsteht. Unsere Philosophie: Aufstellungen sind Teamarbeit. Teams entstehen durch gemeinsame Ziele, Werte, Erlebnisse und Grenzen. (Peter Klein)

Die Weiterbildung beginnt mit einer Übung zu zweit in Stille. Wir laden ein, sich im Kreis mit dem *fremdest-empfundenen Menschen* zu finden. Wenn die Paare sich gegenüber gesetzt haben, gibt es erst einmal ein Innehalten mit geschlossenen Augen und Selbst-Wahrnehmung: Körper, Gefühl, Atem. Dann beginnt der Augenkontakt. Unterschiedliche Wahrnehmungsmöglichkeiten: fokussiert – oder mit weichem Blick. Welche Qualitätsunterschiede in der Wahrnehmung gibt es? Es folgt die Einladung, sich noch etwas vertiefter auf das

Gegenüber einzulassen, vom Herzen her zu schauen, den »Siebten Sinn« zu aktivieren. Nach ca. fünf Minuten laden wir ein, die Augen wieder zu schließen und die eigenen Wahrnehmungen zu reflektieren. Es folgt der Austausch zu zweit und im Plenum. (Angelika Leisering/Wolf Maurer)

Zu Beginn haben wir Übungen, um Gemeinsamkeiten und Unterschiede festzustellen. Diese werden als Bereicherung für die Weiterbildung erfahrbar gemacht:

- In Dreier-Kleingruppen werden hypothetische Aussagen über jede Person geäußert (Hobby, Alter, Beruf, Kinder, Wohnsituation, Lieblingsfarbe, -gericht). Danach bestätigen die Teilnehmenden, was »gestimmt« hat.
- Wir positionieren Ort, Berufe, Vorerfahrungen, Vornamen.
- Erste Aufstellungen mit Teilnehmenden als Repräsentant*innen bewirken Nähe.
- Viele wechselnde Kleingruppen und Plenum schaffen Vertrauen.

(Christiane Lier/Holger Lier)

Bei uns sind es je nach Land zwischen zwanzig und fünfzig Teilnehmer pro Ausbildungsgruppe. Wir lassen die Teilnehmer von selbst eine Gruppe werden und mischen uns in den Selbstorganisations- und Selbstwerdungsprozess der Gruppe nicht ein. Da dieses Wachstum aus sich selbst heraus auch die Leitschnur unseres therapeutischen Denkens ist, würde ich bei diesem Prozess niemals versuchen, strategisch zu intervenieren. Meine Wahrnehmung dabei ist, dass so jede Gruppe ihre eigene »Seele« entwickelt. Um die Frage mit einem Satz zu beantworten: Die Gruppe macht sich selbst. (Malte Nelles)

Die Gruppe ist für mich das wesentliche Lernfeld und deshalb installiere ich vom ersten Moment an Rituale. Ein Ritual ist z. B. eine Eingangsmeditation zum Thema des Wochenendes. In der Meditation wird jeder zu einem eigenen Thema hingeführt und eingeladen, seinen Wunsch/sein Anliegen/seine Ressource/sein Thema/seinen Widerstand/sein Hindernis/seinen Schatten mit einem Satz zu benennen. Dann stellt sich die Gruppe in einen Teil des Raumes und jeder Einzelne/jede Einzelne tritt vor, sagt seinen/ihren Namen und seinen/ihren Satz. Und die Gruppe wiederholt den Namen und sagt: »Willkommen.« Die Idee ist, dass die Erfahrung gemacht wird, dass jede Empfindung willkommen ist und damit jeder so, wie er/sie ist. (Carola von Bismark)

Dies geschieht hauptsächlich durch die Aufstellungsarbeit selbst. Wie wir alle wissen, sind Systemaufstellungen eine sehr effektive Methode, um Verdecktes schnell ans Licht zu bringen. Somit lassen sich wichtige Themen einfach nicht verstecken. Meine Weiterbildungen beginnen deshalb immer mit einem längeren Selbsterfahrungsteil. Durch meine Haltung versuche ich, einen Raum zu schaffen, in dem alles unbewertet sein darf. Ganz nach dem Motto meines Supervisors: »Alles darf sein, was sein darf, verändert sich.« Diese Nähe der inneren Themen stellt bis jetzt automatisch ein Gruppengefühl her, denn es wird klar: »Hier darf ich sein, wie ich bin und im Kern haben wir alle ähnliche Probleme. (Klaus-Ingbert Wagner)

Die Aufstellungsarbeit, die Traumaforschung und die daraus resultierenden Methoden der Traumabewältigung sind seit 1998 parallel meine eigenen Weiterbildungsschwerpunkte. Zu Beginn der Traumaausbildung waren die erklärten Gegner die Aufsteller, die »Personen in den Aufstellungen und durch die Aufstellungen zusätzlich traumatisieren«. In gewisser Weise konnte ich diese Kritik nachvollziehen, da ich solche Prozesse miterlebt hatte. Im Laufe der Ausbildung zur Traumatherapeutin verstand ich immer mehr, dass traumatisierte Menschen anders reagieren, anders wahrnehmen und anders handeln als Menschen, die keine schweren Verletzungen selbst erlebt haben oder transgenerational vererbt tragen.

Nun kamen immer häufiger Menschen mit Komplextrauma in meine Praxis und sie lehrten mich, was sie brauchten, um zu erkennen, aufzudecken und ihre Wunden zu heilen. Dies brachte eine Synthese beider Methodenansätze, zumal ich mich auf die Behandlung von traumatisierten Menschen spezialisiert hatte. (Theresa Weismüller)

Frage 2: Wie gestaltest du den Einstieg in das »selber machen«, sodass die Teilnehmenden sich zutrauen, selbst Aufstellungen zu leiten?

Der Einstieg ins Selber-Tun geschieht meist in Kleingruppen: Die Teilnehmenden erhalten Anleitungen zur Arbeit mit einem Klienten bzw. einer Klientin zu einem bestimmten Thema (z. B. Ich und mein berufliches Ziel): Sie erhalten Infos zur Auftragsklärung und zum systemischen Vorgespräch, zu möglichen Aufstellungsformaten und zur konkreten Vorgehensweise. Jede*r ist einmal Klient*in, Aufstellungsleiter*in, Beobachter*in. Die Erfahrungen in den verschiedenen Rollen werden im Plenum reflektiert. (Christina Arnold)

Wenn das Selbst, die Ganzheit der Klientin oder des Klienten mit aufgestellt wird, kann sich der*die Gastgeber*in zurücklehnen und die Verantwortung an die universale Kraft der Verbundenheit abgeben. Die Hingabe ist das Wichtigste, was für die Weiterzubildende zu lernen ist. Dies geschieht zuallererst im eigenen Inneren durch die Unterscheidung der Ichqualität (alle Prozesse des Unterscheidens und Fokussierens, des Willens und der Ausrichtung) von der Selbstqualität (alle Prozesse der Verbundenheit vom Atmen bis zum Gebet). Das Ziel jeder Aufstellung: das SELBST vom Sockel irgendeiner Verehrungsideologie zu holen und zu einer inneren Wirkkraft werden zu lassen und ebenso das ICH aus der Abwertung und Verdrängung in Augenhöhe zum SELBST zu bringen. Die Verwirklichung dieser beiden Ressourcen ist die Grundlage meiner Aufstellungsmethodik und wird in jedem Modul vertieft und durch Metalog und Ideologiekritik gereinigt. (Siegfried Essen)

Eines der größten Hindernisse beim Erlernen von Aufstellungen ist der eigene Ehrgeiz. Bei ihren ersten praktischen Aufstellungen haben die Weiterbildungsteilnehmer*innen die Möglichkeit, den*die Weiterbildungsleiter*in um Rat zu fragen oder »abzuklatschen« und ihm*ihr die weitere Begleitung der Aufstellung zu überlassen. Das explizite Ziel der Übung ist nicht, eine gute Aufstellung abzuliefern, sondern wir üben, das »wissen wollen« loszulassen. Wir trainieren *Demut* und üben so, uns dem *Nichtwissen* zu überlassen. Diese Haltung ist oft die Voraussetzung dafür, dass die Aufstellung *zu uns spricht* und wesentliche Aspekte in ihr aufleuchten und sich uns mitteilen. (Kurt Fleischner)

Unsere Haltung beinhaltet auch die Grundsatzfrage: »Was sind Fehler?«, und die Sicht auf Fehler – z. B. diese als »Lehrmeister« zu betrachten. Gerade die »Fehler« der Lehrtherapeut*innen thematisieren wir zu Beginn der Weiterbildung als Lern- und Wachstumschance für alle. Transparent und offen erzählen wir von unseren eigenen Einstiegen und Anfängen sowie von vermeintlichen »Misserfolgen« zu Beginn unserer therapeutischen Arbeit. Auch (potenzielle) Auswirkungen/Konsequenzen von »Fehlern« werden thematisiert, um möglichen Ängsten zu begegnen. Wir versuchen damit, die Hemmschwelle zum Ausprobieren möglichst niedrig zu halten. (Isabel Fröhlich-Rudner)

Mit Übungen in parallelen Kleingruppen, etwa zu viert, beispielsweise: Eine Teilnehmerin ist Klientin. Sie wählt in der Kleingruppe einen Teilnehmer für ihren Vater, eine Teilnehmerin für die Aufstellungsleitung, einen als stillen Zeugen. Die Klientin stellt sich ihrem Vater gegenüber, beide dürfen den Abstand selbst bestimmen und sich dabei langsam bewegen. Die Aufstellungsleitung darf eine Intervention einbringen. Der Zeuge bleibt stumm. Nach wenigen Minuten gibt es in der Kleingruppe einen Austausch über das Erlebte. Dann wird gewechselt, bis alle in jeder Funktion dran waren. Ich gehe herum und schaue, selten greife ich ein. So gewinnen sie Vertrauen und Lust, selbst Aufstellungen zu leiten. Dies geschieht an jedem zweiten Kurstag und wird zunehmend komplexer. (Thomas Geßner)

Schon im ersten Block bieten wir kleine Übungen für das Leiten von einzelnen Elementen von Aufstellungen an und ermutigen die Teilnehmer*innen, das in der Peergroup zu üben. Nach dem dritten oder vierten Block geben wir sehr klare Regeln für das Üben von vollständigen Aufstellungen in der Peergroup. Es bewährt sich sehr, dass die Teilnehmerinnen ohne unsere Beobachtung, aber orientiert an klaren Regeln üben und uns dann im nächsten Block ganz konkrete Fragen stellen können, wie sie mit bestimmten Situationen umgehen können. (Thomas Hafer)

Durch die Hinführung über einen Symptomfragebogen zu einer Symptom-Innenreise und dem gegenseitigen Üben in einer Klient*innen-Therapeut*innen-Kette, später dann in Peergroups mit Klienten*innen, ist es den Teilnehmer*innen möglich, ein solides praktisches Wissen gerade für den Anfang in Händen zu haben. Dieses gibt am Anfang Sicherheit. Damit ist es möglich, Schranken und Unsicherheiten zu überwinden und im geschützten Rahmen Aufstellungserfahrungen zu machen. Diese Erfahrungen besprechen wir dann in der Gruppe. Nach und nach erweitern die Teilnehmenden dann diese Erfahrungen allein, zunächst in Einzelaufstellungen, dann in der Gruppe, z. B. nur ein Nachmittag oder Abend, auf ihre Klient*innen. (Christine Huss-Doliana)

Die Teilnehmer*innen werden Schritt für Schritt verantwortlich an die Leitung von Aufstellungen herangeführt. Zusehen, Repräsentant*in sein, Gruppenaufgaben zu Teilprozessen, wie z. B. ein Einführungsinterview für eine Klientin bzw. einen Klienten zu üben, sind erste Schritte. Dann werden die Teilnehmer*innen Co-Leiter*in bei Aufstellungen, die noch von Lehrtrainer*innen geleitet werden. In der Ausbildung arbeiten wir mit Doppelleitungen, d. h., die Leitung lernt, wie man zu zweit eine Aufstellung leitet. Dies erleichtert die ersten Schritte: Vier Augen sehen mehr als zwei. Die Hauptleitung kann auch die Rolle mit der Co-Leitung tauschen, um sich aus einer aktiven in eine Beobachterposition zu versetzen, auch wenn sie in einem eigenen Thema durch den Klienten bzw. die Klientin getriggert ist. Zum Abschluss der Ausbildung ist der*die Teilnehmer*in jeweils einmal Haupt- und Co-Leiter*in unter Supervision, mit einem Klienten oder einer Klientin, der*die nicht Teilnehmer*in der Gruppe ist. (Peter Klein)

Bei uns machen die Teilnehmenden der Weiterbildung bereits im ersten Modul eigene Erfahrungen, zunächst über hoch strukturierte Formate (Stellvertreter stehen fest, Bodenanker sind zum Start definiert), diese werden einmal gezeigt und dann in Kleingruppen parallel im Raum gemacht. Alle erhalten den Raum, sich in allen Rollen zu üben (Klient, Aufstellerin, Beobachter). Da wäre z. B. die Disney-Methode. Hier gibt es vier Elemente: das Projekt, die Visionärin, den Macher, die Qualitätsmanagerin. So ist der Rahmen über die vorgegebenen Bodenanker gesetzt. Die Dreiergruppen können direkt erfahren, wie unterschiedlich sich die Aufstellungen entwickeln, auch wenn die Elemente gleich sind. (Angelika Leisering/Wolf Maurer)

Wir unterteilen die Aufstellung in Teilschritte. Die erste Aufstellung machen die Teilnehmenden als Leitung (nach der Auftragsklärung) mit dem ersten Bild. Danach kommt immer eine »Gewinnabfrage«. Das gelingt, weil das erste Bild schon wichtige Informationen gibt und der*die Teilnehmende als Klient*in dies bestätigen kann. Damit wird der Druck herausgenommen, eine Aufstellung bis zum »Schlussbild« zu leiten. (Christiane Lier/Holger Lier)

Ich selbst habe von Zuschauen, Wahrnehmen, Mitdenken und Mitschwingen gelernt, bis es mir irgendwann reichte und ich es selbst in die Hand genommen habe. Das ist für mich auch heute der wesentliche Grundsatz. Die Teilnehmer bekommen im Laufe unserer Weiterbildung einige Möglichkeiten, selbst Aufstellungen zu leiten, aber ich nehme keinen Einfluss darauf. Das, was ich denen, die es wirklich selbst machen möchten, mit auf den Weg gebe, sind zwei Dinge: erstens, dass sie am Anfang Mut, Chuzpe und ein bisschen Unverschämtheit brauchen, um sich hinzustellen und zu sagen: »Ich kann es.« Und zweitens Bert Hellingers wunderbare Worte für Anfänger: »Jede Kuh hat mal als Kälbchen begonnen.« (Malte Nelles)

Ungefähr ab dem vierten Wochenende beginnen die Teilnehmenden, selbst aufzustellen. Sie suchen sich einen Co-Therapeuten und ich bin da, um einzugreifen, wie eine Fahrlehrerin, die bei der Fahrt des Fahrschülers auch selbst auf die Bremse treten kann. Am Anfang übernehme ich bei den Aufstellungen zum Schluss hin meist selbst, wenn es um den Vorschlag von Sätzen geht. Das ist ein fließender Prozess, der ohne Anspruch auf »Gelingen« erstmal übt, übt, übt und fließend übergeht in das Vollziehen eines ganzen Aufstellungsprozesses. (Carola von Bismark)

Grundsätzlich finden alle Übungen unter Live-Supervision statt. Es hat sich dabei gut bewährt, dass ich nur einen kurzen Impuls gebe und dann die Teilnehmerinnen eine Zeit lang wieder vollkommen allein arbeiten lasse. Erste Phase: Gesprächs- und gestalttherapeutische Kontakt- und Kommunikationsübungen. Zweite Phase: Kleingruppen – nur Ordnungen ohne Lösungssätze herstellen. Dritte Phase: Kleingruppen – simulierte Konfliktsituationen in Familien. Hierzu finden Sie eine Übung mit Lösungssätzen im Buch: Lockert, M. (Hrsg.) 2018. Perlen der Aufstellungsarbeit. Tools für systemisch Praktizierende. Heidelberg: Carl-Auer. Vierte Phase: ganze Aufstellung mit limitierter Anzahl von Stellvertretern. Fünfte Phase: Große Aufstellung, von Mal zu Mal mit immer weniger Impulsen meinerseits. (Klaus-Ingbert Wagner)

Frage 3: Welche Expertise oder Methode (jenseits von Aufstellungsarbeit) ist dir so wichtig, dass du diese systematisch mit dem Erlernen des Aufstellens verknüpfst?

Traumatheorie und Teilearbeit; Techniken des Focusing; das Neuro-imaginative Gestalten (NIG) nach E. Madelung und B. Innecken. (Christina Arnold)

Als Sozialarbeiterin machte ich früh die Erfahrung von Ausgebranntsein und Aufopferung. Auf der Suche nach Unterstützung aus dem Teufelskreis begegnete ich der Meditation. Durch sie lernte ich Selbstwahrnehmung, Achtsamkeit, Respekt vor dem inneren Prozess, mich selbst nicht so wichtig zu nehmen und meinem Gegenüber mehr Eigenverantwortung zuzutrauen. All dies und mehr nimmt die Systemische Beratung auch für sich in Anspruch. So entwickelte sich aus Selbstfürsorge die Grundlage meiner Arbeit. Denn mit fundiertem Fachwissen und Bewusstheit kann man Burnout verhindern und dennoch in Verbindung gehen und somit liebevoll – in Respekt und Achtung vor den Klient*innen und sich selber – Wegbegleiter*in sein. (Bija Armitstead)

Das dialogische Prinzip. Das Handeln durch Nichthandeln (Tao te King). Still sein und Warten als Führungskraft (Jesaja). Verschiedene Arten der Körperorientierung, wie Breema, Fünf-Rhythmen-Tanz, Zen-Meditation, Theaterpädagogik usw., um den Körper als reines, leeres Resonanzinstrument zu erkennen. (Siegfried Essen)

Ich orientiere mich unter anderem an dialogischen Konzepten von Martin Buber. Bei Aufstellungen öffnen sich Räume, in denen wir mit einer Kraft in Verbindung kommen, die größer ist als wir. Wenn Menschen, die einander vor einer Stunde noch gar nicht gekannt haben, einander heulend und rotzend in den Armen liegen, als wäre dies das Selbstverständlichste auf der Welt, wirkt eine überpersönliche Liebe und Verbundenheit. Die Expertise, die es benötigt, um den Rahmen solcher Lern- und Erfahrungsräume zu gestalten, beruht auf Ehrlichkeit, Menschlichkeit und ein »Phänomenologisches Schauen«. Es gehört für mich zu den Prioritäten einer Weiterbildung, diese Fähigkeiten zu entwickeln und zu schulen. (Kurt Fleischner)

Das Studium der Tanztherapie war mein persönlicher und beruflicher Einstieg in meine therapeutische Arbeit. Der tanztherapeutische Blick ist für mich hilfreich, da viele Impulse in Systemaufstellungen, wie z. B. die der Mimik, der Körperhaltung und der Bewegungsmuster der Klient*innen oder Stellvertreter*innen von Bedeutung sein können. So biete ich auch an, solche Elemente in die Systemaufstellungsarbeit mit einzuweben, – bzw. sind sie natürlicherweise schon in jeder therapeutischen Arbeit vorhanden, werden allerdings oft nicht wahrgenommen oder außer Acht gelassen. Gerade im aktuellen Aufblühen der »Online«-Aufstellungen und den damit aufkommenden unterschiedlichen, neuen Möglichkeiten ist mir das Lehren auch der physischen Zusammenhänge in Mehrdimensionalität und deren möglichen psychischen Entsprechungen wichtig. (Isabel Fröhlich-Rudner)

Beratung – als die Fähigkeit, Menschen, die darum bitten, etwas über sich selbst erfahren zu lassen und phänomenologisch dabei vorgehen zu können. Ich verstehe Beratung als ein Handwerk, bei dem die eigene Person das wichtigste Werkzeug ist. Deshalb muss man sich selbst gut kennen und sich sowohl in den eigenen inneren Wunden wie auch im eigenen Potenzial immer wieder erfahren. Die vieldimensionale Selbstbegegnung beim Aufstellen, das praktische Arbeiten beim Üben und in den Peergroups sowie regelmäßige Reflexion und Theoriebildung eröffnen dazu viele Möglichkeiten. Die Entwicklung einer eigenen Beratungshaltung ist ein roter Faden durch die gesamte mehrjährige Weiterbildung. (Thomas Geßner)

Mir ist das phänomenologische Arbeiten, die Schau auf die Seele am wichtigsten. Sich selbst, die Seele eines anderen und das Feld der Gruppe wahrnehmen – in einer Orientierung des Spürens. Wir üben, mitten im Gruppengeschehen immer wieder still zu werden, die Aufmerksamkeit von den Gedanken zu lösen und uns dem direkten Erfahren dessen zuzuwenden, was gerade ist. (Thomas Hafer)

Meditation zum Training von Wahrnehmungstiefe und Intuition. Dialog, um im Austausch zu lernen, dass es bei Aufstellungen immer verschiedene Perspektiven gibt. Reflexion, um das eigene Mindset über Aufstellungsarbeit immer wieder auf den Prüfstand zu stellen. Coaching-Techniken, um Klienten in Prozesse hineinzuführen und auch in der Nacharbeit zu begleiten: Integration der Erfahrung, Reflexion des Prozesses, Umsetzungscoaching. Die Arbeit mit Film-Reflexion ist eine gute Ergänzung im Businesskontext. Über die Beobachtung anderer im Film können Systemdynamiken erstmal von außen beobachtet werden. Diese ersten Lernerfahrungen mit Systemdynamiken bereiten die Aufstellungsprozesse vor. Der Muskeltest der Kinesiologie bietet die Möglichkeit, Prozessschritte auszutesten. (Peter Klein)

Selbstreflexion, Meditation und Lösungsorientierung durch bewusstes Aktivieren des heutigen ressourcierten Erwachsenen als innere Haltung (im Gegensatz zum Agieren des möglicherweise noch verletzten Kind-Anteils von damals). Eine fixe Größe im Rahmen des Themas »Innere Haltung« ist für uns die Vermittlung eines bestimmten Blicks auf jeden Kunden: Bei allem, was er in vergangener oder jüngster Zeit erlebt hat: Es ist gelungen, das Ereignis/die Zeit durchzustehen und auch dem Veränderungswunsch nachzugehen – sonst gäbe es das Zusammentreffen nicht. Dies bedeutet unseres Erachtens, dass der Erwachsene, der in diesem Moment zugegen ist, über Ressourcen verfügt und handlungsaktiv ist. Schauen wir mit diesem Blick auf unsere Kunden und aktivieren wir ganz bewusst auch im Kunden diesen Blick auf sich selbst, kann eine Entkopplung zum früheren Ereignis und ein Erkennen der Verhaltensstrategie stattfinden: Zu diesem Zeitpunkt habe ich mich verunsichert, ohnmächtig, … gefühlt. Deshalb habe ich auf diese Weise reagiert. Es ist vorbei. Heute habe ich andere Ressourcen und Handlungsoptionen. Jetzt kann ich beides anerkennen. Diese Perspektive ermöglicht es, im Zusammenspiel mit der Aufstellungsarbeit zukünftig die alten Muster immer besser zu erkennen und die Neuausrichtung zu stärken. (Angelika Leisering/Wolf Maurer)

Vier Punkte sind uns hier besonders wichtig:

- Die systemische Haltung wird von Anfang an gelehrt und vorgelebt.
- Achten auf die Einhaltung der TZI-Regeln von Ruth Cohn.
- Es gibt nur gute Fragen, alles darf gefragt werden.
- Der*Die Klient*in steht mit seinem*ihrem Prozess im Mittelpunkt, für ihn*sie muss die Aufstellung »stimmig« sein. (Christiane Lier/Holger Lier)

Bei der Aufstellungsarbeit gefallen mir jene Leiter am besten, die bereit sind zu sagen: »Die Methode bin ich.« In der Weise habe ich es bei meinen Lehrern gesehen und es hat mir geholfen, mich nicht an Methoden zu klammern, sondern bereit zu sein, mich mit meiner vollen Subjektivität auf Prozesse einzulassen. Dass man hierfür sein Handwerk lernen muss, versteht sich von selbst, aber für eine gute Arbeit ist das höchstens die notwendige, nicht aber die hinreichende Bedingung. Für einen Anfänger in der Arbeit, zitiere ich gern C. G. Jung, der sinngemäß gesagt hat: »Lerne jede Methode, lese jedes Buch über die Arbeit und dann vergesse alles, wenn du vor einem Menschen stehst.« (Malte Nelles)

Das Verständnis von Trauma und Nervensystem, wie es durch Peter Levine entwickelt wurde, finde ich zentral für jedweden Entwicklungsprozess und das Wissen über Epigenetik. Gefühle können vererbt werden und in mir wirksam sein, auch ohne eigene persönliche Erfahrung mit diesem Thema. (Carola von Bismark)

Dies ist eindeutig die Gestalttherapie. Deshalb habe ich für diesen Bereich zusätzliche Tage in die Weiterbildung eingebaut. Dabei sind die Bereiche Körperpsychotherapie und die Arbeit mit inneren Anteilen wichtig. Bei der Körperpsychotherapie geht es vor allem darum, die Klientinnen zu unterstützen, damit sie ihre Körpersensationen und Bewegungen verstärken und ausdrücken. So kommen sehr dynamische und intensive Kommunikationsprozesse in Gang. Innere Anteile sind ebenfalls sehr wichtig, damit der Klient in sich Klärung erfährt und auch den systemischen Hintergrund gut in seine Psyche integrieren kann. (Klaus-Ingbert Wagner)

Frage 4: Was war dein »bester Fehler«?

Am Anfang meiner beruflichen Karriere als Aufstellungsleiterin habe ich öfters mit größeren und kleineren Arbeitsteams gearbeitet (systemisches Teamcoaching). Im Rahmen einer Teamklausur mit zwanzig Teilnehmenden habe ich einmal mit den Teammitgliedern selbst das Team aufgestellt. Alle zwanzig Personen suchten sich ihren Platz im Raum. In sehr kurzer Zeit waren ganz viele Emotionen da und es war schlichtweg zu viel, um auf jede*n Einzelne*n ausreichend eingehen zu können und Lösungsschritte zu finden. Ich konzentrierte mich auf das Vordringlichste und musste/durfte Folgendes erkennen: Einmal in den Raum gestellt, sind die Emotionen und Gefühle da und zwar in verdichteter Form. (Christina Arnold)

Mein bester Fehler ist immer wieder, wenn ich echt nicht weiter weiß und das zugebe. (Siegfried Essen)

Mich auf Kurse nicht vorzubereiten. Die Teilnehmerinnen und Teilnehmer berichten in der Eröffnungsrunde kurz von sich, dann beginnt mein Einstiegsreferat zum ausgeschriebenen Thema. Es entsteht in freier Rede aus dem jeweiligen Moment, ohne Manuskript oder Stichworte. Das sprachliche Training dafür hatte ich in zwei Jahrzehnten Pfarramt, das inhaltliche Training habe ich fortlaufend durch die praktische Aufstellungsarbeit sowie die Reflexion, zu der meine Veröffentlichungen mich zwingen. Aber es ist jeden Tag ein Sprung ins Leere. Erstaunlicherweise finden durch diese Vorgehensweise recht häufig bisher unentdeckte Zusammenhänge und Erkenntnisse ans Tageslicht, sodass sich die praktische Arbeit sowie ihr theoretischer Horizont im Weiterbildungsprozess ständig fortentwickeln. (Thomas Geßner)

Wir haben in unserer ersten Gruppe einer Teilnehmerin zu viel Raum gegeben, immer wieder große, persönliche Stresszustände auszuagieren. Durch diese Erfahrung sind wir viel klarer geworden: Hier steht das gemeinsame Lernen im Vordergrund. Alle müssen sich erwachsen zeigen und sind selber für ihre Regulation zuständig. Jede*r darf mit Kindheitswunden, Schmerzen und Wut in Berührung kommen und bekommt dafür unsere Unterstützung. Aber niemand darf sie immer wieder und lange Zeit so ausagieren, dass das Lernen der anderen effektiv gestört wird. Gerade diese Klarheit hat sogar mehr Raum für Selbsterfahrungsprozesse auch in ganz sensiblen Bereichen geöffnet. (Thomas Hafer)

Das naive Einlassen und die Arbeit mit einer Asperger-Klientin. Wir haben sieben Jahre gearbeitet – es war sehr anstrengend, ich habe sehr, sehr viel gelernt und bin ihr heute dankbar, dass sie so sehr hinschauen wollte. Ich habe erst neulich ein wundervolles Feedback von ihr bekommen, das mich zutiefst berührte. (Christine Huss-Doliana)

Als ich in einer Demo für die Ausbildungsteilnehmer in einem sehr komplexen System mit Geheimnis- und Verwirrungsenergie den Klienten vergaß. Ich mühte mich ab mit den Repräsentanten der Aufstellung und Erklärungen für die Gruppe. Als die Aufstellung ein einigermaßen passables Lösungsbild hatte, fragte ich den Klienten, wie es im ginge. Er meldete zurück, dass er schon länger Kopfschmerzen habe und dem Verlauf der Aufstellung daher kaum habe folgen können. Dadurch sammelten die Gruppe und der Aufstellungsleiter eine wichtige Erfahrung. Aufstellung ist eine Dienstleistung und man sollte nie den Klienten vergessen. Heute achte ich noch mehr darauf, im Tempo des Verstehens des Klienten zu arbeiten, rückzufragen, was der Klient in der Aufstellung erkennt, zur Lerngruppe hin die Schritte zu übersetzen. Auch meine eigenen Gedankengänge als Aufstellungsleiter, wie Hypothesen und Irrtümer lege ich offen. Dies wirkt der Mystifizierung einer Aufstellung entgegen, sorgt für Transparenz und Klarheit. (Peter Klein)

Wir haben einem Teilnehmer an einem Aufstellungswochenende, der unbedingt aufstellen wollte, Raum gegeben, aufzustellen, obwohl wir das übermäßige Drängen bemerkten und unangemessen fanden. Zuvor haben wir ihn ermutigt, zu warten. Er wartete eine Aufstellung ab und stellte dann auf. Nach seiner erfolgreichen Aufstellung ist er, ohne sich zu verabschieden, abgereist. Hinterher erfuhren wir, dass er das Zimmer von vornherein nicht bezogen hatte, gleich nach seiner Aufstellung heimfahren und sich nicht zum »Kasper« für die anderen machen wollte. Seitdem hören wir genau hin, zu welchem Zweck und aus welchem Grund jemand dringend aufstellen möchte … (Christiane Lier/Holger Lier)

Es waren und sind so viele, dass es mir schwerfällt, einen herauszugreifen. Für alle gilt: Sie halten mich auf dem Boden, ein ganz normales, fehlerhaftes Menschlein zu sein und jede abgehobene Zuschreibung, die man insbesondere in Ausbildungskontexten von Teilnehmern bekommt, fröhlich an mir vorbeiziehen zu lassen. Manches, was ich vor ein paar Jahren Menschen mit der Inbrunst der tiefsten Überzeugung gesagt habe, würde mich heute peinlich berühren. Und für vieles, was ich heute sage, werde ich mich wahrscheinlich in ein paar Jahren schämen, wenn ich mich daran erinnern könnte. Die »Wahrheit«, d. h. mein Empfinden von ihr und die intersubjektive »Wahrheit« in der Gruppe, sind nichts Festes, sondern genauso dem Wandel unterworfen, wie man selbst in seinem Leben. Das Gute an der Aufstellungsarbeit liegt darin, dass man tatsächlich Rückmeldungen aus dem Prozess bekommt, wenn man mal arg auf dem Holzweg ist. (Malte Nelles)

Eine Teilnehmerin zu lange in einer seelisch schmerzvollen Position aushalten zu lassen. Das triggerte eigene traumatische Erfahrungen. (Carola von Bismark)

Dass ich dieses Aufstellen angefangen habe? (Klaus-Ingbert Wagner)

Frage 5: Bei den Schlussrunden am letzten Tag: Welche Rückmeldung freut dich am meisten?

Teilnehmer*innen: »Ich bin erleichtert. Jetzt geht es mir richtig gut.« (Christina Arnold)

Ich freue mich, wenn jemand begreift, wie einfach, spielerisch, selbstverständlich und voller Wunder Aufstellungsarbeit doch ist. »Wenn ihr nicht werdet wie die Kinder« (die Bibel, nach Matthäus 18:3), erlebt ihr niemals das Wunder einer Lösung 2. Ordnung. (Siegfried Essen)

»Es arbeitet in mir.« Manchmal auch: »Es ist ganz still.« Eine Rückmeldung am Schluss meiner vergangenen zweijährigen Weiterbildungsgruppe habe ich besonders gern in Erinnerung. Sie würdigte die freie Art, mit Körper und Seele von den Aufstellungen zu lernen, mein Vorgehen dabei transparent sehen zu können und zu nehmen, wofür man gerade offen ist, ohne dabei einem Druck ausgesetzt zu sein. Mich freut das zutiefst: Ich bin als Weiterbildner für den sicheren Rahmen sowie die gewissenhafte Vermittlung von Inhalten, Fertigkeiten und Haltungen zuständig. Die Teilnehmerinnen und Teilnehmer sind frei, das ihnen Entsprechende zu nehmen und ihre tägliche Arbeit wie ihr persönliches Leben davon anregen und formen zu lassen. (Thomas Geßner)

Ich freue mich, wenn jemand einen entscheidenden Entwicklungsschritt für das eigene Leben in seiner/ihrer Rückmeldung über die Weiterbildung benennt. Ich freue mich ehrlich gesagt auch sehr, wenn ich mich selber in dem, was ich liebe und was mir wichtig ist, in einer Rückmeldung gesehen fühle. Ich freue mich aber auch, wenn eine Rückmeldung mir etwas zeigt, was ich als Weiterbildner besser machen kann. (Thomas Hafer)

Am meisten freut es mich, dass die Teilnehmer*innen sich wertgeschätzt, sich mitgenommen fühlen, den achtvollen, respektvollen, liebevollen Umgang in der Gruppe schätzen, Demut und Achtsamkeit vor dieser wunderbaren Arbeit entwickeln.

Dass sie die Erfahrung machen, welch großes und wertvolles Gut der »Systemische Blick« und die Aufstellungsarbeit sind und welche kreativen Möglichkeiten und Ressourcen sie wecken, um diese in die systemische Arbeit mit einzubringen. Und – natürlich, dass die Teilnehmer*innen gerade mit ihren Schwerpunkten, Ressourcen und Fähigkeiten die systemische Arbeit in ihre bestehende Arbeit integrieren und damit zu guten Problemlösungen beitragen! (Christine Huss-Doliana)

Dass Teilnehmer durch das Erlebte auch in ihren Mindsets über die Welt der Aufstellungsarbeit irritiert wurden. Aufstellungen sind für mich auch immer eine Bewusstseinsarbeit für die Personen, die sie erleben und anwenden. Irritation und Verwirrung sind die Vorstufe einer neuen Klarheit. In der Philosophie des Anfängergeistes des Buddhismus nimmt auch ein Meister/eine Meisterin die Haltung ein, mit den Augen eines staunenden Kindes in die Welt zu schauen, sich überraschen zu lassen und jede Situation immer wieder aufs Neue zu betrachten. Wir können von jedem Klienten/jeder Klientin und seiner/ihrer einzigartigen individuellen Geschichte etwas lernen. Diese Haltung versuche ich vorzuleben und zu vermitteln. (Peter Klein)

»Wir haben einen großen, bunten Blumenstrauß des Aufstellens kennengelernt und durften alles ausprobieren.« »Ich habe eine tiefe, intensive Reise zu mir selbst gemacht.« Durch diese und ähnliche Rückmeldungen fühlen wir uns bestärkt in unserem Ansatz: Das frühzeitige Ausprobieren des Aufstellens im Rahmen der Weiterbildung ab dem ersten Modul ist unseres Erachtens hilfreich für das Hineinwachsen in die facettenreichen Anforderungen an jede*n Aufsteller*in – z. B. die Verbindung zur Anliegengeberin zu halten, das Anliegen zu verfolgen und nur in Abstimmung bzw. mit Zustimmung des Klienten abzuweichen. Bei all dem kann die Weiterbildung viel mehr sein als das Erlernen einer Methode, das Füllen eines Handwerkskoffers: Es ist eine Selbst-Erkundungsreise. Wie tief diese Reise sein kann, überrascht mitunter. Das Einlassen auf diese Entwicklungsprozesse ist für uns ein Geschenk der Teilnehmenden an uns. (Angelika Leisering/Wolf Maurer)

Bei den Schlussrunden am letzten Tag: Welche Rückmeldung freut dich am meisten? Dass wir als wertschätzend erlebt wurden. Dass die Teilnehmenden ermutigt worden sind, zu üben. Dass die Theorievermittlung und das Üben ausgewogen waren. (Christiane Lier/Holger Lier)

Die besten Kurse sind die, die so voll sind, dass es am Ende nichts mehr zu sagen gibt. (Malte Nelles)

Am meisten freut mich, wenn Teilnehmer davon sprechen, dass sie belebt und erfüllt sind sowie auf seelischer Ebene Neues verstanden haben. (Carola von Bismark)

Es ist sehr schwierig für mich, hier eine Wertung aufzustellen. Ich glaube, es macht mehr Sinn, die zwei eindrücklichsten Rückmeldungen hier kurz zu erwähnen:

Erstens: »Meine Neurose findet, dass du ein ziemliches Arschloch bist. Schön, dass du diesen Anteil in dir so effektiv einsetzen kannst.«

Zweitens: Eine Teilnehmerin mit wirklich sehr schweren Traumatisierungen in ihrer Kindheit: »Klaus, nach meinen ganzen Therapien habe ich hier wirklich den Schritt auf die andere Seite [Seite des Therapeuten] gemacht und kann jetzt meine Erlebnisse als Kraft für mich einsetzen.« (Klaus-Ingbert Wagner)

ICH

Thomas Hafer

Prüfungen als Anstoß für Lernprozesse – ein Plädoyer*

Wie stehst du zu folgender Aussage: »Am Ende einer qualifizierten Weiterbildung zur Aufstellungsarbeit sollte eine praktische und mündliche/schriftliche Prüfung stehen«?

Ich stimme zu. Wir machen seit Jahren sehr gute Erfahrungen damit, dass unsere Teilnehmer*innen die Weiterbildung mit theoretischen und praktischen Prüfungen abschließen. Unsere sogenannten Praxistage sind ein ganz wesentlicher Teil des Lernens geworden. Sie werden von allen Teilnehmenden als kostbare Quelle von konkreten, detaillierten und entscheidenden Aha-Erlebnissen geschätzt. Die Ernsthaftigkeit des Lernens während der gesamten Weiterbildung hat sich erheblich gesteigert. Die Zahl derjenigen Teilnehmer*innen, die nach der Weiterbildung tatsächlich mit Aufstellungen arbeiten, hat sich erhöht. Die theoretisch denkbaren negativen Folgen (destruktiver Stress, Entmutigung, Lernen nur auf die Prüfung hin) zeigen sich nicht.

Auf welchen Erfahrungen mit Prüfungen beruht deine Meinung?

Auf dem Vergleich von einigen Jahren Weiterbildung ohne Prüfungen und einigen Jahren Weiterbildung mit Prüfungen. Wir, Margret Barth und ich, haben, nachdem jeder von uns im Raum Köln schon länger individuell Weiterbildungen

* Anmerkung der Herausgeberinnen: Thomas Hafer und Malte Nelles erhielten von uns dieselben Fragen zur *Verbindlichkeit einer Abschlussprüfung für alle Weiterbildungen* und hatten beim Schreiben jeweils keine Kenntnis von den Argumenten des anderen. Die Darstellung der Positionen erfolgt alphabetisch. Um die Spannbreite der Argumentation kennenzulernen, ist es empfehlenswert, auch den sich anschließenden Beitrag von Malte Nelles zu lesen.

zu Systemaufstellungen angeboten hatte, 2007 ein gemeinsames Institut gegründet. Vor wenigen Monaten (Stand Januar 2021) hat unsere zwölfte gemeinsame zweieinhalbjährige Weiterbildung begonnen.

Auch in den ersten Jahren haben die Teilnehmer*innen natürlich Aufstellungen geleitet und Rückmeldungen erhalten. Diese Aufstellungen hatten jedoch keinen Prüfungscharakter und geschahen spontan im Geschehen des Weiterbildungsblocks, die Anliegen kamen von Gruppenmitgliedern. Die Rückmeldungen kamen aus der Gruppe und jeweils von einem von uns (wir leiten die Weiterbildungsblöcke abwechselnd), hatten wenig Struktur und waren vergleichsweise kurz und wenig detailliert.

Dann entschied die DGfS, bereits die vollständige Teilnahme an einer Weiterbildung als Voraussetzung für die Aufnahme auf die Liste der anerkannten Aufsteller*innen zu akzeptieren. Das machte uns Bauchschmerzen. Wir hatten keinesfalls den Eindruck, dass alle unsere Teilnehmer*innen nach Abschluss der Weiterbildung so weit waren. So kamen wir auf die Idee, für uns und die Teilnehmer*innen eine Gelegenheit zu schaffen, den Stand des Lernens deutlich ernsthafter und gültiger sichtbar zu machen. Wir führten eine kleine theoretische Abschlussprüfung und vor allem unsere Praxistage ein. Ein Praxistag ist ein besonderer Tag, an dem drei oder vier Prüfungsaufstellungen stattfinden. In der zweiten Hälfte der Weiterbildung finden mehrere solcher Praxistage statt und die beiden letzten Blöcke bestehen fast ausschließlich daraus. Beide Weiterbildende sind dabei, es kommen Klient*innen von außerhalb der Gruppe, sie haben echte Anliegen und zahlen für ihre Aufstellung (allerdings deutlich weniger als üblich). Es gibt eine detailliert ausgearbeitete Struktur der Nachbesprechung, in der der*die Aufstellungsleiter*in, die Gruppe und beide Weiterbildende ausführlich ihre Eindrücke und Wahrnehmungen beschreiben.

Was ist für dich eine Prüfung?

Es geht um Sichtbarkeit der Lernerfolge. Wir wollen mit dieser Praxis und auch mit der Verwendung des Wortes Prüfung zeigen: Es handelt sich hier um eine Weiterbildung, die die Fähigkeit, selbstständig professionell mit Aufstellungen zu arbeiten, anstrebt. Es geht nicht um eine Reihe von 15 inspirierenden Veranstaltungen, was bedeutet, dass du mit reiner Anwesenheit noch nicht das erfüllst, worum es geht. Es ist uns wichtig, zu sehen, was du hier lernst. Dein Wissen und vor allem dein praktisches Können schauen wir uns am Schluss ausführlich und detailliert an.

Was würde geprüft? Was wäre für dich eine ausreichende Qualifizierung auch ohne Prüfung in Bezug auf die Aufstellungsleitung und die Aufstellung selbst?

Das Theoriewissen wird in eher spielerischer Weise durch eine bestimmte Struktur von Gesprächen über verschiedene vorgegebene Situationen sichtbar gemacht. Welche Ideen und Vorannahmen entstehen in dir? Wie würdest du vorgehen? Was wäre dein erster Schritt? Worauf würdest du besonders achten?

Deutlich mehr Raum hat die gemeinsame Reflexion der Praxis. In den Rückmeldungen zu den Aufstellungen an den Praxistagen beleuchten wir situativ viele Aspekte, die sich gezeigt haben. Sie können hier nur kurz und beispielhaft erwähnt werden:

- Hat die Aufstellung einen Raum von Stille gehalten, in dem achtsames Lauschen und eine gewisse Langsamkeit herrschten – eine Stille, in die hinein sich die Phänomene und Bewegungen entfalten konnten?
- Hat die Leiterin den Prozess klar geführt? Konnte der Klient sich anvertrauen, weil er sich, die Gruppe und den Prozess als klar geführt wahrnahm?
- War der Leiter mehr oder weniger ständig mit seiner Aufmerksamkeit bei der Klientin und hat er die Wirkung des Geschehens in der Aufstellung auf die Klientin beachtet, wahrgenommen und angemessen darauf reagiert?
- Hat die Leiterin es verstanden, dem Klienten durch das Aussprechen von feinen und treffenden Wahrnehmungen das Gefühl zu geben, ganz persönlich gesehen und verstanden zu sein?
- Gab es einigermaßen klar erkennbar eine unserer klassischen systemischen Verstrickungsdynamiken nach Hellinger? Hat der Leiter sie richtig und präzise erkannt und für die Klientin verstehbar benannt und erklärt? Konnte die Klientin sich durch seine Worte in ihrer tiefen, aber unbewussten und verstrickten Liebe gesehen und berührt fühlen?
- Hat die Leiterin mit ihrer Aufmerksamkeit, ihrem Benennen und ihren intervenierenden Impulsen echte Bewegungen der Seele beim Klienten eingeladen und sind diese geschehen? Hat sie gezeigt, dass sie versteht, was ein wirklicher seelischer Vollzug im Unterschied zu seiner Forderung oder Beschreibung ist? Hat sie bemerkt und ist drangeblieben, wenn der Klient einen Lösungssatz nur gesagt, aber offenbar nicht oder nur ganz wenig vollzogen hat? Hat sie verstanden, dass die Lösung manchmal einen wirklich schweren Vollzug braucht und keine leichtere Scheinlösung hilft? Hat sie eine solche Situation richtig erkannt und ist gut damit umgegangen?

Inwiefern gewönne eine Weiterbildung insgesamt durch eine Abschlussprüfung? Oder: Weshalb verzichtest du auf eine Prüfung in einer Weiterbildung zur Aufstellungsleitung?

Das Lernen von Theorie ist deutlich engagierter, detaillierter und reicher. Die Teilnehmer*innen kommen durch die Erwartung der theoretischen Prüfung deutlich mehr in eine forschende Haltung, stellen Nachfragen, diskutieren ihr Verständnis in der Peergroup und sowohl dort wie auch in den Blöcken ergeben sich in hohem Maße klärende Gespräche. Es zeigen sich immer wieder Lücken oder Fehler im theoretischen Verständnis der Lehrinhalte, aber diese fallen auf und können behoben werden. Es entsteht insgesamt sehr viel freudiges Engagement beim Theorielernen und deutlich mehr Theoriewissen.

Das praktische methodische Lernen ist wesentlich substanzieller und reicher. Es wird mehr praktisch ausprobiert, geforscht, diskutiert und nachgefragt. Wir erhalten Berichte von wunderbaren Aufstellungen in der Peergroup, die für die Klient*innen (Gruppenmitglieder) eine tiefe Wirkung entfalten. Die Qualität der Aufstellungen, die wir in den Abschlussprüfungen sehen, ist durchschnittlich deutlich höher als die, die wir früher bei den Aufstellungen innerhalb der Weiterbildungsblöcke gesehen haben, auch gegen Ende der Weiterbildung.

Die persönliche Entwicklung durch die zweieinhalb Jahre ist uns Weiterbildenden wie auch vielen Teilnehmer*innen mindestens ebenso wichtig wie das theoretische und praktische Lernen. Wir haben sehr darauf geachtet, ob durch die Prüfungen die Tiefe der Selbsterfahrung und der Prozess der persönlichen Entwicklung in den zweieinhalb Jahren gelitten haben. So haben wir uns gefragt, ob etwa das »Bulimie-Lernen«, wie es salopp genannt wird, bei uns wie in so vielen staatlichen Lernzusammenhängen Einzug gehalten habe: Kurz vor der Prüfung alles kurzfristig in sich hineinfressen, in der Prüfung ausspucken und das war's. Dieser Effekt ist in keiner Weise entstanden. Im Gegenteil: Das nachhaltige Wachsen nicht nur des Wissens und Könnens, sondern auch der persönlichen Stärke wird deutlicher und reicher. Jede*r Teilnehmer*in beschreibt den eigenen persönlichen Prozess in einem schriftlichen Bericht. Immer wieder hören wir in unterschiedlicher Weise, dass gerade die Prüfungserfahrung letztlich eine enorm stärkende, klärende und kostbare persönliche Erfahrung war – und das durch ein Paradox. Natürlich stellt die Prüfung die Teilnehmer*innen unter Druck. In den Tagen vor der Prüfung und natürlich auch in der Aufstellung entsteht Stress. Und dann? Wer durch dieses Nadelöhr gegangen ist, geht mit gestärktem Selbstbewusstsein aus dieser Erfahrung hervor. Nicht nur einmal hatten wir Teilnehmer*innen, die bis kurz vorher entschieden waren, keine Prüfungsaufstellung zu machen und nur eine einfache Teilnahmebescheinigung zu wollen. Und im Schwung der Gruppe in der Abschlussphase haben sie sich doch entschieden, oft dann sogar eine richtig tolle Aufstellung hingelegt und einen Riesenschub in ihrem Selbstbewusstsein erlebt, allgemein und bezogen auf die Aufstellungsarbeit.

Wann kannst du Teilnehmende nach einer Weiterbildung, die anschließend mit Klient*innen arbeiten möchten, gut gehen lassen?

Wenn ich Vertrauen habe und Wissen und Können und eine richtige Haltung sehe. Oder wenn ich gravierende Bedenken habe und das konstruktiv, aber deutlich rückgemeldet habe.

Wie stehen die Teilnehmenden der Weiterbildung zu der von dir/euch gewählten Qualifizierung? (Fragen sie nach Prüfungen, vermissen oder erwarten sie welche, begrüßen sie diese Art Abschluss, ändern sie im Verlauf der Weiterbildung ihre Meinung, wird das überhaupt thematisiert ...?)

Es ist von Anfang an klar, dass wir es in der beschriebenen Weise handhaben, es kommt keine Diskussion darüber auf. Ab und zu habe ich am Ende einer Weiterbildung die Gruppe mal gefragt, wie sie dieses Vorgehen im Nachhinein beurteilen. Jetzt, in der Vorbereitung dieser Antworten habe ich noch einmal schriftlich um Rückmeldungen gebeten. Es gab viele Rückmeldungen, keine einzige negative. Hier eine Auswahl:

- »Abschlussprüfung?! Einige von uns sind schon zusammengezuckt, als im dritten Jahr das Ausbildungsende näher rückte. Stand zwar im Curriculum, ist aber wohl erfolgreich verdrängt worden. Von der Ausbildungsleitung erhielten wir 42 Fragen zur Vorbereitung, zudem gehörte zum Abschluss eine Aufstellung in erweiterter Gruppe. Zum Thema Prüfung gab es bei uns in der Gruppe zwei Positionen: Die einen fielen in Muster wie Versagensangst und Abwehrhaltung, die anderen sahen die Prüfung als Herausforderung und Gelegenheit, bei sich selbst noch ›Wissens- und Praxislücken‹ zu füllen. Als Gruppe gelang es uns, beide Positionen anzuerkennen und aktiv zu werden: Wir stellten die aufgetauchten Muster auf, teilten die Fragen auf, tauschten uns in Peergroups über die erarbeiteten Antworten aus, diskutierten diese und ergänzten sie gemeinsam, organisierten Aufstellungen für diejenigen, die noch nicht so oft aufgestellt hatten. Kurz: Die Prüfungsanforderungen brachten uns in einen intensiven Prozess, der für alle Teilnehmer*innen immens wertvoll war. Die Situation der bevorstehenden Prüfung gab uns z. B. ganz konkret Gelegenheit, individuelle, hindernde Muster zu betrachten und über unsere verschiedenen Einstellungen zu diskutieren: Ich zum Beispiel bin der Meinung, dass mir intuitives Arbeiten am besten gelingen kann, wenn ich mich intensiv mit Arbeitskonzepten auseinandergesetzt habe (ob das die Ordnungen der Liebe sind oder das Konzept der Selbst-Integration oder Arbeit mit Symptomen oder …). Ein anderer war der Ansicht, dass es für das freie Arbeiten hinderlich sein kann, zu viele Konzepte im Kopf zu haben. Die Wahrheit liegt wie so oft wahrscheinlich irgendwo in der Mitte« (Renate da Rin, Köln).

- »Die Erfahrungen der Praxistage halte ich für unumgänglich. Das Wesentliche für mich war, dass, so unverzichtbar die Theorie einerseits ist, so wertlos ist jede Idee und jedes Konzept im entscheidenden Moment der Aufstellung. Das, worum es eigentlich geht, ist, einen größtmöglichen freien Raum in sich zu finden und diesen frei zu halten. Das widerspricht jedem Wunsch nach Sicherheit – und genau deshalb muss man diese praktische Erfahrung immer wieder machen. Um irgendwann Sicherheit in einem konzeptlosen, freien Raum zu finden« (Constanze Winz, Frankfurt).
- »Die im Rahmen der Ausbildung ›Systemaufstellungen‹ stattfindenden Praxistage sind für mich – wie bei jedem Lernprojekt – eine sehr wichtige Ergänzung zu den vermittelten Inhalten. Zum einen für die konkrete Anwendung des Gelernten: mein Wahrnehmen von Phänomenen, die sich zeigen, und das Zuordnen dieser wahrgenommenen Phänomene zu passenden, erklärenden Dynamiken, die ich kennengelernt habe. Zum anderen natürlich als Motivation, als Lernziel, auf das ich hinarbeite. Und als regulierendes Feedback zu meinem Lernfortschritt, um zu sehen, inwieweit sich die bei Lernenden übliche ›illusion of competence‹ mit der Realität deckt. Darüber hinaus erlebe ich bei jeder Übungssituation mit Prüfungscharakter das Training auf einer Metaebene: dem bewussten Trennen zwischen meinem erworbenen theoretischen Wissen (und dem Denken, das als Bias auch zum Interpretieren verleitet) und dem gleichzeitigen reinen ›Schauen‹ auf das, was sich zeigt, also meinem unvoreingenommenen Wahrnehmen im Moment. Bei beidem auszublenden oder hinzunehmen, dass man unter einer bewertenden Beobachtung steht, stärkt diese Fähigkeiten für die wirkliche Praxis« (Thomas Huter, Erlangen).

ORTVS

Malte Nelles

Nein zu Prüfungen! Plädoyer für eine wilde Aufstellungsarbeit*

Vorbemerkung

Der Text entstand im März 2021. Vielleicht mag man mir die gelegentliche Schärfe und Provokation darin verzeihen, da es bei dem Thema »Prüfungen« um Freiheit geht, konkreter die Lehrfreiheit der betreffenden Institute. Meine Gedanken zu den Fragen erfolgten in der äußerlich unfreiesten Zeit meines Lebens. Da ich selbst den Entzug der Freiheit keinesfalls als »alternativlos«, sondern als Auswuchs bürokratischer Diktate erlebte, ist es mir ein Herzensanliegen, dieser Form von Verregelung auch in unserer Arbeit, z. B. durch formale, für alle verbindliche Prüfungen, entschieden entgegenzutreten.

Wie stehst du zu folgender Aussage: »Am Ende einer qualifizierten Weiterbildung zur Aufstellungsarbeit sollte eine schriftliche, praktische und mündliche Prüfung stehen«?

Mein Standpunkt diesbezüglich ist sehr einfach: Ich bin von Herzen dagegen. Es gibt auch etwas, wofür ich in der Frage bin: Vertrauen. Vertrauen in die Menschen, die zwei oder mehr Jahre bei uns eine Weiterbildung besucht haben; Vertrauen in das, was ich diesen Menschen vermittelt habe, weniger durch das, was ich an hehren Werten zitiert habe, sondern an der gelebten Weise, die durch

* Anmerkung der Herausgeberinnen: Das hier geführte Statement bezieht sich auf die Frage nach der *Verbindlichkeit einer Abschlussprüfung für alle Weiterbildungen.* Malte Nelles erhielt von uns dieselben Fragen wie Thomas Hafer und hatte beim Schreiben keine Kenntnis von dessen Argumenten. Die Darstellung der Positionen erfolgt alphabetisch. Um die Spannbreite der Argumentation kennenzulernen, ist es empfehlenswert, auch den vorangehenden Beitrag von Thomas Hafer zu lesen.

meine Praxis und die theoretische Vermittlung meiner Arbeit in Geist und Herz der Teilnehmer sinken konnte; und zu guter Letzt und allgemein: Vertrauen in die freie Selbstentfaltung des Lebens an sich.

Denn als Aufsteller ist dies meine wichtigste Schlüsselqualifikation. Wenn ein Aufstellungsprozess losgeht, gebe ich alle Kontrolle darüber ab, was dabei rauskommt. Ich weiß nicht, wer da sitzt. Ich weiß nicht, was die Stellvertreterinnen zeigen werden und wohin es geht. Ich klammere mich auch nicht an die »gute Lösung«, die viele Praktiker immer noch ersehnen, sondern bin bereit, mich auf die *Unverfügbarkeit* (Hartmut Rosa) des Aufstellungsprozesses einzulassen. Aufstellungen in diesem phänomenologischen Sinn sind eine *Reise ins Ungewisse.* Formale, für alle Anbieterinnen vorgeschriebene Prüfungen sind eine Bankrotterklärung an dieses Prinzip des Vertrauens, das für mich das Spannendste und Wertvollste ist, was wir Menschen als Lebenshaltung mit unserer Arbeit vermitteln können. Formale Prüfungen sind zudem eine Entwürdigung des freien Geistes. In der Prüfung wissen wir vorher, was richtig ist. Das ist das genaue Gegenteil einer phänomenologischen Haltung, die viele von uns nach wie vor für ihre Arbeit zumindest dem Namen nach beanspruchen.

All die großen, »alten« Aufsteller haben keine Prüfung abgelegt. Sie konnten und können es trotzdem. Im Falle von Bert Hellinger wissen wir, dass er auf seine Zulassung zum Psychoanalytiker verzichtet hat, weil er sich mit der Primärtherapie nach Janov beschäftigte. Er war sich selbst treu, nicht dem Dogmatismus seines Lehrinstituts. Die Aufstellungsarbeit wurde von einem freien Geist geschaffen. Sie heute in das Prokrustesbett einer »qualifizierten Ausbildung mit Abschlussprüfung« zu zwingen, nähme ihr das letzte vom anarchischen, lebendigen Wesen, das ihr innewohnt.

Wenn es eines gibt, was an Aufstellungen heilsam ist für uns moderne Kontrollmenschen, ist es die Unverfügbarkeit, die Aufstellungen bieten. Ich weiß nicht, was herauskommt. Auch das wird im Rahmen der »Professionalisierung der Methode« ja bereits eingezwängt in Fragebögen, Vor- und Nachbereitung von Seminaren. Alles soll sicher, kontrolliert und verfügbar gemacht werden. Der Wegbereiter der Psychosomatik, Georg Groddeck, von dem Sigmund Freud passenderweise den Begriff des unberechenbar-triebhaften *Es* übernahm, wurde einmal als »wilder Analytiker« bezeichnet. So etwas gefällt mir auch für die Aufstellungsarbeit. Setzt man das heutige Antlitz der Aufstellungsarbeit mit dem innovativen, unbestechlichen Mut ihres Begründers Bert Hellinger ins Verhältnis, so habe ich im Angesicht der aktuellen Sicherheitsbedürfnisse und Kontrollbestrebungen eher die Sorge, dass sie sich (I beg for pardon) zu einem hospitalisierten Schoßhündchen entwickelt. Ich mag das wilde, ungezogene Biest lieber, dass Hellinger praktisch und geistig entbunden hat. Durch die Beschäftigung mit immer neuen Regularien anstelle eines Muts zum Eigenen und Unkorrekten, der auch zum Bruch mit dem Zeitgeist der »Professionalisierung« bereit ist, wird die Arbeit äußerlich und innerlich vor allem eines: langweilig und ungefährlich.

Mit einer für alle Anbieterinnen verbindlichen Abschlussprüfung drohen den Praktikern der Aufstellungsarbeit ähnliche Zustände, wie wir sie in den aktuellen neoautoritären Entwicklungen in liberalen Demokratien nicht erst seit der Coronakrise sehen können: Freiheit, liberales Denken, leben und leben lassen stehen nicht mehr hoch im Kurs – im Sinne höherer Ziele sind sie auf unbestimmte Zeit suspendiert oder gelten als historisch überholt. Die neuen Ethikrichtlinien zur Aufstellungsarbeit mussten wir nicht nur alle feierlich unterschreiben, sondern es wird auch bestimmt, dass wir sie in unserer Ausbildung verkünden. Was ist, wenn man sie für überflüssige, pathetische Worthülsen hält, die in ihrer Spezifität kaum über die allgemeine Menschenrechtserklärung hinausgehen? Dann muss man es trotzdem machen, möchte man nicht in irgendeinem Schiedsverfahren der Vereinsmitgliedschaft enthoben werden. Werde ich nun vielleicht selbst »gecancelt« und ausgeschlossen, wenn ich bekenne, dass ich sie für unsinnig und überflüssig halte und mich über derlei Dirigismus ärgere?

Eine für alle verbindliche »schriftliche, mündliche und praktische Prüfung« würde der gegenwärtigen Entwicklung des Eingriffs in die Lehrfreiheit der Ausbilder die Krone aufsetzen. Wie wäre es stattdessen mit dieser anderen Variante? Jeder Anbieter, der seine Teilnehmerinnen gern prüfen möchte, macht das nach seinem Gusto. Wer eine Ausbildung mit »Prüfung« absolvieren möchte, findet genau dies bei den Anbieterinnen, zu denen dies persönlich und in Bezug auf ihre Weiterbildung passt. Wer hingegen einen anderen Weg in seiner Ausbildung geht, macht es auf seine Weise. Man greift ihm nicht ins Handwerk in der bürokratischen Überheblichkeit, dass man besser wisse, was für seine Weiterbildungsteilnehmer richtig ist. Was dann allerdings fehlt? Der prüffreudige Anbieter wird vielleicht monieren, dass seiner Prüfung das offizielle Siegel fehle. Wenn es keine offiziellen Vorgaben gibt, wenn nicht jeder Anbieter eine Prüfung abnehmen muss, dann ist er vielleicht im Nachteil. Sein Unvertrauen in die Freiheit sollen die anderen mit ihrer Freiheit bezahlen. Denn, vielleicht interessieren sich die Ausbildungsteilnehmer ja nicht primär für Prüfungen, Qualifizierung und Ähnliches, sondern für den Geist und die Seele, die dieser Arbeit innewohnt.

Prüfungen passen zu manchem Anbieter, zu anderen nicht. Jede Anbieterin, jeder Anbieter hat Eigenheiten. Wer bei uns z. B. das gesamte Weiterbildungsprogramm durchläuft, braucht hierfür 5 Jahre und über 70 Gesamttage. Für uns passt das, aber soll ich deswegen erwarten, dass die anderen das übernehmen müssen, weil fünf Jahre Weiterbildung mehr Qualifizierung bieten als die vorgeschriebenen zwei? Wir machen in unserer »Oberstufe« sehr gute Erfahrung mit einer Kolloquien-ähnlichen Lernsituation, in der die Teilnehmerinnen eigene Beiträge vorstellen. Für uns passt das, aber soll ich mir anmaßen, irgendjemand anderem das als curriculare Vorgabe zu machen?

Die Einrichtung von Prüfungen würde eine Pfadabhängigkeit nach sich ziehen, die sicherlich die wenigsten von uns wollen. Wo Prüfungen sind, sind Noten nicht weit, Scheine, Module und Sitzenbleiben. Und wer bestimmt über die Inhalte? Brauchen wir dann ein Zentralabitur oder bekommen wir föderale Probleme in der Weiterbildungslandschaft? Wie besetzen wir den Wächterrat über die Weiterbildung, dem dann alle Macht zukommt? Oder die gegenteilige, eher zu erwartende Farce: Alle machen eine Prüfung, alle kommen immer durch. Wollen wir sowas?

Auf welchen Erfahrungen mit Prüfungen beruht deine Meinung? Was ist für dich eine Prüfung?

Ich habe Abitur gemacht, studiert und die üblichen Prüfungen absolviert. Manche waren okay, nicht wenige idiotisch (z. B. dadurch bedingt, dass man möglichst viel auswendig Gelerntes abspulen musste), manche tatsächlich notwendig (die Führerscheinprüfung), andere für mein weiteres Leben vollkommen überflüssig (Matheprüfung im Abitur). Mein Resümee: Ich brauche keine weitere und es müsste sich um etwas sehr Reizvolles handeln, um mich noch mal für etwas zu überwinden, was mit einer Prüfung abschließt.

Auch für die Aufstellungsarbeit musste ich eine Prüfung absolvieren. Jene hatte aber keinerlei formalen Hintergrund, sondern wurde ganz einfach als Lebensherausforderung an mich gerichtet. Ich berichte kurz hierzu:

Im Jahr 2008 begann ich im Alter von 25 Jahren meine Ausbildung in Aufstellungsarbeit. Über einen glücklichen Zufall ergab es sich, dass ich kurz nach dem Start meiner Weiterbildung mit meinem damaligen Kollegen Martin Woelffer ein gemeinsames Institut für Aufstellungsarbeit gründete. Ich sah mich dabei aufgrund meines Alters fürs erste eher als ein jemand, der Texte schreibt und eine Webseite aufbaut. Im ersten Seminar, das unter unserem neuen Namen stattfand, fragte mich eine Frau, die sich ein paar Tage vorher bei mir telefonisch angemeldet hatte, ob ich ihre Aufstellung leiten könnte. Martin hatte als offizieller Seminarleiter seinerseits nichts dagegen und so leitete ich meine erste Aufstellung. Sie kostete 180,- Euro, was für mich damals mehr war, als ich in einer Woche zum Leben zur Verfügung hatte. Noch drei andere Leute aus dem Kurs wollten dann mit mir aufstellen. Danach entschieden wir, dass wir unsere Kurse zusammen anbieten wollten. Nach dem nächsten Seminar kamen drei Interessentinnen auf uns zu und fragten uns, ob wir in der Methode auch ausbilden würden. Ich selbst war zu dem Zeitpunkt selbst noch am Anfang meiner Ausbildung. Wir sagten ja und ich begann Bücher zu lesen, ein Ausbildungskonzept zu erarbeiten, es zu bewerben, Übungen zu überlegen, Papiere zu schreiben. Am Ende des Jahres hatten wir neun oder zehn Teilnehmerinnen in unserer Ausbildung. Wir hatten keine Erlaubnis vom Aufstellerverband, waren keine Lehrtherapeuten, ich hatte auch nicht um Erlaubnis unserer Ausbilder gefragt. Es war – mit ein wenig romantischem Pathos – eine Prüfung durch das Leben. Hätte ich auf meine Abschlussprüfung gewartet mit der Sicherheitsmentalität, die die institutionalisierte Aufstellergemeinschaft heute durchwaltet, dann wäre ich heute wahrscheinlich alles Mögliche, aber kein Aufsteller.

Was würde geprüft? Was wäre für dich eine ausreichende Qualifizierung auch ohne Prüfung im Bezug auf die Aufstellungsleitung und die Aufstellung selbst?

Ich bleibe offen und bekenne: Ich interessiere mich nicht für »Qualifizierung« und noch weniger für eine geprüfte Qualifizierung. Stattdessen mache ich in Bezug auf die Absolventinnen unserer Ausbildungen eine andere Erfahrung: Eine Ausbildung in Aufstellungsarbeit ist in erster Linie eine Schule des Lebens, für bereits ausgebildete Therapeuten, Beraterinnen, Coaches, Lehrerinnen und andere, zudem eine Schulung des therapeutischen Bewusstseins. Ich spreche noch ein wenig offener aus, was auch fast alle Kollegen, mit denen ich spreche, so erleben und mit mir teilen: Unsere »Ausbildungen« sind in erster Linie eine gute Therapie. Wir haben auf dem freien Markt gar keinen Platz für abertausende professionelle Aufstellerinnen, die jährlich dazukommen und hiervon leben möchten. Wenn von 25 Teilnehmern zwei Vollzeitprofis herauskommen, zehn Menschen, die die Arbeit an den entsprechenden Anschlussstellen manchmal in ihre Arbeit einbauen und die restlichen 13 zwei wichtige, lehrreiche und gute Jahre hatten, die sie nicht missen wollen, bin ich zutiefst dankbar für den »Dienst« (B. Hellinger), den man mit der Ausbildung in Aufstellungsarbeit verrichten durfte.

Inwiefern gewönne eine Weiterbildung insgesamt durch eine Abschlussprüfung? Oder: Weshalb verzichtest du auf eine Prüfung in einer Weiterbildung zur Aufstellungsleitung?

Ich selbst habe in meiner Ausbildung in Aufstellungsarbeit eine Abschlussarbeit geschrieben. Es ging darin um den »Wirklichkeitsbegriff der Aufstellungsarbeit«, ein Thema, dem ich bis heute treu geblieben bin. Auch in der ersten Weiterbildung, die ich mit meinem damaligen Kollegen Martin Woelffer angeboten habe, haben wir eine schriftliche Abschlussarbeit angesetzt und auch eine Art praktischer Prüfung: Jede Teilnehmerin musste einen eigenen Klienten mitbringen und vor der Gruppe eine Aufstellung leiten. Manche machten es sehr gut, andere eher so lala. Es war ein nettes Ritual, was aber auch uns als Novizen in der Weiterbildung half, dem Ganzen einen entsprechend professionellen Eindruck zu geben. Aber zu einem hat es mit Sicherheit nichts beigetragen: dass wir hiermit die »Qualität« gesichert und die Menschheit vor unqualifizierten Aufstellern bewahrt hätten. Je länger ich diese Arbeit mache, desto mehr und freudiger vertraue ich mich dem Leben an und vertraue seinen Prozessen. Daher brauchen wir keine Prüfungen für unsere Weiterbildung. Ich würde sogar so weit gehen, zu sagen, dass die meisten Leute zu uns kommen, weil wir bei uns einen Kontrapunkt zur allseitigen »Effizienz-, Prüfungs- und Qualitätswelt« draußen setzen.

Wann kannst du Teilnehmende nach einer Weiterbildung, die anschließend mit Klientinnen arbeiten möchten, gut gehen lassen?

Wenn die Ausbildung vorbei ist, darf jeder gehen. Ich bin kein Vater, der mahnenden Blickes an all das Schreckliche denkt, was die Betreffenden anrichten könnten. Im Gegenteil: Ich vertraue darauf, dass sie in unserer Weiterbildung ein Gefühl für sich selbst entwickelt haben, dass sie auf einer tieferen Ebene etwas über ihre Talente, aber auch über ihre Grenzen erfahren haben. Sie dürfen und sollen dann raus in die Welt mit dem Gelernten und ihre Erfahrungen damit machen. Mein ehrwürdigstes Ziel liegt einfach nur darin, für sie überflüssig zu werden und das schließt auf meiner Seite ein, dass ich bereit bin, die Menschen voll und ganz ihre Wege gehen zu lassen.

Die Alternative hierzu: Möchte ich mich vor einen Menschen stellen, der die Aufstellungsarbeit lernt, und ihm nicht einen Rat oder eine ehrliche Einschätzung geben, sondern mir anmaßen, ihm einen Abschluss, einen Titel, eine

Zulassung vorzuenthalten? Wer bin ich, dies zu tun. Die Menschen, die zu uns kommen, sind freie Wesen. Und frei sind sie auch in der Einschätzung, ob sie in der Lage sind, mit dieser Methode mit Menschen zu arbeiten oder nicht. Den Rest regelt die unsichtbare Hand des Marktes. Sie ist die große Regulatorin und so viel ehrlicher und gnadenloser wie die Abschlussprüfung, die die Weiterbildnerin abnimmt. Im Klartext: Wer es nicht kann, wem die persönliche Eignung, die »Rampensaugene« zur Gruppenleitung, die Fähigkeit zur freischwebenden Resonanz fehlt, vor dessen Praxis brauchen wir wenig Sorgen zu haben, denn sie wird sich nicht entwickeln. Kaum etwas ist heute schwerer, als eine Aufstellungspraxis neu am Markt zu etablieren. Nur wer etwas Wahrhaftiges zu teilen und zu bieten hat, hat eine kleine Chance, überhaupt wahrgenommen zu werden. Die über allem stehende Angst der Weiterbildner, dass Aufstellungsneulinge Menschen durch ihre Unfähigkeit traumatisieren, ist illusionär: Denn sie bekommen gar keine Gruppen voll, in denen sie ihr Schreckenswerk vollziehen könnten. Auch die Angst, dass dies auf die unbedingt professionell wirken wollende organisierte Aufstellerinnengemeinschaft abfärbt, halte ich für neurotisch. Wer etwas vollkommen anderes als das köcheln möchte, was als unser Minimalkonsens an Standards gilt, macht das. Er braucht dafür auch keine zertifizierte Weiterbildung. »Aufstellungsarbeit« ist kein geschützter Begriff, genauso wie sich jeder »Therapeut«, »Beraterin« oder »Coach« nennen darf. Wir werden die Welt nicht vor dem Unheil bewahren, das auch im Namen unserer Arbeit verbreitet wird. Auch viele renommierte Kollegen machen in ihrer Arbeit Dinge, die ich für gruselig halte, und vielen wird es mit meiner Arbeit genauso gehen. Das ist der Preis der Freiheit. That's life.

Aufstellen lernen, bedeutet Fehler zu machen. Der puritanische Glaube daran, dies mit Qualitätsmaßnahmen, Ethikrichtlinien und Prüfungen in den Griff zu bekommen, nimmt diesem Lernen die wichtigste Grundvoraussetzung: die Bereitschaft, sich von der Aufstellung, den Menschen, der Gruppe, den Phänomenen eines Besseren belehren zu lassen. Ich zitiere noch mal Bert Hellinger, dessen geistiges Erbe ich für die Bestimmung unserer Identität und Haltung als Aufstellerinnen offensiv verteidigen möchte. Über Anfänger sagte Hellinger einmal: »Jede Kuh hat mal als Kälbchen begonnen.« Wir entlassen die Menschen als »Kälbchen« aus unseren Weiterbildungen, genauso wie wir alle einmal Kälbchen waren. Im Übrigen: Ich kenne Kälbchen aus unserem Stall, die ohne Abschlussprüfung mit Aufstellungsarbeit sechsstellige Summen jährlich erwirtschaften. Warum? Weil sie den Mut hatten, sich auf das Ungewisse einzulassen, das der Aufstellungsarbeit innewohnt. Weil sie bereit zum Risiko waren. Weil ihre Liebe für diese Arbeit größer wie die Bedenken war, die mit der Institution einer Prüfung energetisiert werden.

Wie stehen die Teilnehmenden der Weiterbildung zu der von dir/euch gewählten Qualifizierung? (Fragen sie nach Prüfungen, vermissen oder erwarten sie welche, begrüßen sie diese Art Abschluss, ändern sie im Verlauf der Weiterbildung ihre Meinung, wird das überhaupt thematisiert ...?)

Nein, das wird meist nicht thematisiert. Manchmal wird so etwas gefragt und man lacht dann, wenn wir antworten. Wir haben für das Ende jeder Ausbildung eine Art Abschluss mit jeder einzelnen Teilnehmerin. Es ist vielleicht eine »Prüfung« in dem Sinne, wie wir arbeiten. Am Ende der Weiterbildung nehmen wir uns zwei Tage Zeit. Jeder Teilnehmer, der sein Zertifikat erhält, kommt hierfür zu uns nach vorne. Dann schauen wir ihm in die Augen, nehmen uns Zeit und sagen freundlich, aber auch gnadenlos ehrlich, wie wir ihn in den letzten zwei Jahren erlebt haben. Die Teilnehmerinnen richten auch das Wort an uns beide (mich und meinen Vater Wilfried Nelles). Auch die Frage, ob wir jemanden für ein Aufstellertalent halten oder nicht, sprechen wir offen an, auch auf die Gefahr hin, dass man uns böse ist. Für uns und zu uns passt das und die Leute schätzen dieses Ritual sehr. Zu anderen passt etwas anderes. Vom Regisseur Jim Jarmusch habe ich einen guten Satz in Erinnerung, dessen Geist ich mir als Haltung für die Unterschiede in unseren Weiterbildungen wünsche: »Mach dein Ding und lass die anderen in Ruhe. Das ist cool.«

II Erfahrungen

Recouza
Les Orgères

… als Teilnehmende

Scherin Beuther

Vom Ordnen übers Erkunden zur Integration

Der erste Anlauf

Als ich mich Anfang der 2000er Jahre das erste Mal – im Rahmen einer Ausbildung zum systemischen Coach – in der Repräsentation für ein Mitglied eines Familiensystems wiederfand, empfand ich eine wahre Gemengelage von sehr intensiven Wahrnehmungen. Eine äußerst ambivalente Mischung aus tiefem Erspüren und Erahnen enormer Wirksamkeit der gerade zum ersten Mal erlebten Methode, gepaart mit einem Gefühl des Überwältigt-Seins, welches meine eigene (repräsentierende) Wahrnehmung ernsthaft infrage stellte und nahezu an Ungläubigkeit grenzte:

Der Aufstellungsleitende und Ausbilder, dessen damaliges Vorgehen in Punkto Familienaufstellung Hellingers Gedankengut integrierte, vermochte es, im Verlauf der Aufstellung das anfänglich von uns Repräsentanten empfundene »Chaos« im abgebildeten Familiensystem in eine heilsame, überschaubare Ordnung zu versetzen. Nicht nur wir Stellvertretende, sondern, was mir sofort viel aussagekräftiger und wesentlicher erschien, vor allem der Anliegengeber war regelrecht über diesen neuen Blickwinkel auf seine Familie und die Chance auf eine (Er-)Lösung erleichtert. Hatte sich doch – zumindest in diesem Abbild seiner Wahrnehmung des realen Systems – insbesondere durch die neuen, der Familienhierarchie angemessenen Positionen der Familienmitglieder zueinander, die zunächst als äußerst belastend, konfrontativ und verfahren wirkende Visualisierung seines inneren Bildes in ein weniger bedrohliches, fast neutrales Zusammenstehen und Einander-Sehen verwandelt.

Da es sich um die offene Aufstellung eines Ausbildungsteilnehmers handelte, bei deren Auftragsklärung wir anderen lernende Beobachter waren, waren uns das Anliegen, die Ausgangssituation und die repräsentierten Elemente bekannt. Alle Repräsentanten waren vom Anliegengeber an die – seinem Gespür nach – stimmige

Stelle im Raum platziert und somit eingerollt worden. Der Aufstellungsleiter hatte mit Ablösungen, Rückgaben, rituellen Sätzen und Umstellungen das aufgestellte System in eine neue Ordnung versetzt, in der sich die Repräsentanten – wenn auch nicht alle gut – so doch wenigstens besser als zu Beginn der Aufstellung fühlten.

Die zweite Runde

Rund zehn Jahre später stolperte ich über ein mir bis dahin unbekanntes Gedankengut, welches mich in meiner beraterischen Tätigkeit nachhaltig beeinflussen sollte. Ich begann, mich mit dem Wissen rund um das »Integrale« zu beschäftigen. Wie der Zufall es wollte, entschied ich mich für eine Ausbildung zum Thema »Integrales Handeln« bei einem Ausbilder, welcher System- und Strukturaufstellungen mit der integralen Hintergrundfolie verband. Ich schloss unmittelbar eine Weiterbildung zur Integralen Organisations- und Strukturaufstellerin an. Auch dieser zweite zeitlich und inhaltlich weit ausführlichere Eindruck von der Aufstellungsarbeit hinterließ bei mir deutliche Spuren. Ich hatte nun eine ausgefeilte Grammatik an der Hand, einen äußerst strukturierten Leitfaden, der es mir ermöglichte, ein für die Fragestellung des Klienten nützliches Aufstellungsformat auszuwählen, eine angemessene Haltung als Aufstellungsleiterin einzunehmen, eine Aufstellung zielführend anzuleiten, Aufstellungsbilder zu erfassen, auszuwerten, Interventionen zu initiieren und so weiter und so fort – eben das strukturierte Aufstellungshandwerk von der Pike auf. Auch hier ging es um die Anwendung der systemischen Prinzipien von Bindung, Ordnung und Ausgleich: im familiären Kontext mit dem Ziel, Beziehungen zu klären; in Organisationen über die Beziehungsklärung hinaus mit der Absicht verbunden, zusätzlich Einfluss und Stellenwert von Entitäten im System wie beispielsweise Werte, Mission, Vision etc. zu beleuchten.

Während ich bis dato den Eindruck hatte, dass vor allem die individuelle Gabe des Aufstellungsleiters in Kombination mit seiner professionellen Erfahrenheit (Anzahl der geleiteten Aufstellungen) in engem Zusammenhang mit der Qualität und den (Aus-)Wirkungen der Aufstellung stand, kam ich nunmehr zu der Einschätzung, dass es sich bei der Aufstellungsarbeit um ein erlernbares Handwerk im besten Sinne handelte. Schritt-für-Schritt-Anleitungen, das Üben von Details und Gesamtabläufen sowie das Wissen über Formate und deren Bestandteile und Einsatzmöglichkeiten führten bei mir als Lernende zu einem Gefühl der Überschaubarkeit und Beherrschbarkeit der vor mir liegenden Aufgabe als Aufstellungsleitende. Ich hatte nun eine (weitere) fundierte Grundlage geschaffen, um endlich mit einer strukturierten, effizienten und effektiven Form der Aufstellungsarbeit im Sinne meiner Auftraggeber für Ordnung zu sorgen.

Jedoch: Gemäß meinem Verständnis als systemische Organisationsberaterin sah ich meine Rolle insbesondere in der Prozessberatung, verstand mich nicht als Expertin im fachlichen Umfeld meiner Kunden. Die Eindeutigkeit, mit der nun sämtliche Interventionen durch mich als Aufstellungsleitung auf Grundlage meiner Hypothesen und meiner Expertise (Ordnungen des Erfolges, Ablösung, Vorgabe ritueller Sätze etc.) angewiesen und ausgeführt werden sollten, standen für mich hierzu im Widerspruch. Einer der maßgeblichen Leitsätze meiner beruflichen Tätigkeit war seit jeher, dass die Antworten auf seine Fragen dem Fragenden selbst entspringen. Meine Aufgabe hatte ich bis zu diesem Zeitpunkt mehr als die einer Hebamme verstanden, die meinem Gegenüber behilflich ist, diese Antworten in die Welt zu bringen, sie spürbar, wahrnehmbar und sprechbar zu machen. Dementsprechend erlebte ich mich vor allem als Expertin zielführender Methoden.

So blieben auch nach Abschluss dieser zweiten Ausbildung viele Fragen für mich ungeklärt: Sollte ich nun fortan im Hoheitsgebiet meiner Aufstellungsklienten für Ordnung sorgen? Was wenn der Aufstellende lieber mit seinen Konflikten weiterleben wollte als sich zu verändern? Und würden die angewendeten Interventionen tatsächlich zu dem von ihm gewünschten Ergebnis führen? Sollte und wollte ich mir anmaßen, aufgrund meiner Hypothesen (die natürlich meiner subjektiven Sicht auf das System entsprechen würden) die Aufstellung in einer mir vorstellbaren, für mich machbaren Form zu leiten, in dem Bewusstsein, dass ein anderer Aufstellungsleiter mit hoher Wahrscheinlichkeit ein anderes Format, andere Fragen und ein anderes Schlussbild gewählt hätte?

Aller guten Dinge sind drei

Auf einer Jahrestagung eines Vereins, der Menschen vernetzt und unterstützt, denen der Einsatz von Systemaufstellungen für Fragen in Organisationen am Herzen liegt, fiel mir während eines Plenumsvortrages der nächste – und aus meiner Sicht sehr entscheidende – Startpunkt meiner weiteren Entwicklung als Aufstellungsleiterin regelrecht zu. Der Vortragende führte bei seinen Ausführungen Unterscheidungen ein, die für mich einen wesentlichen Unterschied machten. Er beschrieb die unterschiedlichen Aufstellungsformate als ein holarchisches System, in dem die jeweils spätere Form der Aufstellung, die, aus der sie entsprungen ist, umfasst. Demnach stellen Familienaufstellungen die Grundlage für Organisationsaufstellungen dar, die sich wiederum zu Erkundungsaufstellungen weiterentwickeln, welche sich wiederum in Feldaufstellungen zu transzendieren scheinen. Die Familienaufstellungen und Organisationsaufstellungen, welche vorwiegend im beraterischen und therapeutischen Umfeld Anwendung finden, zielen in erster Linie auf Lösungen, die mitunter durch (Wieder-)Herstellung einer bestimmten Ordnung erzielt werden können. Erkundungs- und Feldaufstellungen dienen vorrangig dem Lesen des bestehenden Systems in seinem Sosein sowie der Erkundung des emergierenden Neuen, vollkommen ohne einen Anspruch auf irgendeine Form von Lösung. Die Prinzipien, nach denen diese Formen von Aufstellungen erfolgen, schienen sich deutlich von denen, die ich bislang erlebt hatte, zu unterscheiden. Meine Neugier war erneut geweckt.

Mein gesammeltes Fachwissen und meine Erfahrung als Aufstellungsleitende an Bord besuchte ich 2018 ein Seminar, welches Bestandteil einer Weiterbildungsreihe war, mit der Idee, mein bisheriges Repertoire um einige Kniffe zu erweitern. Bereits nach kurzer Zeit dämmerte mir jedoch, dass es für mich jetzt nicht um die Suche nach den Unterschieden zu und der Vereinbarkeit der neuen Informationen mit meinem bisherigen Vorgehen in der Aufstellungsarbeit ging. Vielmehr war der Ruf und die damit verbundene Herausforderung, ein weißes Blatt zu nehmen und vollkommen neu zu beschreiben.

Nach all der Struktur, den Regeln und Gesetzen traf ich Aufstellungsleitende, die vor allem als Raumhaltende und Facilitatoren handelten. Die Idee, als Facilitator dem Anliegengeber den Zugang zu seinem intuitiven Wissen, seinen verdeckten Potenzialen und inneren Ansichten zu erleichtern (to facilitate), entsprach meiner Haltung, sodass ich diese Bezeichnung für meine Tätigkeit seitdem verwende. Was ich vorher als zuweilen umfangreiche Vorgespräche erlebte, zeigte sich hier in Form einer kurzen und knackigen Form der Festlegung von Aufstellungsformat, aufzustellenden Systemelementen und Kontexten, ohne Detailwissen zu Fragestellung oder Vorgeschichte aufzutürmen. Wo ich bisher, bis auf wenige Ausnahmen, offene Aufstellungen angeleitet und erlebt hatte, wurden hier in aller Regel sogar doppelt verdeckte Aufstellungen initiiert. Besonders überraschend empfand ich, dass keinesfalls der Anliegengeber die Repräsentanten an den jeweiligen für ihn stimmigen Platz im Raum führte, sondern dass die Repräsentanten – mit Ausnahme derer, die für Pole eines Spannungsfeldes standen – eigenständig einen Platz im Raum einnahmen. Waren bislang die Beziehungen der Systemelemente, insbesondere mit Blick auf den Fokus, Kernpunkt der Betrachtungen, so hatten bei dieser Form der Aufstellung – der Erkundungsaufstellung – alle Elemente und Entitäten eines Systems eine gleichermaßen hohe Bedeutung. Zuweilen erfolgte eine Aufstellung ganz ohne Fokus. Zudem wurden oftmals Spannungsfelder in die Aufstellungen integriert, welche die Grundspannung(en) des jeweiligen Systems, zu denen sich die Elemente positionierten, wiedergaben. Darüber hinaus wurde anders als in Familien- und Organisationsaufstellungen so sparsam wie möglich mit

Hypothesen in der Aufstellungsleitung gearbeitet – vor allem kamen diese bei der Zusammenstellung der in der Aufstellung zu betrachtenden Elemente und der entsprechenden Spannungsfelder zur Anwendung. Kurzum hatte, auf den ersten Blick, all das, was es hier für mich zu lernen, zu erleben und zu verstehen gab, anscheinend herzlich wenig mit dem zu tun, was ich bis zu diesem Zeitpunkt mit Aufstellungen im organisationalen Kontext, um den es mir als Organisationsberaterin und Coach insbesondere geht, verband.

Als besondere Anforderung habe ich die Notwendigkeit empfunden, mich von meinen Routinen als Leiterin von Aufstellungen – sei es im Kopf oder mein Handwerk betreffend – zu lösen. Da schien so manches in meinem Mindset bereits eingefroren, was zunächst aufgetaut werden musste. Wiederum war die Auseinandersetzung mit meiner Haltung als Aufstellungsleitende gefragt. Zugegebenermaßen fühlte es sich für mich als jemand, der seinem Naturell nach lieber dem Prozess und der Intuition als den Regeln und Ordnungen folgt, sehr verführerisch an, künftig auf diese Weise als Aufstellungsfacilitatorin aktiv zu sein. Ich empfand Ambivalenz und war zuweilen hin und her gerissen zwischen den sicheren Leitplanken der Familien- und Organisationsaufstellungen, in denen ich mich bis dato geordnet bewegte, und dem freien Feld der Erkundungsaufstellungen, die neugieriges Erfragen und Erforschen aus dem Moment heraus ermöglichte.

Wohin die Reise mich – bis heute – geführt hat

Heute – im August 2020 – haben mich meine Fragen und Überlegungen, meine Erfahrungen, der Austausch mit meinen Beraterkollegen und Peers, die Anliegen und Rückmeldungen meiner Kunden zu nachfolgendem vorläufigen (ich vermute, dass sich weitere, attraktive Reiseziele in Form neuer, künftig emergierender Aufstellungsformen ergeben werden) Standpunkt geführt: Nach einem Entweder-oder bin ich mittlerweile bei einem Sowohl-als-auch gelandet. Ken Wilbers integraler Leitsatz »true but partial«, hat zur Integration der unterschiedlichen Etappen auf meiner Reise durch den Möglichkeitenraum der Aufstellungen beigetragen. Jede der oben genannten Formen hat ihren Sinn und ihre Berechtigung – je nach Art des Anliegens, der Intention des Fragenden, der Bewusstseinsentwicklung des Anliegengebers und dem Vermögen des Aufstellungsleiters etc. In der Retrospektive auf meinen bisherigen Weg in der Aufstellungsarbeit ist mir nochmals bewusst geworden, wie sehr die verschiedenen Formen der Aufstellungen auseinander erwachsen und schon von daher miteinander vereinbar sind. Insofern werde ich auf meiner weiteren Reise von Zeit zu Zeit an meinen Ausgangspunkt zurückkehren und dort, wo es zielführend ist und Sinn stiftet, die systemischen Gesetze der Ordnung nutzen.

Die Frage, die mich neuerdings umtreibt: Sind die systemischen Gesetze so universell, dass sie auch in Anbetracht der Entwicklung des menschlichen Bewusstseins und der Veränderung der Werte in Gesellschaft und Organisation in der einstmals verfassten Form weiterhin Bestand haben? Mich beschleicht eine leise Ahnung, dass auch diesbezüglich Perspektivänderungen hilfreich wären. Wir werden sehen …

Elke Foltz

Wie ich dirigieren lernte

Ouvertüre

Es war einmal ein Aufstellungswochenende …, so begann für mich die Geschichte einer langen Reise. Zuvor hatte ich schon einige Erziehungsratgeber gelesen und auch einige Male wegen unterschiedlicher Themen eine psychologische Beratungsstelle besucht. Die Tipps dort empfand ich als hilfreich, doch misslang mir oft die Umsetzung in meinen Alltag. Rationales Handeln setzt einen bewussten, klaren Kopf voraus, der mir im Stress verloren zu gehen schien.

An diesem ersten Aufstellungswochenende erhielt ich in meiner Aufstellung einen überraschend neuen Blick. Mein mitgebrachtes Thema fühlte sich anschließend erledigt an und das nachhaltig. Das Schlussbild konnte ich sowohl mit dem Kopf verstehen als auch mit dem Herzen spüren und begreifen. Für mich wurde danach diese Methode zu einem guten Instrument, um Themen anzugehen und Lösungen zu finden. Als ich dann den Flyer für die Aufstellungsweiterbildung in der Hand hielt, war meine Neugier geweckt: Ich wollte unbedingt mehr erfahren und lernen. So wurde ich im Januar 2006 eine von acht Teilnehmern* an der Weiterbildung prozessorientierte Aufstellungsarbeit.

Ankommen

Wir sitzen in der Runde. In der Mitte liegt ein Tamburin mit einem Holzschläger auf der dazugehörigen Stoffhülle. Wir bekommen Zeit, um stichpunktartig unsere Gedanken zu folgenden Fragen aufzuschreiben:

---

* Aus Gründen der besseren Lesbarkeit wird bei Personenbezeichnungen und personenbezogenen Hauptwörtern die männliche Form verwendet. Entsprechende Begriffe gelten im Sinne der Gleichbehandlung grundsätzlich für alle Geschlechter. Die verkürzte Sprachform hat nur redaktionelle Gründe und beinhaltet keine Wertung.

- Was sehe ich?
- Was denke ich?
- Was fühle ich?

Ich werde nervös und fühle mich in die Schulzeit zurückversetzt, Deutschaufsatz, alle anderen schreiben und mir fällt nichts ein. Was passiert, wenn ich später in der Auswertung alles falsch habe?

Später werden acht Resultate zu hören sein, jedes anders, individuell und auf seine Art stimmig und wahr, es gibt kein Richtig oder Falsch, keine Noten mehr, die Tür ist weit auf für eine neue Art zu denken. Realität ist die Summe verschiedener Wahrnehmungen aus unterschiedlichen Blickwinkeln.

Ich übe in der darauffolgenden Zeit, »aber« durch »und« zu ersetzen und neue Worte zu verwenden, um »nicht« aus meinem Wortschatz zu streichen.

Stimmen der Instrumente

Wie jeder Einzelne auf eine Fragestellung blickt, ist geprägt durch seine Erfahrungen, Werte und Glaubenssätze, die in seinem Familiensystem Gültigkeit haben. Dazu ein konkretes Beispiel: Als unsere Kinder noch Säuglinge waren, fürchtete ich jedes Mal, wenn sie mittags zu lange schliefen, sie könnten gestorben sein. Oft lief ich voller Panik die Treppe hinauf, dachte darüber nach, wie ich dies jemals verschmerzen könnte. Ich wusste, dass ich dann auf alle Fälle erneut schwanger werden wollte. Erzählen konnte ich davon niemandem, ich selbst hielt mich ja in dieser Beziehung für neurotisch.

Als ich dann im Zuge der Genogrammausbildung Auszüge aus dem Familienbuch vom Standesamt angefordert hatte, wuchs mein Selbstverständnis: Ich hatte die Gefühle meiner Urgroßmutter übernommen und war sozusagen im »falschen Film«. Diese hatte von 16 Kindern sieben als Säuglinge verloren, Drillinge bei der Geburt, die anderen bis zum sechsten Lebensmonat, wahrscheinlich plötzlicher Kindstod. Ihre Lösung war, trotzdem immer wieder ein neues Kind zu bekommen. Auch bekam ich ein neues Verständnis für meine Großmutter, der Tochter dieser Urgroßmutter, die gern mit uns Kindergräber auf dem Friedhof besuchte und uns lehrte, dass Trost im Glauben zu finden sei.

Improvisationen

Doch wie kann man etwas lernen, was eigentlich nicht im herkömmlichen Sinne erlernbar ist? Aufstellung selbst funktioniert, aus welchen Gründen auch immer. Instrumente, Künstler und Konzertsaal sind vorhanden. Die Kunst des Aufstellungsleiters ist es, durch richtige Intuition als Dirigent daraus Musik und Wohlklang entstehen zu lassen, und das für den Klienten und dessen Tempo.

Fragen wagen, die Frage finden

Der Klient ist der Auftraggeber, so stimme ich mich im ersten Schritt mit ihm ab, welches Stück aus seinem Partiturrepertoire auf seiner Bühne zur Aufführung kommen soll. Wir schließen sozusagen einen Vertrag und das natürlich schriftlich mit Flipchart, bunten Stiften und der Wunderfrage als lösungsorientiertes Verfahren. Es gilt, genau hinzuhören und zu filtern: »Was wäre anders, wenn sich hier etwas klärt? Woran würdest du es merken? Woran würden andere es merken?« Es gilt, negativ formulierte Sätze so lange zu hinterfragen, bis es neue, positive Ideen gibt.

In meinem Apothekenalltag bin ich es gewohnt, mir kurz ein Problem schildern zu lassen und sofort eine Lösung parat zu haben. Je sicherer ich diese präsentiere, umso zufriedener ist der Kunde mit meiner Beratung. Bei der Aufstellungsarbeit gilt es, neue Register zu ziehen. Ich lerne, Stille auszuhalten und mich sogar innerlich darüber zu freuen, weil bei meinem Klienten ein Denkprozess in Gang kommt. Am Ende verhandeln wir die Frage: »Was kann ich tun, um …?« So die Theorie.

In der Praxis ließen wir uns beim Üben in den Peergroups oft viel zu viel vom Problem erzählen, hatten natürlich als Fragesteller immer sofort eine Lösung zur Hand, wollten vieles auf einmal lösen oder zerpflückten die Frage so lange, bis es keine mehr gab und Ratlosigkeit die Lösung wurde.

Mir selbst ist dieser Einstieg sehr wichtig, da Sortierung und Klarheit entstehen, die Fragenden Kontrolle über ihren Prozess behalten, das Ergebnis am Ende überprüfbar ist. Als Leitende bekomme ich einen Fahrplan und ein gültiges Ticket an die Hand, bis wohin die Reise in der Aufstellung gehen soll. Inzwischen habe ich auch viele gute Aufstellungen ohne diese Fragefindung erlebt und erfahren, dass es unterschiedliche Stile gibt.

Klangprobe

Zu Paarbeziehung, Herkunftsfamilie, Genogrammarbeit und Aufstellungsformaten erhielten wir wohlproportioniert Theorie und Hintergrundwissen. Dieses wurde uns mittels Übungsbeispielen spürbar veranschaulicht und demonstriert:

Da ist ein Mann, ich bin in der Aufstellung Statistin für die Frau, wir haben zwei Kinder, es fühlt sich gut an. Plötzlich der Satz: »Die Frau hat als Kind ihre Heimat verloren«, die Heimat wird als zusätzlicher Aspekt dazugestellt. Ich breche in Tränen aus, verliere Mann und Kinder aus dem Blick und meine Sehnsucht geht zu dem, was ich verloren habe, was auch die Unbeschwertheit der Kinder verschwinden lässt.

Viele solche kleinen Fallbeispiele weckten in mir ein neues Verständnis und Einfühlungsvermögen.

Dirigieren lernen

Wir lernten im Tun, von Anfang an. Aufstellungen leiteten wir sehr oft zu zweit. Hier war es wichtig, Absprachen zu treffen und anschließend zu reflektieren:
- Wie wollen wir zusammenarbeiten?
- Wer macht was?
- Wie gehen wir mit unserer Verschiedenheit um?

Bewundernswert war die Geduld unserer Lehrer, die sich sehr viele Irrwege seelenruhig anschauten und nur eingriffen, wenn wir um Hilfe baten. Ihre Zuversicht war es, dass das System sich selbst korrigiert und Falsches von den Statisten zurückgemeldet wird. Dafür gaben sie uns viele lösende Sätze und Strukturvorgaben an die Hand.

Dissonanzen und Wohlklang

Das Gelernte vertieften wir in Peergroups. Wir trafen uns zwischen den Ausbildungsmodulen jeweils ein Wochenende lang, um lösende Sätze und Aufstellungen anhand mitgebrachter Themen zu üben. Dabei erlebten und durchkämpften wir typische Hürden, an denen wir reifen konnten: Der Klient wollte seine eigene Aufstellung leiten, die Stellvertreter leiteten mit und blieben nicht mehr in ihrer Rolle, die beiden Leitenden gerieten wegen unterschiedlicher Sichtweisen in Streit.

Wieder zurück in der Ausbildung konnten wir mit unseren Ausbildern das Geschehene reflektieren und erarbeiteten folgende Regeln für unsere Zusammenarbeit:
- Leitung leitet,
- jeder bleibt in seiner Rolle,
- Störungen haben Vorrang,

- für Fragefindung und Aufstellung gibt es einen zeitlichen Rahmen,
- Aufstellungen in der Peergroup dienen der Übung und nicht der Therapie.

Diese Regeln verfassten wir schriftlich. Fortan wurden sie zu Beginn eines jeden Treffens vorgelesen und zum Fundament unseres Miteinanders. Wir lernten, dass in der Uneinigkeit der Leitenden gegensätzliche Meinungen des aufgestellten Systems sichtbar werden. So konnten wir mit diesen Übertragungen umgehen und sie für uns nutzbar machen.

Experimentieren

In den zwei Jahren Ausbildung gab es neben vielen Aufstellungsformaten und Anwendungsmöglichkeiten abends immer wieder Zeit zum Experimentieren. Mittels Aufstellung richteten wir Zimmer ein, bepflanzten ein Gewächshaus und gaben Tieren eine Stimme. Bei Märchenaufstellungen befriedeten wir die böse Königin und warfen den Frosch an die Wand.

Finale – Allegro con spirito

In der Weiterbildung »prozessorientierte Aufstellungsarbeit« habe ich eine Vertrautheit kennengelernt, ein sich gegenseitig in Achtung Stehenlassen und eine Tiefe in der Gruppe, der ich bis dahin nirgends begegnet war. Es fühlte sich an wie Heimat und Heimkommen. Im Aufstellen habe ich die vielen Möglichkeiten zum Üben, Proben, Leiten und Fehlermachen im geschützten Rahmen als absolutes Plus empfunden. Wir konnten uns nach Herzenslust ausprobieren in der Gewissheit, dass unsere Ausbilder ein Sicherheitsnetz gespannt hatten.

Vor vier Jahren habe ich diese Ausbildung als Assistentin erneut begleitet. Da mir die Lerninhalte schon bekannt waren, konnte ich mein Augenmerk darauf richten, was die Gruppe braucht und welche Dynamiken in einer Gruppe wirken. In den folgenden Jahren habe ich die Heilpraktikerprüfung für Psychotherapie abgelegt, mich DGfS-zertifiziert und zahlreiche Aufstellungsseminare und Weiterbildungen besucht. Seit zehn Jahren bin ich Teilnehmerin einer Weiterbildungsgruppe zur Genogrammarbeit.

Es brauchte Zeit, bis ich mir zutraute, mich mit meinem Angebot der Welt zu präsentieren. Inzwischen biete ich neben meiner Tätigkeit als Apothekerin Einzelberatung und Aufstellungsgruppen in der Nähe von Würzburg an. Mein Schwerpunkt: Genogrammarbeit mit Aufstellung zu verbinden.

Anfangs habe ich versucht, Meister zu kopieren, doch das funktionierte nicht. Mir wurde bewusst, dass Authentizität ein sehr wichtiger Aspekt in der Aufstellungsarbeit ist.

Daher begann ich darüber nachzudenken, was mir persönlich wichtig ist, wie ich selbst Aufstellung als Stellvertreterin oder Teilnehmerin erleben möchte, was mir dabei guttut und wo meine Grenzen verletzt werden. So ist aus all diesen Erfahrungen und dem Suchen mein eigener Stil geworden. Diesen Mut zum eigenen Stil wünsche ich auch meinen Lesern.

Martina Jerchel

Das passt zu mir!

Der Satz, der den Titel dieses Beitrags bildet, schoss mir durch den Kopf, als ich völlig unerwartet zum vermutlich genau richtigen Zeitpunkt zum ersten Mal von Aufstellungen hörte, wie sie ablaufen und was sie bewirken können. Das war im Sommer 1998. Ich war damals Ende Zwanzig und hatte mich bis dahin schon oft gefragt, wie es gelingen kann, dass Menschen, die Schlimmes erlebt haben, wieder mehr Leichtigkeit und Freude in ihrem Leben empfinden können.

Ich ahnte, dass dies mit Aufstellungen möglich sein könnte. Daher wollte ich mehr darüber wissen. Auf Empfehlung einer Freundin las ich das Buch »Wenn ihr wüsstet, wie ich euch liebe« (Prekop u. Hellinger, 1998) und war sehr angetan von den dort beschriebenen Fällen. Einen kann ich nicht mehr vergessen. Er handelt von einem hyperaktiven Jungen. Er hat den Namen des Bruders erhalten, der vor seiner Geburt verstorben war. In der Aufstellung ist deutlich geworden, dass dies eine Ursache für seine Hyperaktivität sein könne, zumal der Junge konzentriert und aufmerksam an der Aufstellung mitwirkte (vgl. S. 215 ff.). Es schien also möglich, Ursache und Wirkung in Familiensystemen mit dieser Methode sichtbar zu machen, und Lösungsmöglichkeiten zu erkennen. Wie und ob die Umsetzung gelingt, liegt dann bei den Klienten und ihren Möglichkeiten.

Für mich kam nun ein Stein ins Rollen. In meiner ersten eigenen Aufstellung konnte eine Verstrickung aufgelöst werden; der Nebelvorhang, der mich seit vielen Jahren umgab, schob sich zur Seite. Es folgten viele Jahre Aufstellungsarbeit mit eigenen Themen und Erfahrungen als Stellvertreterin bzw. Repräsentantin. Viele Erkenntnisse offenbarten sich mir, z. B.: dass Abtreibungen oder Frühgeburten Auswirkungen haben können, dass der Zweite Weltkrieg in den Aufstellungen öfter eine Rolle spielt, als ich dachte, und dass Kinder empathisch sind und möchten, dass es vor allem den Eltern gutgeht, und sie daher unter Umständen auch versuchen, ihnen Lasten abzunehmen.

Ich hatte relativ früh den Gedanken, dass diese Arbeit zu mir passen könnte, traute es mir damals aber noch nicht zu. Es vergingen noch einige Jahre, bis der Zeitpunkt stimmig war, um mich nach einer Weiterbildung umzusehen. Sehr erfreut fand ich sie in räumlicher Nähe.

So startete ich nach einem Vorkurs in angewandter Systemik und einer Ausbildung in lösungsorientierter Traumatherapie 2015 mit der Weiterbildung zur Systemaufstellerin. An den ersten Ausbildungstag kann ich mich noch gut erinnern. Ich konnte noch nicht glauben, dass es tatsächlich losging und ich nun mit weiteren Kolleginnen und einem Kollegen diese gemeinsame Reise antrat. Nun war ich sehr gespannt auf das, was vor uns lag. Zu Beginn stellte ich mir selbst vor allem eine Frage: Kann ich lernen, die Seminarinhalte soweit in die Praxis umzusetzen, dass ich nicht mehr über jeden kleinsten Schritt nachdenken muss?

Aus meinen ersten Aufstellungen waren mir Rückgaberituale bereits bekannt. Auch Umstellungen der Repräsentanten und einige Sätze zur Abgrenzung bzw. Verbindung habe ich dort schon erlebt und gehört. Nun kam noch viel Neues hinzu. Und gleich das erste Thema sprach mich sehr an. Es ging um die Haltung, insbesondere um unsere Haltung in Bezug auf die Klienten. Unter Umständen kann die Haltung des Therapeuten 75 % der Lösung sein. Dass sie so viel Gewicht hat, war mir neu. Obwohl ich selbst erlebt habe, wie wichtig dieser Aspekt ist. Mir wurde bewusst, dass eine gute Klienten-Therapeuten-Beziehung ohne diesen Punkt nicht aufrechterhalten werden kann. Somit ist Wertschätzung das Wichtigste, was wir unseren Klienten entgegenbringen können. Mir hilft dieses Wissen. Ich möchte mich ganz auf meine Klienten einstellen, ohne sie zu bewerten und ressourcenorientiert auf ihre Prozesse und die bereits geleisteten Anstrengungen schauen. Dabei bleiben die Klienten Experten für sich selbst. Sie wissen selbst am besten, was gut für sie ist, und entscheiden selbst, was sie bearbeiten möchten. Dies wiederum finde ich entlastend. Möchte ich doch meine Klienten auf ihrem Weg unterstützen und nicht die Verantwortung für ihren Prozess übernehmen.

Einen Platz in meinen Vorgesprächen hat die Genogrammarbeit eingenommen. Wie ich in einem Vortrag von Birgit Hickey gehört hatte, können wir in einem Genogramm analysieren, warum der Klient zu diesem Zeitpunkt mit diesen Ausprägungen an genau diesem bestimmten Platz im Familiensystem das Problem haben könnte. Das Genogramm ist mir eine Unterstützung in der Aufstellung, um mögliche Hypothesen zu erstellen oder Ideen für eine mögliche Lösung zu generieren, die ich dann als Angebot in die Aufstellung einbringen kann.

Eine weitere neue Erkenntnis, die ich als sehr hilfreich für die Aufstellungsarbeit empfinde, ist die Arbeit mit dem Fokus. Der Klient stellt sich nicht als ganzen Menschen auf, sondern in Bezug auf sein Anliegen. Dies dient als Schutz vor der Generalisierung. So habe ich bei einer Aufstellung das Anliegen meines Klienten im Blick. Es hilft mir, nicht in andere Themen abzuschweifen, es sei denn, dies wird von dem Klienten bzw. nach Rücksprache mit ihm gewünscht.

Ebenfalls neu und ein Aha-Erlebnis war für mich die Auflösung von Kontextüberlagerungen. Wenn zum Beispiel die Ordnung in einem System gestört ist, indem ein Kind die Rolle eines Elternteils übernommen hat. Der Kontext einer Person wird durch den Kontext einer anderen überlagert. Wie ich bei Insa Sparrer gelesen habe, klingt die Kontextüberlagerung im Gegensatz zum Begriff der Identifikation, den Hellinger verwendete, weniger stark. Haben doch beide Personen auch noch ihre eigene Identität (vgl. Sparrer, 2009, S. 44). Die Kontextüberlagerung wird durch einen Wechsel der Position und eine Abfrage ermittelt und in der Regel durch mehrmaligen Positionenwechsel aufgelöst. Oft kann sich dadurch eine Blockade lösen. Ich bin immer wieder beeindruckt, wie viel Klarheit entsteht, wenn eine Kontextüberlagerung aufgelöst wurde. Meiner Erfahrung nach macht sich diese Klarheit in der Aufstellung und im Empfinden der betroffenen Repräsentanten bemerkbar.

Wenn ich an meine erste Aufstellung als Gastgeberin denke, weiß ich noch, dass ich einerseits sehr aufgeregt und andererseits erstaunlich locker war, da meine Klientin eine Kollegin aus der Weiterbildungsgruppe war:

In der Aufstellung habe ich intuitiv improvisiert, indem ich eine Repräsentantin nach ihrem gerade empfundenen Alter fragte. Als sich herausstellte, dass sie sich als kleines Mädchen und nicht als erwachsene Frau wahrnahm, bot ich ihr an, einen Zeitstrahl abzuschreiten. Ausgehend von ihrem jetzt empfundenen Alter konnte sie in ihrem Tempo bis zu ihrem tatsächlichen Alter gehen. Das war für sie stimmig und brachte die Aufstellung einen Schritt weiter. Insgesamt hat es mir Spaß gemacht, weil ich aufmerksam war, meine Klientin im Blick hatte, wertschätzend auf die Abfragen der Repräsentanten reagiert habe und die Interventionsangebote stimmig waren. Es war auch etwas kräftezehrend, weil es für mich eine Prüfungssituation war, ich etwas angespannt und aufgeregt war und wollte, dass sich meine Klientin gut aufgehoben fühlt.

Meine zweite Aufstellung begann mit einem sehr angenehmen Vorgespräch, in dem ich meine Klientin kennenlernte. Wir waren uns sofort sympathisch:

Die Aufstellung lief gut und ich fühlte mich souverän. Dies merkte ich daran, dass ich ganz bei mir in der Rolle der Gastgeberin war, meine Klientin immer wieder einbezog und die Prüfungssituation ausblenden konnte. Kurz vor Ende der Aufstellung wurde ich sehr aufgeregt und war kurzzeitig unsicher. Nach einem Hinweis von außen, dass wir auf dem richtigen Weg seien, wurde mir klar, dass die Lösung tatsächlich zum Greifen nahe war. Die Aufregung legte sich, ich musste der Sache einfach nur etwas mehr Zeit geben. Mit dem Ergebnis waren alle sehr zufrieden.

Inhaltlich erwies sich die Ausbildung für mich als großer Schatz, der theoretische Grundlagen, Handwerkszeug, Tools, Interventionen und Übungen beinhaltete. Das bereitgestellte Nachschlagewerk bewährt sich immer wieder in der Praxis. Für mich passte das Verhältnis zwischen Theorie und Praxis optimal. Nach jeder Theorieeinheit konnten wir das gerade Besprochene ausprobieren, entweder im Plenum oder in kleinen Gruppen. Wir hatten ein gutes und wertschätzendes Miteinander in der Gruppe. Oft haben wir in Peergroups gearbeitet. Hier haben wir gemeinsam ausprobiert und uns gegenseitig korrigiert. Die Kombination von Ausbildung, Arbeiten in der Peergroup und Supervisionen fand ich richtig gut. In dieser Zeit habe ich viel über mich gelernt, weiterhin meine Themen bearbeitet und Hindernisse aus dem Weg geräumt. Zudem merkte ich, dass ich das Gelernte umsetzen konnte. Immer mehr verknüpften sich Erfahrungen und Wissen mit Intuition und Anwendung.

Nun gehe ich meinen eigenen Weg und lerne immer weiter. Die Grundlagen und Interventionen der Strukturaufstellungen haben mir dabei eine Sicherheit gegeben, gut und stabil mit der Arbeit zu beginnen.

Sehr gern arbeite ich mit Bodenankern, sowohl in Einzelsitzungen als auch in der Gruppe, wenn nicht genug Repräsentanten zur Verfügung stehen. Es ist auch interessant, dass meine Klienten Themen mitbringen, die auch für mich noch Bearbeitungspotenzial bieten. So werde ich nicht stehenbleiben und weiterhin eine Lernende sein.

Literatur

Prekop, I., Hellinger, B. (1998). Wenn ihr wüsstet, wie ich euch liebe. Wie schwierigen Kindern durch Familien-Stellen und Festhalten geholfen werden kann. München: Kösel.

Sparrer, I. (2009). Systemische Strukturaufstellungen. Theorie und Praxis. Heidelberg: Carl-Auer.

Maria Klein

Frei in Beziehung gehen

Ich war mir eigentlich sicher, dass »alles« soweit geklärt war: Die Trennung meiner Eltern – verständlich. Der Zoff der daraus entstanden ist – nachvollziehbar. Dann habe ich meine erste Aufstellung gemacht, da war ich dreißig Jahre alt. Beim Aufstellen der Stellvertreter*innen sagte der damalige Leiter zu mir: »Maria, du weißt schon: Das sind nur die Stellvertreter.« Mir war gar nicht bewusst gewesen, mit wie viel Wucht ich die Stellvertreter*innen meiner Eltern auf ihre Positionen verfrachtet habe. Erst da konnte ich spüren, wie viel Wut auf meine Eltern noch in mir steckte. Von da an habe ich immer mal wieder Aufstellungen genutzt, um einen selbstkritischen Blick auf mein System zu werfen: prophylaktische »Fellpflege« sozusagen.

Der Wunsch, daraus einen Beruf zu machen, kam dann erst viele Jahre später, als ich eine Freundin zu einem Aufstellungsseminar begleitet habe. Der Aufsteller praktiziert gestalttherapeutisches Familienstellen. Diese Art der Aufstellungsarbeit beeindruckte mich derart, dass ich mich am dritten Tag spontan für seine Ausbildung anmeldete. Die Aufstellungen erreichten eine Tiefe, waren so nährend und heilsam – das hatte ich so noch nicht erlebt. Das wollte ich auch lernen. Und so begann meine Ausbildung: vier Wochenenden pro Jahr, plus Assistenzseminare, plus Peergroup, plus Seminare in Gestalttherapie.

Unsere Ausbildungsgruppe startete mit 17 Personen. Meine Befürchtung war, dass ich bei all den Psychoanalytiker*innen und Therapeuten*innen in der Gruppe als Kuckucksei entlarvt werden würde. Ich fürchtete, erwischt zu werden: Ich konnte das doch gar nicht! Zwar hatte ich schon eine Menge Selbsterfahrung, aber ich bin keine Therapeutin. Ich war einfach nur völlig fasziniert von der Methode und wollte anderen Menschen anbieten können, was mir und meiner Familie immer wieder so gut getan hatte, und zwar genau so, wie ich es da hatte erleben können.

Mein Sinn für Gestaltung war mir sehr hilfreich, denn bis dato hatte ich im ursprünglichen Wortsinn gestaltet – nämlich als Creative Director/Marketingberaterin. Nun wollte ich es auch im gestalttherapeutischen Sinne tun: »Beziehung frei gestalten«, das Herzstück meiner Arbeit.

Wir sind aus meiner Sicht die erste Generation, die die Möglichkeit hat und es sich leisten kann, sich selbst grundlegend zu reflektieren. Es geht nicht mehr ums nackte Überleben. Heute können wir uns um eben diese existenziellen Ängste kümmern und sie anschauen, um die in Generationen angesammelten Verstrickungen in Familiensystemen zu lösen und zu heilen. Wunderbar!

Als meine Ausbildung dann 2017 startete, habe ich die ersten beiden Wochenenden mit Zuhören und Zusehen verbracht. Meine erste Übungsaufstellung fand dann im dritten Seminar statt. Und sie war gut. Für mich überraschend gut. War sie doch extrem komplex und ich hätte es mir verziehen, wenn ich den Überblick verloren hätte. Aber dem war nicht so. Und meine Unerfahrenheit im Vergleich zu Analytiker*innen und Therapeut*innen war in gewisser Hinsicht auch ein Vorteil: Es gab für mich keinen inneren Konflikt mit einer bestehenden Methode. Ich habe einfach das getan, was unser Ausbilder uns beigebracht hat – und meine Intuition genutzt.

Diese erste Aufstellung hat mich sehr ermutigt, weiterzumachen, mir das Gefühl gegeben, dass ich in dieser Ausbildung richtig bin und mich darin bestärkt, später auch wirklich Aufstellungsseminare geben zu wollen. Bei meiner dritten Aufstellung erhielt mein erwachtes Selbstvertrauen allerdings einen herben Dämpfer:

Wir hatten im Rahmen des Seminartags reale Auftraggeber*innen. Es waren Klient*innen unseres Lehrers, die sich bereit erklärt hatten, mit uns als Leitungen zu arbeiten. Natürlich stand unser Ausbilder im Hintergrund als Ressource zur Verfügung. Das fand ich super: Echte Klient*innen mit Sicherheitsnetz! Die erste Klientin am Morgen hätte ich gern übernommen, habe das dann aber einer Ausbildungskollegin überlassen, weil sie noch nicht so viel aufgestellt hatte. Bei der zweiten Klientin am Nachmittag hatte ich mich als Leiterin nicht angeboten, da ich merkte, dass ich nicht bei ihr andocken konnte. Keiner meldete sich (möglicherweise hatten wir alle ein ähnliches Gefühl). Als mich dann meine Ausbildungskolleg*innen auffordernd anschauten, ließ ich mich verleiten und habe die Leitung übernommen. Meine Überlegung war, dass ich später auch nicht immer die Wahl haben würde, mit wem ich arbeite. Ich begann dann die Anamnese mit der Frage: »Möchtest du mit mir arbeiten?« Die schnodderige Antwort: »Ist doch egal, wer die Aufstellung leitet. Ich kenne hier ja eh keinen«, gab mir zu denken, doch ich habe nicht gut für mich gesorgt und einfach weitergemacht.

Ich erlebte die Klientin extrem im Widerstand. Alle meine Fragen wurden mit: »Das verstehe ich nicht«, oder bei der Nachfrage zum Genogramm mit: »Muss das denn sein?«, recht kritisch beantwortet. Entsprechend zäh empfand ich die Aufstellung. Auch das Endbild entsprach nicht ganz meinen Vorstellungen und Erwartungen. In meiner Wahrnehmung hatte ich mich redlich bemüht und eher »durchgewurschtelt«. Ich war somit unzufrieden mit meiner Arbeit und enttäuscht von mir. Zwar haben mich die anderen beruhigt und waren offenbar froh, die Aufstellung nicht selbst gemacht zu haben. Das hat mich allerdings nur bedingt entlastet. Auch als ich am nächsten Morgen von meinem Lehrer erfuhr, dass die Klientin sich per E-Mail mit den Worten bedankt hatte, die Aufstellung habe sie sehr weitergebracht, blieb ich unzufrieden. Denn mein Anspruch an mich war, die Anamnese besser zu steuern und mich nicht von einer überkritischen Haltung der Klientin verunsichern zu lassen. Von Anfang an hatte ich das als »schräg« empfunden.

Im Nachhinein betrachtet war die im Fallbeispiel beschriebene Aufstellung des Seminartags besonders lehrreich und stärkend für mich. Natürlich möchte ich mit meiner Arbeit erreichen, Systeme zu entlasten, um so ein freies In-Beziehung-Gehen zu ermöglichen. Ich hatte nun aber verstanden, dass das Gelingen einer Aufstellung nur so weit möglich ist, wie die einzelnen Teile es zulassen. Und mir wurde klar, dass eine Aufstellung, die aus meiner Sicht nicht gut läuft, nicht notwendigerweise unwirksam sein muss. Das war für mich letztlich befreiend. Und mir zu verzeihen, dass ich nicht immer 150 Prozent geben kann – aus welchen Gründen auch immer –, war entlastend. Ich erlaube mir jetzt Fehler und bin wacher bei der Anamnese, damit ich eben möglichst keine Fehler mehr mache.

Nach diesem Erlebnis war ich natürlich gespannt, wie ich die nächste Leitung angehen würde. Würde ich Bedenken haben, mich wieder antreiben zu lassen? Wieder nicht zu schauen, was ich zu einem guten, gemeinsamen Arbeiten brauche? Würde ich übermäßig nervös und verunsichert sein? Mutig wie eine Reiterin, die abgeworfen worden war, erklärte ich mich bei der nächsten Seminareinheit wieder bereit, zu leiten. Und siehe da: Nach ein paar heftig aufgeregten Herzschlägen kam wieder meine gewohnte Ruhe und ich lieferte eine saubere Anamnese ab. Ich hatte Klarheit darüber, was ich wie aufstellen wollte, und auch wenn es turbulent zuging und die Verstrickungen komplex waren, habe ich mich als souverän erlebt. Die Klientin war sehr zufrieden. Ich war es auch. Und mein Ausbilder ebenso. Darüber war ich natürlich sehr glücklich, und gleichzeitig hätte ich mir von seiner Seite ein detaillierteres Feedback – durchaus auch kritisch – gewünscht. Das Feedback in der Gruppe war mir manchmal zu allgemein und wohlgemeint. Einerseits schön, wenn man keine Angst vor negativer Kritik haben muss, gerade in einer Lernsituation, andererseits wäre es mir wichtig gewesen, mit fortschreitender Kompetenz ein differenziertes Feedback zu bekommen. Gern auch in einem Gespräch unter vier Augen.

Insgesamt fand ich die Arbeit mit Probeklient*innen sehr hilfreich, da die Nachbesprechungen natürlich deutlich schärfer ausfielen als bei unseren Aufstellungen innerhalb der Lerngruppe. Ebenso wichtig finde ich bei Lernaufstellungen, immer mal wieder die »Pausetaste« zu nutzen. Sprich: während einer Aufstellung inne zu halten und nach Ideen und Vorschlägen zu fragen. So, wie es mir bei manchen Aufstellungen als Hospitantin möglich war. Dadurch habe ich sehr viel gelernt. Zum Beispiel konnten durch die ausführlichen Besprechungen nach der Aufstellung Zusammenhänge noch deutlicher herausgearbeitet werden. Außerdem konnte ich nachher fragen, warum welche Technik, welcher Kunstgriff an einer bestimmten Stelle genutzt wurde.

Durch die Corona-Auflagen ist ein Seminar im Mai 2020 leider ausgefallen. Sieben Kolleg*innen und ich hätten bei diesem Termin ihren Abschluss gefeiert. Es ist ein bisschen schade, dass wir nun ohne offiziellen Abschied in die Praxis gehen. Ich habe mir für diesen Monat eine Supervisionsstunde gebucht. Bevor ich im August mein erstes Seminar leite, sind mir eine Rücksprache, Feedback und Ratschläge für den Einstieg wichtig.

Fazit: Neben allem Lernen war meine Ausbildungszeit auch eine extrem wichtige Phase für meine Persönlichkeitsentwicklung und Selbstreflexion: einmal durch den Gruppenprozess und dann natürlich wegen der vielen Aufstellungen, in denen ich als Stellvertreterin stand. Das war also in vielerlei Hinsicht eine wertvolle Zeit!

Kanterbräu

… als Weiterbildende

Lisa Böhm-de Philipp

Sich der Rolle des Aufstellers und Weiterbildners bewusst sein

Die Frage: »Wer bin ich als Aufsteller*in?«, beschäftigt wahrscheinlich jede*n während und nach der Ausbildung mehr oder weniger. Die Antworten beziehen sich zunächst darauf, wo persönliche Stärken, aber auch Begrenzungen liegen, ob sich das zukünftige Angebot auf Einzel- oder Gruppenarbeit, Therapie oder Coaching konzentrieren soll und an welcher Stelle es an die beruflichen Vorerfahrungen anknüpft.

Nach einiger Zeit der Anwendung der Methode konnte ich bei vielen Kolleg*innen ein darüber hinausgehendes Interesse beobachten. So war es auch bei mir: Im Fokus standen: die Essenzen der Methode in ihrer ursprünglichen Form zu vertreten, mit innovativen Ideen zu experimentieren und auch der Wunsch, die Methode wissenschaftlich zu hinterfragen und zu durchdringen. Mein größtes Interesse gilt nach wie vor den Fragen, wie es gelingt, Bewusstheit in mein Tun zu bringen und wie ich Erkenntnisse über mich in der Rolle als Aufsteller*in, Gruppenleiter*in und Weiterbildner*in gewinne und vertiefe. Die Selbstreflexionen führen auch dazu, die anderen in der Rolle als Klient*in, Gruppenteilnehmer*in oder Stellvertreter*in besser zu verstehen und die Begleitung entsprechend auszurichten.

Auf diese Weise hat sich dann bei mir alles zusammengefügt. Als Weiterbildnerin war und ist es mir ein besonderes Anliegen, den Teilnehmer*innen neben einer an den Richtlinien der DGfS orientierten fundierten Weiterbildung in Theorie und Praxis darüber hinausgehende Angebote für Bewusstheit und das Verständnis ihrer Rolle als Aufsteller*in zu machen. Und was mir selbst dabei nützlich war, lasse ich in mein Weiterbildungsangebot einfließen.

Für den Weg nach Innen und das Training von Bewusstheit bevorzuge ich die Meditation und das Sitzen in Stille. Dabei öffnen sich Räume, in denen ich mich entspanne, in die Gegenwart komme, Weite und Tiefe spüre und mit dem Unsichtbaren und Unsagbaren in Kontakt bin. Hier erlebe ich mich eingebunden in ein größeres Ganzes. Aus diesen Zeiten nur für mich kehre ich gestärkt zurück und nehme Präsenz, innere Ruhe, Herzenswärme und Achtsamkeit mit in den privaten und beruflichen Alltag. Dies auch in der Gruppe zu vermitteln, führt immer wieder zu Phasen des Innehaltens und der Sammlung, z. B. zu Beginn oder am Ende des Seminars oder nach einer Aufstellung.

Zur Beantwortung der »Wer-bin-ich?«-Fragen bevorzuge ich in erster Linie Typologien. Sie geben Orientierung und beschreiben typische Verhaltensweisen, Erlebenswelten, Charaktereigenschaften, Abwehrmechanismen, Ängste und anderes. Durch das Studium dieser Orientierungsangebote ist es möglich, sich selbst besser zu erkennen und eine möglichst präzise Wortwahl für innere Vorgänge zu finden. Aufgrund der Beschreibung des gesamten Spektrums von Verhalten können auch andere Verhaltensweisen als die eigenen besser verstanden werden. Mit all dem sollte achtsam umgegangen werden, denn vorschnelle Einschätzungen und Festschreibungen sind kontraproduktiv und bewirken Widerstand, weil sie unter anderem der hohen Komplexität einer Persönlichkeit und Flexibilität im entspannten Zustand widersprechen. Aber als Grundlage für Erkenntnisgewinn und als Anregung zu einer vertieften Fragestellung und Ergründung seiner selbst sind typologische Verhaltensbeschreibungen absolut erhellend, denn jedes Konzept besitzt eine innere Logik und wirkt in sich schlüssig und vollständig. Meine persönliche Auswahl für die »Wer bin ich«-Fragen stammt aus den Bereichen der Psychologie: Typologien von C. G Jung, Wilhelm Reich, Fritz Riemann, Alexander Lowen, Ron Kurtz und gemäß dem Big-Five-Modell. Für mein eigenes Alles-in-mir-Modell kommen als Quellen die psychologische Astrologie, das Vier-Quadranten-Modell des Gehirns von Ned Herrmann, die westliche Vier-Elemente-Lehre, die östliche Fünf-Elemente-Lehre und die ganzheitliche Betrachtung aus dem Tao hinzu.

Wie hilfreich eine Typologie bei der Beantwortung der Frage: »Wer bin ich als Aufsteller*in und als Weiterbildner*in?«, sein kann, möchte ich anhand einer grundsätzlichen und dominanten Dimension aufzeigen, die C. G. Jung als extrovertiert (auch extravertiert) und introvertiert bezeichnet. Sie wird im eigenen Verhalten und im Umgang mit anderen erkennbar und kann inzwischen sogar biologisch erklärt werden. Dabei stellen die Pole extro- bzw. introvertiert Eckpunkte auf einer kontinuierlichen Skala dar und erklären eine bestimmte Struktur, die angeboren und geprägt ist und sich zu einer Präferenz entwickelt hat. Im entspannten Zustand kann sich jede*r flexibel verhalten, bei Stress wird die eine Ausrichtung besonders und typisch sichtbar, manchmal in einer extremen Version. Die Beschreibung dieser beiden Ausrichtungen kann auf alle Seinsbereiche bezogen werden. Hier möchte ich sie auf einige wesentliche fokussieren, die als Gruppenleiter*in eine Rolle spielen: Stärken und Begrenzungen, Kommunikation, Führungsstil, Kraftquelle, Stressauslöser, Stressverhalten.

Von C. G. Jung und von anderen wird Extroversion als ein nach Außen gerichtetes Verhalten beschrieben, bei dem schnelles Denken, Sprechen und Handeln auffällt, gepaart mit hoher Sozialkompetenz, Kontaktfreude, Spontaneität und Herzlichkeit. Die Begeisterung für Menschen und eine Sache ist groß, führt einerseits zu einer schnellen und mutigen Umsetzung von Projekten und motiviert andererseits Mitmenschen auf kreative Weise. Die Kommunikation ist eloquent, bildreich und schlagfertig. Ein extrovertiert betonter Mensch denkt beim Sprechen und er bezieht Kraft aus dem Kontakt mit anderen Menschen und Dingen. Im Gegensatz dazu wird das introvertierte Verhalten als nach innen gerichtet beschrieben, das wenig äußeren Input braucht. Die Quelle von Erkenntnissen sind innere, tiefgehende und ausdauernde Verarbeitungsprozesse. Sich Zeit zu lassen, ausdauernd und hinterfragend in die Tiefe zu gehen oder geduldig, einfühlsam und präsent die anderen zu erfassen, sind die Stärken. In Situationen werden vor allem auch die Atmosphäre, Stimmung und Kleinigkeiten wahrgenommen. Ein introvertiert betonter Mensch denkt erst und spricht dann. Er bevorzugt die schriftliche Form, denn er braucht Zeit, um die passenden Worte zu finden. Seine Kraft bezieht er aus der Stille und seiner Innenwelt.

Eine Aufstellungsleitung mit der Präferenz extrovertiert liebt die Gruppenarbeit, schätzt Anerkennung und lobt auch selbst gern. Sie hat meist schnell mit dem Umsetzen der erlernten Methode begonnen. Die Vorgehensweise ist von hoher Motivation und Begeisterung, Intuition und Spontaneität geprägt, die gesprochene Sprache nimmt einen großen Raum ein, denn auch hier werden die Gedanken durch Sprechen geordnet. Der Führungsstil kann dominant werden, wenn Prozesse zu lange dauern, das Ganze anscheinend aus dem Ruder läuft, zu lange geschwiegen oder nachgespürt wird. Die Gefahr ist sowohl in der Gruppe als auch im Einzelsetting, dass wertvolle Informationen der Klient*innen und der Stellvertreter*innen, die aus deren Wahrnehmung, Körperbeobachtung oder gespürten Intuition stammen, auf der Strecke bleiben und ein Lösungsbild entsteht, das gesehen und noch nicht gespürt werden kann.

Eine Aufstellungsleitung mit der Präferenz introvertiert, zu der auch ich mich zähle, bevorzugt die Einzelarbeit, bei der Raum und Zeit für die gespürte Intuition, das genaue Beobachten und Wahrnehmen auf allen Informationsebenen, das langsame, konzentrierte Sprechen und die exakt-stimmige Wortwahl gegeben sind. Leitet eine betont introvertierte Aufstellungsleitung Gruppen, dann haben Aufstellungen einen meditativen Charakter mit reduzierter Sprache, viel Spüren und dem Wahrnehmen von Resonanzen und Energien. Gruppen werden meist schriftlich und intensiv vorbereitet und in einer klaren

Struktur durchgeführt. Die Gefahr liegt sowohl im Einzelsetting als auch in der Gruppe darin, dass der Fokus bei einer Kleinigkeit hängenbleibt, der rote Faden verloren geht und zu geringes Sprechen auf Kosten von Klarheit geht. In der Gruppe kann die intensive Begleitung eines Einzelnen bei den anderen Teilnehmer*innen Langeweile erzeugen, weil das Zeitlassen und die Stille so positiv bewertet werden.

Die Kategorisierung in extro- und introvertiert wird besonders bei Stress interessant, weil in einer Gruppe allein das Aufeinandertreffen beider unterschiedlichen Verhaltensweisen und Bedürfnisse Stress auslösen kann. Und sehr schnell stehen sich Polaritäten gegenüber, mit denen es umzugehen gilt: zu langes Reden, Dazwischenreden und dramatisch vorgetragene Stellvertreterwahrnehmung einer extrovertierten Person gegenüber dem Bedürfnis, sich Zeit zu lassen, um stimmige Worte für das Wahrgenommene zu finden. Viel Input und Abwechslung ist den einen recht, den anderen lästig, genauso steht der Austausch mit anderen auf der einen Seite dem Bedürfnis auf der anderen Seite gegenüber, sich zurückzuziehen, um Aufgenommenes zu verarbeiten. Eine extrovertierte Person äußert offen Kritik und wird auch laut, wenn sie wütend ist, die introvertierte Person schweigt und stapelt alles, was ihr nicht gefällt, zu einem immer höher werdenden Berg auf. Irgendwann hat sie einen Wutausbruch, den niemand nachvollziehen kann, oder trödelt, kommt zu spät und ignoriert andere als Zeichen versteckter Aggression.

Als Gruppenleiterin habe ich es mir natürlich zur Aufgabe gemacht, diese Gegensätzlichkeiten unter einen Hut zu bringen, eine wechselseitige Lernerfahrung zu betonen und die Angebote entsprechend auszurichten. So wechseln sich Austauschrunden, Murmelgruppen mit Reflexionsphasen in Stille oder zum Aufschreiben ab. Vielredner*innen brauchen einen Stopp und Wenigredner*innen eine Einladung, auch etwas zu sagen oder, wenn Worte fehlen, Wortneuschöpfungen zuzulassen. Pausen sind für die einen eine willkommene Möglichkeit, Kontakte zu knüpfen und schnell auch Persönliches mitzuteilen. Die anderen sind zurückhaltend und wollen sich lieber von den vielen Eindrücken erholen. Die Ausdauernden können lange sitzen und die Aktiven brauchen immer mal Bewegung. Manchmal ist es sinnvoll, die Gegensätze anzusprechen und am besten in einer übertriebenen Form einmal darzustellen, was die einen von den anderen halten. In etwa so: Die anderen sind unreflektierte Selbstdarsteller*innen, aufdringliche Vielsprecher*innen und ruhelose Macher*innen. Oder: Die anderen sind Langweiler*innen, kleinkarierte Sensibelchen und haben nichts zu sagen. Bei diesen, im Verborgenen stattfindenden Einschätzungen ertappt, löst sich meist eine Spannung und mit einem Schmunzeln oder Lachen entsteht ein höheres Verständnis füreinander.

Was hier nur bei einem Gegensatzpaar angesprochen worden ist, kann in vielfältiger Weise vertieft werden, denn die typverschiedenen Gegensätze zeigen sich auch bei der Wahrnehmung (detailliert oder ganzheitlich, mit allen Sinnen oder intuitiv), bei der Informationsverarbeitung (denken oder fühlen), bei den Entscheidungen (menschen- oder sachorientiert) und bei der Umsetzung (spontan oder überlegt).

Der Idealzustand ist also, entspannt zu sein, denn dann sind wir flexibel und haben Verständnis und Toleranz für die andere Seite. Im entspannten Zustand kann jede*r über sich hinauswachsen und ein erweitertes Verhaltensspektrum ausprobieren, auch wenn es grundsätzlich bei einer Präferenz bleibt. Es wird erkennbar, dass alle zwischen Gegensätzen wandeln können und je nach Situation, bei unterschiedlichen Umständen und unter bestimmten Verhältnissen mehr in die eine oder andere Richtung orientiert sind.

In der Regel treffen sich in einer Weiterbildungsgruppe Menschen, die lernen wollen und sich ganz bewusst oder intuitiv die passenden Ausbilder*innen gewählt haben. Meist besteht eine Bereitschaft, über kleine Unstimmigkeiten hinwegzusehen, wenn etwas nicht optimal läuft. Sollten dennoch Schwierigkeiten auftauchen, ist es hilfreich, als Gruppenleiter*in schnell reagieren zu können. Für diesen Fall habe ich persönlich mit der zuvor dargestellten Kategorisierung gute Erfahrungen gemacht, weil die Themen schnell auf den Punkt gebracht waren, ich mein Angebot ändern, sich aber auch ein Verständnis füreinander im Miteinander der Gruppe entwickeln konnte.

GAL
Santonum portus
Lemovicum
Alexia
Oceanus Aqui
tanicus
Lugdunum
Narbo
nensis
Aqui
tanica
Nemau
Legio
Tarracon
Numantia
Celti
beri
HIS
Carthago
nova
Bætica
Emerita Aug.
Narbo
na

Peter Bourquin

Was macht das Weiterbilden mit den Leitern?

Vor zwei Jahrzehnten gab ich erstmals einen Weiterbildungskurs in Madrid. Er war der Beginn einer Lehrtätigkeit, die rasch zum Schwerpunkt meiner Arbeit als Aufsteller geworden ist. Mittlerweile kann ich auf 35 Kurse mit rund 700 Teilnehmerinnen zurückschauen, die in verschiedenen Städten Spaniens meine anfangs einjährige, dann bald zweijährige grundlegende Weiterbildung durchlaufen haben. Darüber hinaus gebe ich seit einigen Jahren eine mittlerweile 200 Stunden umfassende vertiefende Weiterbildung. Von daher ist mir die Rolle des Weiterbildners seit langem geläufig und ich sehe mich mittlerweile als »alter Hase« in diesem Terrain.

Im Folgenden möchte ich einige Aspekte ausführen, die eine vorläufige Antwort auf die Titelfrage dieses Beitrags sind. Hier stehen nicht die Teilnehmer oder konkrete Lehrinhalte im Fokus, sondern meine Person in der Rolle als Weiterbildner, Therapeut, Vorbild, Projektionsfläche und Mensch. Dieser Beitrag kann nur als ganz persönliche Antwort verstanden werden, als ein Versuch, einige mir wesentlich erscheinende Aspekte zu skizzieren.

Vom impliziten zum vermittelbaren Wissen

Eine Sache ist, eine Aufstellung zu leiten, eine ganz andere ist, anderen beizubringen, wie man es macht und worauf es ankommt. Um das zu ermöglichen, braucht es ein fortdauerndes Reflektieren über das eigene Handeln, um implizit intuitives Wissen in explizit vermittelbares Wissen zu verwandeln. Es waren die Fragen meiner Teilnehmerinnen, dieses: »Warum hast du das so gemacht?«, was mir half, ein explizites Verständnis zu entwickeln. Gerade in den Anfangsjahren war dies eine echte Herausforderung, und es ist ein längerer Weg hin zu einer gewissen Meisterschaft.

Es macht auch einen großen Unterschied, ob die Antwort auf die obige Frage angelesen, abgeschaut und gelernt, oder aber wirklich von innen heraus gewachsen ist. Während der ersten Jahre lernte ich viel von Bert Hellinger, sei es mittels seiner Weise, die Weiterbildung zu leiten, sei es mittels seiner Erklärungen und seiner Bücher. In Spanien gab es zu Beginn des Familienstellens nur ihn als wesentliche Quelle, und so nahm ich an einem Dutzend seiner Seminare teil. Der Lehrer wird ja unvermeidlich zum inspirierenden Modell, an dem sich die Schülerin orientiert! Doch je mehr ich an eigener Erfahrung gewann, desto eigenständiger wurde mein Verständnis. Manches bewährte sich und blieb, anderes ging mit der Zeit über Bord und wurde durch Eigenständiges ersetzt.

So ließ ich beispielsweise seine Forderung an die aufstellende Klientin hinter mir, in wenigen, in der Regel nicht mehr als drei Sätzen das Anliegen zu formulieren. Ich lernte, das Eingangsgespräch wertzuschätzen, um in Beziehung zu gehen, die Person an meiner Seite etwas kennenzulernen, Information zu erfragen und schließlich ein Anliegen zu formulieren bzw. gegebenenfalls auszuhandeln, mit dem wir beide konform sind. Dafür nehme ich mir meist rund zehn Minuten Zeit und beobachte zugleich, was in dieser »Miniaufstellung« zwischen uns beiden in der Rolle als Aufsteller und Klientin geschieht, da sich oftmals das Thema schon hier widerspiegelt und mir so zusätzliche wesentliche Informationen ermöglicht.

Aufgrund dieser Erfahrung ermutige ich meine Teilnehmer darin, ihr eigenes Verständnis zu entwickeln, mich kritisch zu hinterfragen und sich bewusst zu werden, dass meine Art des Aufstellens nur eine mögliche Form ist, doch dass es gilt, mit der Zeit seine ganz persönliche zu finden und zu entwickeln.

Gerade die phänomenologische Basis des Aufstellens ist mir eine große Hilfe bei der Beantwortung der Frage: »Warum hast du das so gemacht?« Dieses immer neue Erspüren und Hinterfragen des gerade *jetzt* sich Zeigenden ist eine ständige Aufforderung, keine althergebrachten Antworten zu wiederholen und im unmittelbaren gegenwärtigen Kontakt zu bleiben. So konnte ich auch im Gang der Zeit beobachten, wie meine Antworten auf die Fragen der Teilnehmerinnen sich verändern und dass ihnen etwas Vorläufiges innewohnt. In diesem Sinne nähren die Weiterbildungen in mir einen fortdauernden Prozess des Hinterfragens und der Vorläufigkeit. Dies hält mich geistig flexibel, weckt immer wieder Neugierde und verhindert ein Erstarren in einen Kanon »endgültiger« Wahrheiten, die ein ums andere Mal gelehrt und dann nur allzu leicht zum Dogma werden. Bei manchen Kollegen habe ich beispielsweise den Eindruck, dass sich die sogenannten Ordnungen der Liebe – eine phänomenologische Beschreibung gewisser Dynamiken in menschlichen Systemen – den biblischen Geboten gleich in ein »du sollst …« versteinert und moralisiert haben. Die Gefahr der langjährigen Erfahrung sehe ich im therapeutischen »Gewohnheitstier« ohne kreatives Handeln aus dem Moment heraus oder in einer mentalen, innerlichen »Altersstarrheit«, die natürlich keine Frage des biologischen Alters ist. Da kann ich nur hoffen, dass mich der lebendige Kontakt mit meinen Teilnehmerinnen und die dem Lehren innewohnende Herausforderung, das Bestehende ständig zu hinterfragen und zu aktualisieren, davor bewahren.

Das Spiegelkabinett

Eine natürliche und unvermeidliche Folge des Lehrens ist, dass man sich in einer Art Spiegelkabinett aufhält, in dem einem die Teilnehmer mit klaren wie auch verzerrenden Bildern vor Augen halten, was an eigenen Themen unerlöst ist: Es wird mir deutlich an meinen eigenen emotionalen und gedanklichen Reaktionen, offen oder subtil. Diese Themen sind von zweierlei Art:

Zum einen zeigt sich in der Eigenresonanz auf Aufstellungsprozesse, die ja Teil der Weiterbildung sind, wo noch persönliche und systemische Familienthemen mitschwingen. In den ersten Jahren geschah mir dies gelegentlich, glücklicherweise, ohne dass es so weit gegangen wäre, dass ich meiner Funktion als Leiter nicht hätte nachkommen können. Genau wie die Stellvertreter befinden sich ja auch die Aufstellerinnen im Feld der Klienten, und wie diese erleben sie manchmal parallel zum äußeren Geschehen eigene innere Prozesse, die, obgleich sie zeitgleich stattfinden, in der Regel nicht die dargestellte Wirklichkeit der Klienten verwässern. Interessant erscheint mir die Erfahrung, dass ich auf indirekte Weise – indem ich zahllose Aufstellungen begleitet habe – meinen Frieden mit dem eigenen Familiensystem sowohl gemacht als auch gefunden habe. Es »arbeiten« ja immer alle Anwesenden ständig, ganz egal, wer gerade aufstellt, und dies schließt mich in meiner Rolle als Weiterbildner und Leiter mit ein. Ich habe vor über zwanzig Jahren einmal meine Herkunftsfamilie aufgestellt, die, wie alle Familien, neben ihrer vitalen Kraft auch traumatische Erfahrungen wie Trennungen, Kriegsgeschehen und Todesfälle kennt, und seitdem nicht mehr. Dass dies nur einmal geschah, sehe ich nicht als eine Folge des Vermeidens, sondern eines indirekten, langjährigen, heilenden Vorgangs, Frucht meiner reflektierten Erfahrungen während der Aufstellungsseminare und Weiterbildungen.

Zum anderen spiegeln mir manche Teilnehmer Aspekte meines Charakters, und ich nehme dies als subtile Abneigung, Ungeduld oder Distanzwahren meinerseits ihnen gegenüber wahr. Da stehen dann »Hausaufgaben« an, die ich unter anderem in meine Einzeltherapie oder Supervision mitgenommen und dort eingebracht habe. Es sollte selbstverständlich und eigentlich überflüssig sein, zu schreiben, dass das therapeutische An-sich-selbst-Arbeiten eine wesentliche Grundlage dieser Profession ist, um die Gegenübertragung der Therapeutinnen in den Griff zu kriegen und diese allmählich zu einem möglichst makellosen Spiegel werden zu lassen. Dass die von mir geleitete Weiterbildung, wie zu Anfang erwähnt, einen längeren zeitlichen Rahmen umfasst, führt dazu, dass es zu regelmäßigen Begegnungen zwischen Dozentinnen und Teilnehmern kommt, sodass sich eine Entwicklung zeigen kann. In der Regel weichen sich die Beziehungskonflikte in mir mit der Zeit auf und entspannen sich, sodass ich den anderen und damit zugleich mich selbst so annehmen kann, wie wir sind. Dieser Prozess ist meist geräuschlos und findet innerlich statt, gelegentlich kommt es aber auch zu Aussprachen mit der jeweiligen Person. Das jahrzehntelange Training hat mich so sicherlich innerlich weiter gemacht, dennoch bleibt eine Grenze, denn ich bin und bleibe Mensch und halt kein Übermensch. So gilt es immer wieder neu, auch meine Begrenzungen wahrzunehmen, mit ihnen umzugehen und ihnen zuzustimmen. Paradoxerweise können sie sich dadurch vielleicht verändern.

Gruppenkontexte sind ein Rahmen, in dem es auch um Themen wie Macht und Autorität geht. Die Rolle des Leiters einer Weiterbildung schafft ein vertikales Gefälle hin zu den Teilnehmerinnen, sodass dieses Thema implizit ständig präsent ist. Für mich war es in den ersten Jahren eine Herausforderung, diese Rolle verantwortlich zu füllen und auszuhalten. Mehreres kam zusammen: mein eher zurückhaltendes Wesen, ein junges Alter als Enddreißiger und dazu meine damals noch geringe Erfahrung und Ausbildung im psychotherapeutischen Bereich. Es war schon etwas eigenartig, zum Teil deutlich ältere und langjährige Psychologinnen und Psychotherapeuten in meinen Weiterbildungsgruppen zu haben, die offensichtlich viel mehr wussten als ich. Dass es dennoch erstaunlich gut und konfliktfrei zuging, lag wohl daran, dass ich keinen Machtanspruch stellte, ihre professionelle Erfahrung wertschätzend achtete und meine Haltung und Kompetenz auf dem Gebiet des Familienstellens zu einer natürlichen Autorität führte. So erinnere ich mich beispielsweise daran, wie ich zwei Jahre lang monatlich einen Supervisionskurs mit einem Dutzend erfahrener Therapeutinnen leitete, wo wir mithilfe der Aufstellungsarbeit verborgene Dynamiken ihrer Klienten sichtbar machten und zugleich hinterfragten, wie sie sich bezüglich ihres jeweiligen Klienten positionierten, sprich welche Beziehung sie eingingen. Offensichtlich war für sie die Erfahrung wertvoll und hilfreich, und alle schrieben sich im zweiten Jahr erneut ein. Doch musste ich an den ersten Treffen erst einmal tief Luft holen, ehe ich in den Gruppenraum ging. Mit den Jahren wurde mir die Rolle des Leiters auf natürliche Weise einfacher und selbstverständlicher, ich bin sozusagen hineingewachsen.

Unvermeidlich ist der Weiterbildner Projektionsfläche für manche Konflikte der Teilnehmer, die auf ihn übertragen werden. Meine Rolle als Autorität und als Mann laden dazu ein. Mit dem Älterwerden und dem allmählichen Ergrauen meiner Haare kam dann noch die Vaterrolle dazu. Auch hier musste ich lernen, dies als gegeben hinzunehmen, damit angemessen umzugehen und die Projektionen nicht persönlich zu nehmen. Früher dachte ich, dass es das erfolgreiche Ende einer Weiterbildung sei, wenn die Teilnehmerinnen den Leiter vom Sockel holen und sich auf Augenhöhe mit ihm austauschen. Mittlerweile ist mir klar, dass die persönliche Reife von viel mehr Faktoren als allein von der Weiterbildungsleitung abhängig ist. Doch ist es für mich bis heute eine echte Freude, wenn sich eine Teilnehmerin von Mensch zu Mensch mit mir unterhält, denn dann fühle ich mich gesehen.

Loslassen

Ich liebe meine Arbeit und halte mich für privilegiert, Menschen eine Weile begleiten zu dürfen. Als Weiterbildner arbeite ich sowohl formativ als auch prozessorientiert. Somit gehen alle Teilnehmer auch durch einen persönlichen Prozess, in dem alter Schmerz und vereiterte seelische Wunden angeschaut werden und der für einen Weiterbildungskontext in der Regel erstaunlich tiefgehend und heilsam ist. Zwei Jahre sind eine lange Zeit, und die miteinander verbrachten Wochenenden mit all den geteilten Erfahrungen führen dazu, dass viele der Teilnehmerinnen mir am Herzen liegen. Zudem ist es offensichtlich die erlebte Zeitqualität und nicht die bloße Anzahl gemeinsamer Tage, die Beziehungen begründet und festigt. Und doch heißt es am Ende immer wieder, Abschied zu nehmen. Dies ist eine ambivalente Erfahrung für mich, mit der Erleichterung um die vollbrachte Weiterbildung und dem Ende der Verantwortung gehen das Verabschieden und Sich-aus-den-Augen-Verlieren einher. Zurückblickend habe ich den Eindruck, dass mich diese sich jährlich wiederholende Erfahrung dazu gebracht hat, unpersönlicher in jede neue Weiterbildungsgruppe hineinzugehen. Professionell fülle ich meine Rolle aus, doch als Mensch bin ich zurückgezogener als früher. Dem widerspricht nicht, dass ich mich zugänglich verhalte und auch persönliche Erfahrungen mit den Teilnehmerinnen teile, wenn ich dies als angemessen und für den aktuellen Moment positiv beitragend empfinde.

Je länger ich mich der Weiterbildung widme, desto mehr wird mir bewusst, wie viel ich nicht weiß und dass es schlicht unmöglich ist, ein umfassendes Wissen über und Verständnis für die menschliche Existenz zu erlangen. Wir sind einfach viel zu komplexe, multidimensionale Wesen, und obendrein ist ein jeder

Mensch eine Welt für sich. Die Illusion eines alles erklärenden Paradigmas ist einer Ungewissheit gewichen, die seit Längerem zu meiner ständigen Begleiterin und Ratgeberin geworden ist. Längst nicht alles ist systemisch erklärbar, und oftmals erscheint mir der Aufsteller wie einer, der die Ostereier sucht, die er selbst versteckt hat, und sie dann natürlich auch findet! Ein systemisches Verständnis birgt halt – wie jedes Paradigma – die Versuchung in sich, dass sich jegliches Problem einer Klientin familiensystemisch wahrnehmen und erklären lässt, gleich einer Sonnenbrille, die alles Wahrgenommene in eine bestimmte Tönung färbt. Manche Perspektiven entgehen einem so.

Dies bringt mich als Weiterbildner in ein gewisses Dilemma: Die Teilnehmerinnen schreiben sich ein, um eine konkrete Methode zu erlernen, und treffen auf einen Leiter, der ihnen das Nichtwissen vermitteln will und Schubladendenken infrage stellt. Bert Hellinger sagte einmal sinngemäß, dass er sich mit seiner größtmöglichen Oberfläche der Wirklichkeit des Klienten aussetze und ihm dann plötzlich der nächste mögliche Schritt deutlich werde, der gegangen werden wolle und müsse. Diese blitzartige Intuition ist kein Wissen, das sich einfach erlernt. Es braucht das Aushalten der Ungewissheit, ein Loslassen scheinbar sicherer gedanklicher Strukturen, um in den unmittelbaren Kontakt mit der sich zeigenden Wirklichkeit zu kommen. Diese Haltung geht über das Weiterbilden hinaus und ist im Grunde ein Lebensweg, in dem Handeln und Sein in Einklang kommen, und zwar immer wieder neu, um dann erneut verloren zu gehen, bis zum nächsten *Jetzt*.

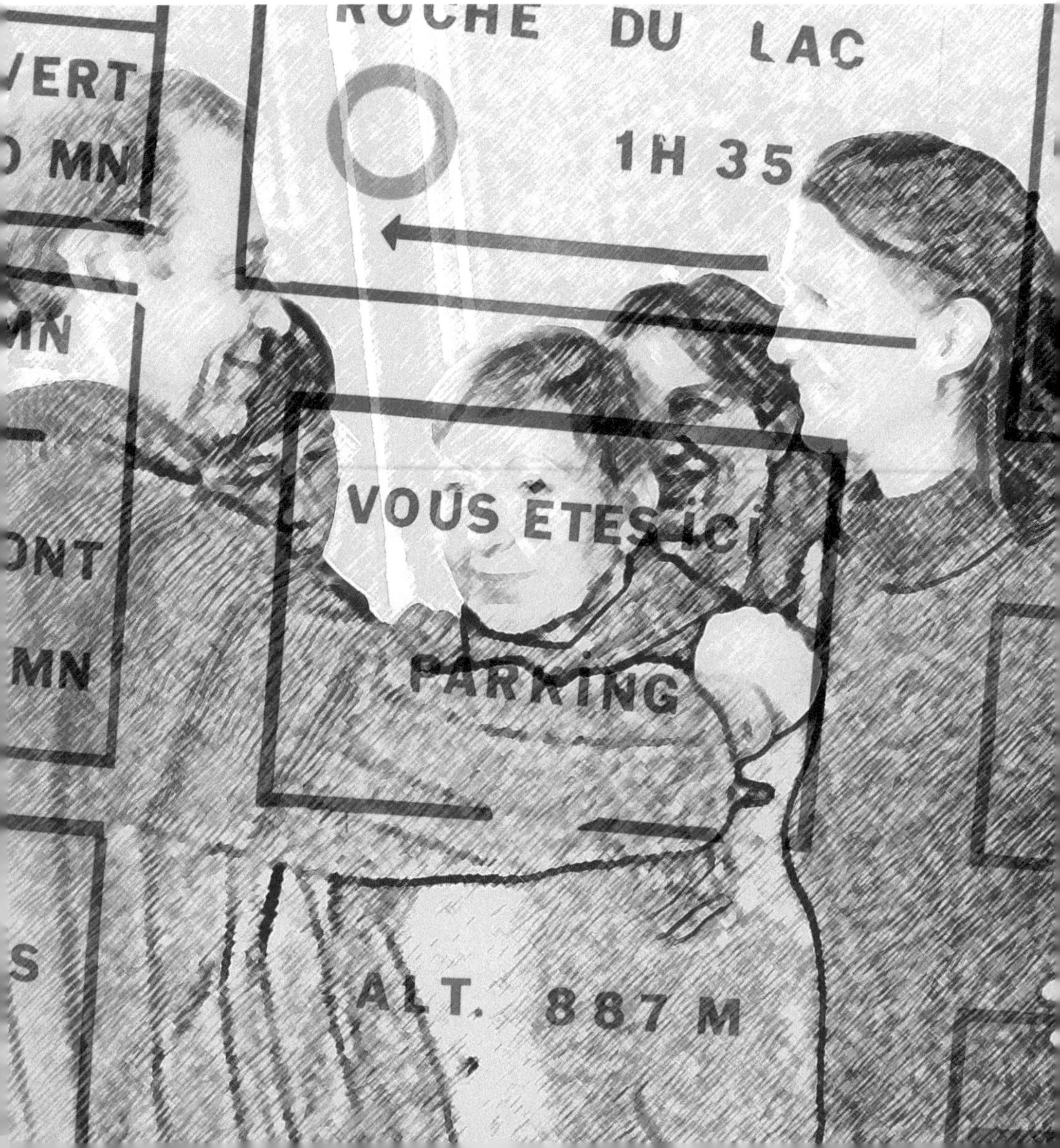
ROCHE DU LAC
1H 35
VOUS ÊTES ICI
PARKING
ALT. 887 M

Marion Lockert

Freud und Leid des Trainertandems – von richtig, falsch und Kairos

»Und ganz besonders bereichernd war, dass wir zwei Trainer hatten. Das hat meine Haltung gegenüber den ›Aufstellungsregeln‹ sehr erweitert.« – »Die Möglichkeit, zwei so unterschiedliche Trainerpersönlichkeiten und Umgangsweisen mit Aufstellungen zu erleben war toll – so konnte ich mir von beiden Vorbildern das Beste abgucken.« So und ähnlich lauteten die Rückmeldungen am Ende der dreijährigen Weiterbildung zu Systemaufstellungen. Bis dahin jedoch war es ein weiter Weg – für die Teilnehmenden und uns als Trainer und Trainerin. Und zwar bei jedem der fünf Durchgänge, die mein Kollege und ich als Co-Trainerin oder besser »Gastweiterbildnerin« begleitet haben. Ich möchte in diesem Beitrag von den Freuden und Vorteilen, aber auch den Schwierigkeiten und Herausforderungen eines »Trainergespanns« berichten.

Vorteile eines Trainertandems

Die Grundidee war einfach und naheliegend: Beide waren wir seit vielen Jahren als Systemaufstellende tätig und anerkannte Weiterbildner der DGfS: der eine mehr im therapeutischen Bereich tätig, die andere mehr im Business und der Spiritualität verbunden; der eine fest im systemischen Denken der klientenzentrierten Gesprächsführung verankert, die andere gestandene NLP'lerin (Neuro-Linguistisches Programmieren). Eine Zusammenarbeit hatten wir zudem in anderen Zusammenhängen langjährig erprobt und für respektvoll, zielführend und leicht befunden. Um den Teilnehmenden ein größeres Spektrum an Themen, aber vor allem sehr unterschiedliche Arbeitsweisen zu bieten und auch ein männliches und ein weibliches »Anschauungssubjekt« zu offerieren, lag es nahe, eine Weiterbildung als Tandem auszuschreiben. Mein Kollege würde die meisten der Lernblöcke durchführen, mein Solopart sollten Wochenenden zu den

Themen »Businessaufstellungen«, »Interviewtechniken bei der Auftragsklärung von Aufstellungen« und »Aufstellungen im Einzelsetting« sein. Außerdem war ich natürlich beim Einstieg und Abschluss dabei. Wir freuten uns sehr darauf!

Und gleich im ersten Anlauf kamen genügend Buchungen zustande. Einige Teilnehmer hatten bei ihm bereits Seminare zum systemischen Berater absolviert, alle kannten ihn aus Aufstellungswochenenden. Von mir hatten sie nur gelesen. Deswegen war es klar, dass ich am ersten Ausbildungswochenende in seinen Räumen gleich zu Beginn Zeit bekam, mich vorzustellen und Fragen zu beantworten. Die meisten Gesichter schauten mich freundlich und neugierig an, in ein paar Augen las ich auch distanzierteres Abwarten. Mein Kollege begrüßte mich und thematisierte in seiner Einleitung die Grundlage unserer Entscheidung für dieses besondere Angebot: unsere Unterschiedlichkeit. Und ich erzählte von mir und meinem Hintergrund, beantwortete Fragen und war gespannt auf meinen ersten Part, den fünften Block ca. sechs Monate später.

Der Start - Anlaufschwierigkeiten

Ein bisschen aufgeregt war ich schon: Wie würden die Teilnehmer sich auf eine neue Umgebung, eine neue Person, eine neue Art einstellen können? Würde ich, die ich in meiner Arbeit einiges, was bereits als »Regeln« vermittelt worden war, ganz anders handhabte, Akzeptanz finden? Ich beschloss, so gut wie möglich bei mir zu bleiben und die Unterschiede als gleichwertig, nur eben anders anzusprechen, die Intentionen und Ziele, die ich mit einer Vorgehensweise verbinde, zu erläutern.

Nun saßen zehn gespannte Gesichter vor mir, als ich so begann, wie ich es immer tue: zunächst die Klärung des organisatorischen Rahmens, die Pausen- und Küchenregeln; dann eine Vorstellungsrunde mit vorgegebenen Punkten: Name, Alter, Familienstand, Position in der Geschwisterreihe, wobei die Lebenden genauso zählen wie die Verstorbenen; dann Berufliches und Vorbildung, Aufstellungserfahrung, Wunsch für die Ausbildung. Und es konnte, wer wollte, eine Inspirationskarte für sein Motto des Wochenendes ziehen. (Schon hier gab es einige befremdete Mimiken, aber auch Freude zu sehen.) Und dann erklang, wie immer in meinen Seminaren, ein Musikstück als Abschluss der Runde – sowohl Ruhezeit als auch Impuls. Und so anders als bei meinem Kollegen! (Wie ich in der Feedbackrunde zu Kursabschluss erfuhr, empfanden das einige Teilnehmer als »esoterisch«.)

Nach der Vorstellung der Inhalte des Wochenendes folgte eine Präsentation, wie ich sie zuweilen als Einführung der Businessaufstellungen vor Kunden halte, mit einer anschließenden Erarbeitung der Unterschiede von Familien- und Businessaufstellungen. Dann sollte eine erste Aufstellungsdemonstration erfolgen. Wer etwas anzubieten habe? Schweigen im Walde. Ich spürte, dass die Vorbehalte größer geworden waren. Und nun kam eine Schwierigkeit dazu, mit der ich nicht gerechnet hatte (Warum eigentlich nicht?): Niemand hatte ein Organisationsthema anzubieten. Oder wollte niemand bei mir aufstellen? Es erschien mir allerdings zu früh, meine Wahrnehmung öffentlich zu machen, denn ich wollte zu diesem Zeitpunkt »Problematisches« noch nicht ansprechen. Vielleicht war es ja auch nur meine Befürchtung? Aber wir fanden eine Lösung und machten eine Teamaufstellung.

Gelegenheit zum Thematisieren meiner Vermutungen ergab sich dann am zweiten Tag in der Morgenrunde mit einem kleinen Knall. Eine Teilnehmerin warf mir engstirnige und direktive Seminarführung vor. Was sie hier alles nicht dürften (z. B. Tassen auf den Fußboden stellen) und was sie tun sollten (z. B. zu Beginn die Karte ziehen, obwohl ich das ausdrücklich als optional ausgewiesen hatte, wie immer). Zwei andere schlossen sich an, der Rest schwieg. Also sprach ich die gesamte Teilnehmerschaft direkt an … Kurz und gut, immer wieder kamen während des Wochenendes Einwände und Vorbehalte. Zumindest gelang es, dass die Rückmelderunde am Seminarende versöhnlicher war. Trotzdem: Ein Vergnügen war dieses Wochenende nicht – eher fühlte es sich an wie Schwerstarbeit.

Die anschließende Reflexion, die wir Trainer vornahmen, führte uns zu folgenden Überlegungen: Natürlich werden systemische und gruppendynamische Probleme gern über eine Kritik an der Methodik und über Verfahrensfragen laut. Das kennen wir. Was waren also die eigentlichen Dynamiken? In jeder Ausbildung gibt es verschiedene Ebenen, jede davon hat ihre Phasen. Da wären z. B. die vier Phasen nach dem Lernphasenmodell von Albert Bandura (1969):

1. unbewusste Inkompetenz,
2. bewusste Inkompetenz,
3. bewusste Kompetenz und
4. unbewusste Kompetenz.

In der ersten Phase weiß man gar nicht, was man alles nicht weiß. Man steht ganz am Anfang. Aufstellungen sind wie ein Wunder (na ja, das sind sie ja auch). Dann kommen in kleinen Schritten in der zweiten Phase Wissen und Erfahrung, man beginnt, einige der Vorgehensweisen als methodische Strategien zu erkennen – und damit geht gleichzeitig eine Verunsicherung einher. Man merkt nämlich, was einem an Wissen und Kompetenzen alles fehlt. Diese Phase ist insbesondere in der Erwachsenenbildung herausfordernd, da wir in unserem alltäglichen Leben eher gewohnt sind, Dinge im Griff zu haben. Und nun das. Anfängergefühle, Kindheitsgefühle, die in uns Unzulänglichkeit, Kleinheit, Schwäche anrühren. Die Empfindlichkeit steigt. Ein paar rettende Ausleger in die dritte Phase gibt es bereits – man hat ja schon ein paar Regeln begriffen. Und nun kommt genau in der dritten Phase jemand, der die mühsam entdeckten Regeln infrage stellt. Die andere Regeln hat. Da gerät alles in Aufruhr! Die Ängste schnellen hoch. Habe ich doch nichts gelernt? Woran kann ich mich jetzt festhalten? Da ist es wesentlich einfacher, die Person mit den neuen Regeln abzuwerten, um das eigene Gefüge in Balance zu bringen. Wir waren mit unserem Timing genau in diese Falle geraten.

Eine weitere Dynamik hatte gegriffen, die vielleicht auch Sie als Lesende aus eigenen Ausbildungen kennen. Die Elternfalle möchte ich sie nennen. Ich erinnere mich gut an meine NLP-Ausbildung Anfang der 1990er Jahre. Endlich hatte ich mit NLP etwas gefunden, was mich begeisterte. Und der Überbringer der Botschaft wird ja gern mit ihr gleichgesetzt – und vergöttert. Im Wortsinne. Mir schien alles, was mein Ausbilder tat, perfekt, jedes Verhalten kam mir unglaublich klug vor und war aufs Feinste strategisch geplant – ob es nun eine Anweisung war oder das Nasenputzen: Genau im richtigen Augenblick war es geschehen! Das musste Absicht gewesen sein!

Der Mensch hat ja die Fähigkeit und Neigung, seine Kreativität zur Sinnbildung zu nutzen, ob wir nun in den Wolken Figuren entdecken oder eben jede Geste unseres Idealvaters (alias Ausbilders) als Lehrstück deuten. Wir holen auch hier eine Kindheitserfahrung nach, in der wir in unseren Eltern Allwissende sehen, und übertragen sie auf unseren »Guru«. Und da stand ich nun – daneben! Keine Gura, keine Mama. Denn ich war so anders und damit falsch.

Eine dritte Dynamik griff zu diesem Zeitpunkt, nämlich die gruppendynamische. Nach Bruce Tuckman folgt sie fünf Phasen: Forming, Norming, Storming, Performing und Adjourning (Tuckman, 1965). Das Forming bildet die Orientierungsphase, in der sich die Gruppenmitglieder kennenlernen. Vieles ist unklar, die Leistungsfähigkeit eingeschränkt, man ist fixiert auf die Leitung. Fragen wie: »Was soll ich tun?« oder »Wo stehe ich?«, werden gestellt. In der zweiten Phase, dem Storming, erfolgt die gruppendynamische Sortierung. Hier kann es, wenn es mehrere »Alphatiere« in einer Gruppe gibt, schon mal turbulent werden. Es können Machtkämpfe entstehen. Im Storming klären sich zunehmend Ziele und unterschiedliche Auffassungen, Rollenverteilungen werden herausgebildet. Genau in diesen Übergang fiel mein Wochenende. Es mischte sich also die Verabsolutierung des Weiterbildners mit beginnenden Rangeleien. Da war ich ein passender Stein des Anstoßes.

Der nächste Baustein, der wieder bei meinem Kollegen stattfand, war den Solidaritätsbekundungen an ihn gewidmet und er hatte zunächst Mühe, meine

»abweichende« Arbeitsweise als gleichwertig zu positionieren. Wieder im vertrauten Fahrwasser beruhigten sich jedoch die Gemüter und die zunehmende Sicherheit der Teilnehmer im Fachlichen erlaubte dann, auch »Artfremdem« eher mit Neugier zu begegnen. So erklärt sich, dass in meinem zweiten Block vier Monate später von den anfänglichen Schwierigkeiten kaum etwas übrig geblieben war. Der zweite Ausbildungsdurchgang bestätigte diese Hypothese. Da ich nach dem ersten Durchgang dachte, die Reaktionen der Teilnehmer auf diesen ersten Block hätten an methodischen oder persönlichen Unzulänglichkeiten gelegen – denn natürlich hatte mich das alles nicht kaltgelassen und befeuerte meine Ängste –, hatte ich mein Programm umgestellt, indem ich zu Beginn den Teilnehmern mehr Raum gab, ihre bisherigen Erfahrungen und Lernschritte zu thematisieren. Wir beließen aber die Reihenfolge der Blöcke, an denen meine Wochenenden im Ausbildungsverlauf erfolgten – mit ähnlichem Ergebnis.

Erst als wir im dritten Ausbildungskurs meinen Ersteinsatz weit nach vorne verlegt hatten, war der Schlüssel gefunden! Zudem tauschten wir Einheiten inhaltlich und ich begann mit einem themenfreien Aufstellungswochenende, in das ich Kommunikationstools aus dem NLP einflocht. So konnte es gelingen, die natürlich trotzdem entstehenden Irritationen in vertrautes Terrain einzuflechten und für den »Sprung« in ein: »So geht es auch«, eine weichere Landung zu ermöglichen. Nicht nur in therapeutischen Settings gibt es also den Kairos, auch in der Pädagogik und im richtigen Leben: Und plötzlich geht es leicht!

Literatur

Bandura, A. (1969). Principles of behavior modification. New York: Holt, Rinehart & Winston.
Tuckman, B. W. (1965). Developmental sequence in small groups. Psychological Bulletin, 63 (6), 384–399.

Albrecht Mahr

Das persönliche Erleben des Aufstellenden und die Freude, davon kunstfertig Gebrauch zu machen

In diesem Text beziehe ich mich auf einige Aspekte der Aufstellungsarbeit, die in der Psychoanalyse unter den Begriffen von Übertragung und Gegenübertragung entwickelt wurden. Dabei möchte ich klarstellen, dass ich die Aufstellungsarbeit hier als eine Form der Psychotherapie betrachte und andere Möglichkeiten von Aufstellungen (z. B. Supervision, Organisationsberatung) außer Acht lasse.

Unter *Übertragung* verstehen wir das Phänomen, etwas in der Gegenwart zu erleben, was in der Vergangenheit geschehen und damals ungeklärt und ungelöst geblieben ist. Das Motiv dieses Wiedererlebens wird von dem Wunsch gespeist, das damals Ungelöste doch noch aufzulösen, keine Energie mehr von der Gegenwart abzuziehen und uns freier der eigenen Zukunft zuzuwenden. Damit ist auch gesagt, dass es sich lohnt, sich für Übertragungsneigungen zu interessieren und bewusst mit ihnen umzugehen.

Wenn ich zum Beispiel in Gegenwart von Frauen stets unter Leistungsdruck gerate, weil ich in ihnen meine Mutter erlebe, die ständig mit mir unzufrieden war, ist es an der Zeit, das zu ändern, sprich mir dessen ganz bewusst zu werden. So können wir diesen Irrtum in der Zeit – eine andere Beschreibung von Übertragung – auflösen.

Gegenübertragung können wir definieren als die Antwort auf eine Übertragung – im Kontext von Therapie ist das die Gefühlsantwort der Therapeutin auf die Übertragung des Klienten. Zum Beispiel könnte die Therapeutin mit Anspannung oder Unbehagen reagieren, wenn ihr Klient in ihr seine unzufriedene Mutter erlebt. Dabei ist es praktisch nützlich zwei Formen der Gegenübertragung zu kennen:

- Bei der *konkordanten Gegenübertragung* erlebt sich der Therapeut so wie der Klient in dessen Übertragungsweise, also etwa niedergeschlagen, angestrengt oder unter Leistungsdruck.

- Bei der *komplementären Gegenübertragung* tritt die Therapeutin z. B. in die Rolle der unzufriedenen Mutter (siehe Beispiel S. 99) und findet die Beiträge des Klienten in der Therapiesitzung immer unzulänglich.

In der Überschrift zu diesem Text ist von kunstfertigem Gebrauch die Rede, und von der Freude an dieser Aktivität. Damit meine ich die bewusste Wahrnehmung der gegenwärtigen Übertragungs- und Gegenübertragungsvorgänge sowie das Vergnügen, diese Wahrnehmung direkt zu nutzen. Dieses Vergnügen folgt der Tatsache, dass eine Therapiesitzung sofort lebendiger und viel interessanter wird, wenn die in der Beziehung auftretenden Übertragungs- und Gegenübertragungsphänomene einbezogen werden.

In summa empfehle ich also allen Aufstellerinnen, sich auf diesem Gebiet zu qualifizieren.

Fallbeispiel zur konkordanten Gegenübertragung

Das *erste Beispiel* stammt zwar nicht aus einer Aufstellung, ist aber besonders anschaulich und anregend.

Ein schon immer experimentierfreudiger Kollege erzählte mir einmal, wie er in der Einzelsitzung mit einem zwanghaften und depressiven Klienten sehr müde wurde. »Aber schon so müde! Wie in Narkose«, berichtete er weiter, »dass ich mich nicht mehr auf meinem Stuhl halten und mich nur noch auf den Boden sinken lassen konnte. Kurz bevor ich vollends einschlief, hörte ich den mir gegenüber sitzenden Klienten ausrufen: ›Das wollte ich nicht!‹, was mich schlagartig wach werden und den Klienten fragen ließ: ›*Was* wollten Sie nicht?‹ Daraufhin der Klient: ›Dass Sie tot sind.‹«

In ein paar Zwischenschritten gelangten mein Kollege und der Klient zu dessen im Wortsinne Mordswut auf frühere Beziehungspersonen, einer Wut, mit der er sich unbewusst schon so lange herumgeplagt hatte, nicht zuletzt in Gestalt seiner Symptome.

In einer Aufstellung hätte sich die im Fallbeispiel genannte Dynamik – Abwehr von Mordimpulsen per zwanghafter und depressiver Symptomatik – z. B. folgendermaßen abbilden können: Der Klient möchte den Hintergrund seiner Symptome klären, um von diesen frei zu werden. Nach der Positionierung von vier Stellvertreterinnen – für sich selbst, für seine Eltern und für den Hintergrund seiner Symptome – setzt sich der Klient jedoch nicht wie üblich wieder an seinen Platz, um dem Weiteren erst einmal aus der Distanz zu folgen; er stellt sich stattdessen dicht hinter seinen eigenen Stellvertreter, um sich alsbald eng und depressiv zu fühlen. Sein Stellvertreter aber erlebt sofort eine starke Wut, die sich auf die Eltern richtet. Diese wiederum erleben ein ausgeprägtes Desinteresse an ihrem Sohn, so als gäbe es ihn gar nicht. Zentral wird in diesem Prozess die Selbstbegegnung, d. h., die depressive und die wütende Seite in sich gleichermaßen wahrzunehmen, um sich von da aus all die Gefühle gegenüber seinen Eltern in Erinnerung zu rufen und sich dann diesen gegenüber neu zu positionieren.

Die Leiterin dieser Aufstellung nimmt bei sich die starke Neigung wahr, die Eltern gegenüber dem wütenden Sohn in Schutz zu nehmen, drückt das aus und hört vom Klienten: »Genau, das habe ich auch immer versucht – meine Eltern in Schutz nehmen«, und meint etwas später: »Irgendwie wollte ich sie wohl immer vor mir selbst beschützen – verrückt!« In diesem Fall würde die Aufstellungsleiterin sich also wie der Klient selbst erleben, d. h., sie würde eine *konkordante Gegenübertragung* wahrnehmen.

Hier noch eine Anmerkung zum sogenannten »Ausagieren«, womit in der Psychoanalyse die unbewussten Handlungen des Therapeuten gemeint sind, die dieser ungefiltert in die Beziehung zum Klienten einfließen lässt. In meiner psychoanalytischen Ausbildung wurde uns natürlich zu Recht davon abgeraten, ausagierend mit unserer eigenen Gegenübertragung umzugehen. Das oben geschilderte Verhalten des Kollegen gefällt mir deshalb so gut, weil darin der Ausdruck von Erleben so kreativ mit dessen Reflexion verbunden ist.

In summa ist es essenziell für Klientin und Therapeut, die Erfahrungen einerseits ganz zuzulassen und sie andererseits genau zu untersuchen, zu verstehen und zu benennen. Das trifft auf die Aufstellungsarbeit wie auf andere Therapieverfahren gleichermaßen zu.

Fallbeispiel zur komplementären Gegenübertragung

Das *zweite Beispiel* stammt aus meiner eigenen Aufstellungspraxis:

Eine ca. 45-jährige Frau wollte mithilfe einer Aufstellung die Spannungen, Konflikte und daraus folgenden häufigen Streitereien klären, die sie in der Beziehung zu ihrem Ehemann erlebte.

Sie positionierte zunächst Stellvertretungen für sich selbst und für ihren Ehemann. Die beiden standen in etwa drei Metern Entfernung voneinander abgewandt. Als Leiter der Aufstellung saß ich neben der Klientin im Außenkreis und erlebte alsbald ein unbestimmtes Kribbeln im Körper. Dieses entwickelte sich zu einer sexuellen Erregung mit den Neigungen, mich zum einen näher zu der Klientin zu setzen und zum anderen zugleich in der Aufstellung zwischen sie und ihren Mann zu treten, mit dem Rücken zu diesem und der Klientin zugewandt. Beide Impulse führte ich natürlich nicht aus, sondern ich bemühte mich, mein Erleben möglichst genau wahrzunehmen. Die sexuelle Attraktion und Erregung, die ich der Patientin gegenüber empfand - meine Gegenübertragung also -, war mir auch peinlich, und zunächst wollte ich diese nicht aussprechen.

Die Stellvertreter in der Aufstellung empfanden es als sehr störend, dass da etwas Hinderliches zwischen ihnen stand, was aber irgendwie nicht zu ändern oder zu überwinden war, sodass eine Art Stillstand eintrat. Nach einem längeren Schweigen allerseits fragte ich: »Was ist los?« - Keine Antwort.

Schließlich sagte ich: »Bei mir selbst beobachte ich seit Beginn der Aufstellung eine sexuelle Erregung gegenüber Ihnen [Klientin] und Ihrer Stellvertretung, und ich weiß aus Erfahrung, dass so etwas eigentlich immer mit der Frage des Aufstellenden in Verbindung steht. Im Moment weiß ich noch nicht, wie das hier ist - aber können Sie [Klientin] etwas damit anfangen?« Die Klientin wirkte zunächst wie vor den Kopf gestoßen und konnte nichts sagen. Als ich sachte, aber beharrlich nachfragte, sagte sie schließlich stockend: »Mein Vater ... hat mich mit Beginn der Pubertät ... aber auch schon vorher ... immer so komisch angeschaut ... irgendwie so gierig.« Hier wurde der Klientin übel, und sie erwähnte dann weiter stockend, wie der Vater ihr einmal ins Bad gefolgt sei und sie begrabscht habe, an den Brüsten, am Hintern und an den Oberschenkeln. Gerade noch habe sie sich ihm entwinden können, und solche Situationen hätten sich öfter wiederholt. Mit diesen Mitteilungen der Klientin verschwanden meine Gegenübertragungsgefühle sofort, sie hatten gewissermaßen den richtigen Adressaten gefunden, nämlich den Vater.

Beim zweiten Fallbeispiel handelt es sich nach der bereits genannten Definition um eine *komplementäre Gegenübertragung*, die das Erleben des Vaters widerspiegelt. Nachdem der Adressat der Übertragung somit erkannt worden war, entwickelte sich die Aufstellung folgendermaßen weiter:

Die Klientin stellte sich an ihren Platz in der Aufstellung, wandte sich dort ihrem Mann zu und empfand deutlich weniger Spannungen als gewohnt. Zugleich aber spürte sie eine wachsende Wut auf ihren Vater und bestätigte meine Vermutung, dass sie ihn mit dieser Wut und ihren Gründen dafür wohl bisher nicht konfrontiert hatte.

Nach Dazunehmen eines Stellvertreters für den Vater holte die Klientin diese Konfrontation in der Aufstellung nach und wusste, dass sie das später auch direkt dem noch lebenden Vater gegenüber tun würde.

Für einen solchen Schritt ist therapeutische Begleitung sehr wichtig.

Abschluss

In diesem kurzen Text plädiere ich dafür, dass Psychotherapeutinnen es sich gönnen sollten, ihre Kenntnisse von Übertragungs- und Gegenübertragungsprozessen zu vertiefen. »Sich gönnen« spielt auf die Tatsache an, dass jede therapeutische Arbeit von diesen Kenntnissen profitiert und die Freude an der Arbeit deutlich erhöht. Abschließend und zur nochmaligen Verdeutlichung gebe ich einen kurzen Hinweis darauf, wie ich in Fortbildungen zur Aufstellungsarbeit das Wesentliche zur Dynamik von Übertragung und Gegenübertragung vermittle. Es geht dabei um drei Schritte:

1. Theoretische Grundlagen. Das fällt etwas ausführlicher aus, als ich es in diesem Text zu Beginn formuliert habe. Zum Beispiel lernen die Teilnehmer, wie sich das Thema in der Geschichte der Psychoanalyse entwickelt hat, von Sigmund Freuds anfänglicher Skepsis zur gegenwärtigen großen Wertschätzung in der tiefenpsychologisch orientierten Psychotherapie.
2. Erläuterungen während der und nach den Aufstellungen, die ich im Plenum leite. Das Vorgehen habe ich im zweiten Beispiel beschrieben.
3. Praktische Erfahrungen in Untergruppen, wo Teilnehmerinnen selbst als Aufstellungsleiterin arbeiten und dabei Supervision erhalten. Dieser Rahmen erweist sich immer wieder als fruchtbares Experimentierfeld, das von Neugierde, Erkenntnisgewinn und der schon erwähnten Freude geprägt ist.

III Kenntnisse

Hildegard Wiedemann

Lernen durch Erfahrung

Stell dir vor, »als ob einer vor einem hohen Berge stünde und riefe: ›Bist du da?‹ und der Schall und der Hall riefe wieder: ›Bist du da?‹ Oder er spräche: ›Komm heraus‹ und der Schall antwortete ›Komm heraus!‹«
Meister Eckhart (2014)

Vorbemerkung

In meinen Weiterbildungen »Stellen von Systemen und Märchen« bin ich in ständigem Prozess. Ich erlebe mich als Lehrende und Lernende zugleich. So bleibt mein inneres Feuer für diese Arbeit lebendig.

In diesem Artikel teile ich meine derzeitigen Gedanken zu dem mit, was ich den zukünftigen Aufstellungsleiter*innen vermitteln möchte und was sie insbesondere durch Märchenaufstellungen lernen können. Ich berichte von meinen Arbeitsweisen, meiner Planung der Weiterbildungen, den Settings und der Erfahrung mit einer Online-Aufstellung in der Weiterbildung.

Was möchte ich in meinen Weiterbildungen vermitteln?

In den Weiterbildungen für werdende Aufstellungsleiter*innen liegt mein Fokus auf dem Menschen. Es geht mir um den bewussten Prozess der *Personwerdung*. Das lateinische Verb »personare« bedeutet durchtönen. Als Person kann sich der Mensch in seiner Leiblichkeit wahrnehmen. Er gleicht einer Flöte, durch die der Atem strömt, sodass eine Melodie erklingt. Er erlebt sich im Sein gegründet und spürt: »*Ich bin!*« Das ermöglicht ihm eine innere Weite und Offenheit in der Wahrnehmung seiner selbst und der anderen.

Ich wünsche mir, dass künftige Begleiter*innen von Menschen bestrebt sind, als Person präsent zu sein. Das hilft ihnen, Verstrickungen und Identifikationen mit Gefühlen und Gedanken bei sich selbst und bei anderen zu erkennen, sie anzunehmen und zu lösen. Eigene Prozesserfahrungen unterstützen die Aufstellungsleiter*innen in ihrer Arbeit. Erfahrungen sind unsere individuellen Wahrheiten, die wir als Bilder speichern. Bilder sind mit Gefühlen verbunden und wirken in unserem limbischen Gehirn. Neue Erfahrungen legen sich als Bilder auf die alten Erfahrungen. So lernen wir dazu. Alte Verletzungen können heilen durch neue, wohltuende Erlebnisse. Während dieses Prozesses kommen wir immer mehr im Moment und bei uns an, können Entscheidungen treffen und handeln. Goethe schreibt dazu (1808/1966, S. 18):

»Wenn ihr's nicht fühlt, ihr werdet's nicht erjagen,
Wenn es nicht aus der Seele dringt,
Und mit urkräftigem Behagen
Die Herzen aller Hörer zwingt.«

Meine Weiterbildungen sind auf gefühlte Erfahrung, den darauf folgenden Austausch und die Reflexion des Erlebten ausgerichtet. Erfahrungen machen die Lernenden während der Aufstellungen von Systemen. Die anschließende Gesprächsrunde dient zum einen der Bewusstwerdung der individuellen Erfahrungen als Schritt im Prozess der Personwerdung. Durch die Mitteilung dieser Erfahrungen und durch das gemeinsame Gespräch wird den Lernenden deutlich, wo ihre Liebe unterbrochen ist, wo sie gefangen sind in Annahmen, alten Gedankenmustern, Glaubenssätzen, Wertungen oder Groll. Es wird ihnen auch bewusst, wann sie Mitgefühl oder eine innere Weite spüren. Der lebenslange Weg der bewussten und achtsamen Wahrnehmung unserer Erfahrungen führt uns zur Erfahrung des Seins in allem.

Die Gesprächsrunde dient auch dem Verständnis des Geschehenen während der Aufstellung. Dabei beziehe ich mich auf Inhalte des Curriculums. Die Vermittlung des Lernstoffes trifft so im Nachhinein durch die vorausgehende Erfahrung auf offene Ohren. Umgekehrt erlebe ich meine Teilnehmenden selten bereit, bloße Wissensvermittlung aufzunehmen.

Folgende Leitlinien gelten darüber hinaus für meine Weiterbildungen:

- Lerne durch bewusste Erfahrung, wer du bist.
- Achte die Empfindungen in deinem Leib.
- Erfahre bewusst die Interaktion deiner Gedanken, Gefühle und deines Handelns.
- Spüre, was dir innerlich Halt gibt.
- Erlebe die Verbindung mit deinem Selbst und die Entfaltung deines Potenzials.

Der Prozess der unmittelbaren Erfahrung des eigenen Denkens, Fühlens und Handelns ist der erste Schritt auf dem Weg der Personwerdung. Im zweiten Schritt geht es darum, sich als wahrnehmenden Menschen zu spüren. Ich bin –

und habe Gedanken, Gefühle, Körperempfindungen, ein Verhalten. Das Ich kann aus einem Abstand heraus mit wohlwollendem Blick auf seine Wahrnehmungen schauen. Es kann sein Verhalten verstehen und annehmen. Dadurch wird das Ich frei von der Überschwemmung durch die Gedanken, Gefühle und Körperempfindungen. Indem diese wertgeschätzt werden, üben sie keine Macht mehr über es aus. Im dritten Schritt kann das Ich seine Verbindung mit seinem innersten Kern wahrnehmen. Graf Dürckheim spricht vom Wesenskern, C. G. Jung vom Selbst. Durch die bewusste Verbindung mit seinem Selbst wird die wohlwollende Annahme und Integration der inneren Anteile zur Ganzheit möglich. Das eigene Potenzial kann sich daraus in die Welt entfalten.

Meine langjährige Lehranalyse in analytischer Psychologie nach C. G. Jung und meine zwanzigjährige Arbeit als Schülerin und Mentorin im Bildungszentrum von Graf Dürckheim – Initiatische Therapie – haben mich geprägt. Ich habe erlebt, dass der Weg zu sich selbst nach innen führt. »Unser Erwachen zu uns selbst bleibt so lange verschlossen, bis wir es aufgeben, im Außen zu suchen« (Zölls, zit. nach Benediktushof, 2021, S. 23). Je mehr wir bei uns ankommen und den Rückhalt im Selbst oder Sein spüren, in desto höherem Maße können wir unser Leben schätzen, uns daran freuen und schwierige Lebensphasen annehmen. Die Sehnsucht nach Ankommen im Außen, nach Anerkennung und einem Gesehenwerden von anderen verliert an Bedeutung. Ein Gefühl von Leichtigkeit und Dankbarkeit kann sich einstellen und der Wunsch, sein Leben in den Dienst des großen Lebens zu stellen.

Das Familienstellen, das ich Ende der 1980er Jahre bei Bert Hellinger erlebte und lernte, hilft mir auch, Verstrickungen in meinen Beziehungen und denen meiner Klient*innen zu erkennen und zu lösen. Ich erlebe es als zusätzliche, wunderbare Möglichkeit, die Person zu werden, die ich bin. Ich arbeite in meinen Weiterbildungen mit Elementen aus allen drei Bereichen: der analytischen Psychologie, der Initiatischen Therapie und dem Familienstellen. Die Meditation als Sammlung auf die leere Mitte liegt mir ebenso am Herzen. In den Weiterbildungen sorge ich immer wieder für stille, meditative Phasen. Ich empfehle den zukünftigen Aufstellungsleiter*innen diese stillen Momente, um ihre Gedanken, Gefühle und Körperempfindungen wahr- und anzunehmen und zu durchdringen bis auf ihr tiefes Sein. Diese Grundhaltung ermöglicht den Aufstellungsleiter*innen eine Offenheit und Freiheit in der phänomenologischen Wahrnehmung. »Es ist, was es ist« (Fried, 2017, S. 43). Durch die Weite des Herzens kommen Impulse und Lösungssätze in die Aufstellungen, die als stimmig erlebt werden. Der Intuition folgend erleben sich die Aufstellenden im Einklang mit dem Größeren. Die Resonanz der Gruppe bestätigt meist die Stimmigkeit, die mit linearem Denken nicht erklärbar ist.

Märchenstellen in meinen Weiterbildungen

Ich nutze für die Erfahrung und Bewusstwerdung der Entwicklungsschritte im Prozess der Personwerdung gern Märchen und Mythen, weil sie durch symbolische Bilder den Individuationsweg der Held*innen darstellen. Die klaren Bilder ermöglichen den Lernenden, die Phasen des Prozesses in der Projektion auf das Märchen zu erkennen. In beiden Gattungen gelingt die Lösung nur, wenn die Held*innen mit ihrem Selbst verbunden sind. Sie erleben mehrere Prüfungen, durch die sie zu der Person reifen, die sie zutiefst sind. Diesen Prozess erfahren die Lernenden als Repräsentant*innen beim Märchenstellen. Sie nehmen wahr, wo sie gerade in ihrer eigenen Entwicklung stehen und was von ihnen noch zu entdecken ist, um weiter zu reifen. Die Erfahrung ermöglicht ihnen den Transfer der Erkenntnisse in ihre Praxis als Aufstellungsleiter*innen.

Volksmärchen beginnen mit einem Problembild, zeigen Lernschritte auf und enden mit einem Lösungsbild, so wie es beim Stellen in der Regel auch ist. Die Liebe fließt, sichtbar im Märchen zum Beispiel im Bild der Hochzeit. In der Einleitung des Märchens wird das Problem einer Märchengestalt dargestellt. Für deren *Anliegen* sucht der*die Held*in eine Lösung. Beim Märchenstellen geht es also nicht um das Anliegen von Klient*innen. Vielmehr geht es um die Wahrnehmung der Teilnehmer*innen in der Rolle von Repräsentant*innen. Für jedes Weiterbildungswochenende wähle ich ein Märchen aus, dass mir wichtig für den Gruppenprozess erscheint. Nach dem Vorlesen der Einleitung beginne ich das Stellen mit der Gestalt, die das Problem hat und ihren Beziehungen. Ich bitte die Teilnehmer*innen, wahrzunehmen, welche Rolle sie repräsentieren wollen. Da unsere menschlichen Themen im Märchen gespiegelt sind, finden die Teilnehmer*innen unmittelbar die Rollen, die für ihre Lebensthemen wichtig sind und können nun ihr persönliches Anliegen formulieren, wie: »Ich möchte mich von den Glaubenssätzen meiner Mutter trennen.«

Aufstellungen von Beziehungen im Märchen ermöglichen den Repräsentant*innen typische, menschliche Dynamiken von Beziehung zu erfahren, sich darin wiederzufinden und Schritte zu einer lebendigen Ordnung zu lernen. Ich erlebe die gleichen Abläufe beim Märchenstellen wie bei einer Familienaufstellung. In der Reflexionsphase nach der Aufstellung ermöglicht die Projektion auf die Märchengestalten eine gewisse Distanz, die das Erkennen und Benennen von Dynamiken, Ordnungen und das Wirken des Gewissens erleichtern. Die Lernenden können das systemische Geschehen als erfahrene Bilder, gekoppelt mit ihren Gefühlen und den Benennungen speichern und als künftige Aufstellungsleiter*innen innerlich abrufen, wie beispielsweise das Durchschreiten einer Verstrickung hin zur Liebe zum Vater. Dazu ein Fallbeispiel:

Gerda, 55 Jahre alt, wuchs bei ihrer alleinerziehenden Mutter auf. Sie erlebte sich in der Rolle des Rotkäppchens, das von der Mutter zur Großmutter ging, um ihr Kuchen und Wein zu bringen. Sie nahm sich neugierig wahr und spürte, dass ihr etwas fehlte. Als im Wald der Wolf auf sie zukam und ihr riet, die Augen für die Sonnenstrahlen zu öffnen, die durch die Bäume fielen, war sie erschüttert und es kamen ihr die Tränen. Ihr Blick war bislang immer nach unten, auf den Weg, d. h. ihre Pflichterfüllungen ausgerichtet. Gerda nahm in der Begegnung mit dem Wolf ihren vermissten Vater wahr und dankte ihm für seine Hilfe, eine neue Ausrichtung in ihrem Leben gefunden zu haben.

In der folgenden Reflexionsrunde sprachen die Lernenden über die Parentifizierung des Rotkäppchens und die Verstrickung zwischen den weiblichen Personen, die spürbar war. Ich wies darauf hin, dass in dem anfangs erwähnten System die Männer fehlten. Rotkäppchen mit seiner »Gier nach Neuem« hatte das gespürt. Das Streben des Märchensystems nach Ganzheit, das »kollektive Gewissen« (Hellinger, 2018, S. 140 ff.), hat den Wolf und später den Jäger als das »Fehlende« im Märchen hinzugefügt. Die Aggression des ausgeschlossenen Männlichen zeigt sich hier im Verschlingen der Großmutter und des Rotkäppchens durch den Wolf. An dieser Stelle sprachen wir über die Unterscheidung der zwei Gewissen, die im Märchen wirken und durch die Erfahrung gut nachzuvollziehen ist.

In jedem System wirkt eine Kraft, die die Zugehörigkeit aller Mitglieder des Systems anstrebt. Die Gestalten im Märchen können als innere Anteile eines Menschen gesehen werden und bilden ein in sich geschlossenes System, in dem das Streben nach Vollständigkeit lebendig ist. Auch in der Seele des Menschen gibt es den Wunsch nach Ganzheit. Es ist der Motor, der den Prozess der Entwicklung zur Person voranbringt. Die Märchengestalten und archetypischen Kräfte sind in uns als innere Anteile angelegt. Sie werden aber oft nicht bewusst wahrgenommen oder verdrängt. Indem sie während des Märchenstellens erfahren werden, werden sie den Lernenden bewusst und sie können sie in ihr Leben integrieren. So nähern sie sich ihrer Ganzheit an.

Planung meiner Weiterbildungen

In meine Weiterbildungen kommen Menschen, die sich eine innere Prozessarbeit wünschen und das Handwerkszeug bekommen wollen, um eine Aufstellung eigenständig zu leiten. Sie alle lieben die Weisheit der Märchen.

Für den Beginn jedes Weiterbildungsseminars plane ich eine kurze Leib-Spürübung im Stehen und einen einfachen Kreistanz. Das sind gute Übungen, um bei sich und in seiner Mitte anzukommen. Diese Kompetenz sollten die

Lernenden erwerben, um in ihren Gruppen mit einer Sammlung beginnen zu können. Danach folgt die Runde mit den Mitteilungen der Anliegen.

Meine Weiterbildungen gehen über drei Jahre. Im ersten Jahr arbeite ich gern in der Großgruppe, in der ich das Stellen von Systemen und Märchen leite. Nach den Aufstellungen werden persönliche Themen der Repräsentant*innen mitgeteilt und Dynamiken in den erlebten Beziehungen benannt, wenn es die Wirkung der Aufstellung nicht stört. Ich schreibe vor oder nach einem Wochenende einen Text, unter anderem zur Anliegen- und Kontextklärung, zu Dynamiken, Ordnungen der Liebe und Gewissen, so wie es dem Gruppenprozess entspricht, und verschicke ihn an die Teilnehmer*innen. Die Texte dienen dem Dialog in dem Moment, wo der Raum dafür da ist.

Für das zweite Jahr schätze ich die Arbeit im Wechsel von Groß- und Kleingruppen. Dreiergruppen ermöglichen den Lernenden eigene Erfahrungen im Stellen zu machen und diese zu reflektieren. Ich wandere von einer Gruppe zur anderen, bestätige und unterstütze. In der Großgruppe ist Raum für Fragen, Dialog und Klärung der systemischen Prozesse.

Im dritten Jahr leiten vor allem die Lernenden unter meiner Supervision in der Großgruppe Aufstellungen von Systemen und Märchenszenen. Gemeinsam reflektieren wir die Prozesse.

Bezüglich des von mir ausgewählten Märchens erarbeite ich die Bedeutung der Symbole, strukturiere das Märchen nach den einzelnen Szenen und notiere die Individuationsschritte der Held*innen. Dazu gehören die Begegnung mit der Persona, dem Schatten, der*dem Anima*Animus, die Öffnung des Herzens und das Wirken in der Welt. Dann überlege ich mir Arbeitsweisen für jeden Abschnitt, die der Erfahrung und Bewusstwerdung des Geschehens dienen.

Arbeitsweisen in meinen Weiterbildungen

Ich biete unterschiedliche Arbeitsweisen für verschiedene sensorische Kanäle an, um eine ganzheitliche Erfahrung zu ermöglichen. Arbeitsweisen sind: das Stellen von Systemen, die Gebärden in der Repräsentation einer Märchengestalt, das Malen und Gestalten mit Wolle, Ton oder anderen Materialien. Die Lernenden erfahren dabei ihre Kreativität und Intuition als Potenzial, das sie als künftige Aufstellungsleiter*innen nutzen können.

In der Repräsentation einer Gestalt in einer Aufstellung wird diese leiblich und seelisch erfahren und mit Worten ausgedrückt. Die phänomenologischen Wahrnehmungen können in der anschließenden Runde mitgeteilt und reflektiert werden.

Gebärden zu Märchengestalten sind gefühlte Körperbilder. Sie entsprechen inneren Anteilen, die durch die Erfahrung ins Bewusstsein treten und integriert werden können. Die künftigen Aufstellungsleiter*innen erfahren ihre inneren Anteile, reflektieren sie tiefenpsychologisch und lernen das Stellen des inneren Systems mit seinen Dynamiken und Ordnungen.

Beim Malen eines Bildes zu einer Szene aus einem Märchen oder Mythos werden das Hören, Sehen, Tasten und die Bewegung im Leib erfahren. Das lineare Denken hört meist auf. Die Menschen sind vertieft in die Gestaltung, ohne ein Gefühl für Zeit und Raum und erfahren manchmal das Geführt werden von einem Größeren. »Das Bild hat sich aus mir heraus gemalt.« Diese Erfahrungen stärken das Vertrauen der künftigen Aufstellungsleitenden sich und andere dem Geführtwerden aus der Tiefe zu überlassen.

Settings in meinen Weiterbildungen

Im zweiten Jahr der Weiterbildungen arbeite ich gern im Wechsel von der gesamten Gruppe zu Dreiergruppen, in die ich die Großgruppe aufteile. In diesen Kleingruppen gibt es eine*n Klienten*Klientin, Begleiter*Begleiterin und Beobachter*Beobachterin. Diese Rollen werden im Kreis weitergegeben, sodass jede*r einmal jede Rolle innehat. Die Erfahrung des Perspektivenwechsels macht flexibel. Sie fordert die Lernenden heraus, in jeder Rolle wachsam auf das zu lauschen, was ist. Festgefahrene Sichtweisen können bewusst werden und sich wandeln.

Die Kleingruppen können als Aufgabe bekommen, ein Anliegen der jeweiligen Klient*innen der Gruppe mit Bodenankern oder eine bestimmte Beziehung im Märchen oder Mythos zu stellen. Die Klient*innen werden von den Begleiter*innen durch die Repräsentation der zwei bis drei Positionen geführt. Die Beobachter*innen schreiben ihre phänomenologischen Wahrnehmungen auf. Für die anschließende Reflexion erhält jede Gruppe ein Arbeitsblatt, das ihr durch gezielte Fragen hilft, die Aufstellungen aus systemischer wie auch aus tiefenpsychologischer Sicht zu beleuchten. Dabei lernen die werdenden Märchenaufsteller*innen, die Prozessschritte der Personwerdung bei sich und den anderen zu erkennen und die erlebten Dynamiken zu benennen. Durch diese Benennung werden die Erfahrungen mit den Begriffen gekoppelt und gespeichert.

In der anschließenden Reflexionsphase in der Großgruppe können diametrale Erfahrungen gleichwertig nebeneinanderstehen. So kann der Wolf von der Repräsentantin des Rotkäppchens als bedrohlich und verführend wahrgenommen werden oder als weiser Initiator in eine andere Lebensform. Die Lernenden erfahren, dass jede Erfahrung kostbar ist und können diese annehmen. Sie lernen, dass sich das Leben nicht in die Schubladen »richtig oder falsch« packen lässt. Die werdenden Gruppenleiter*innen werden mit dem Paradox des Lebens konfrontiert. Sie suchen oft die »richtige« Lösung, um einen äußeren Halt zu haben und keine Fehler zu machen. Indem ihnen das bewusst wird, spüren sie, wie wichtig es für die Aufstellungsleiter*innen ist, den Halt in sich zu haben, Person zu sein.

Wurde von allen Teilnehmenden ein Bild zu einer Szene im Märchen gemalt, so lasse ich in Dreiergruppen ein Bild nach dem anderen von den Begleiter*innen mit den Klient*innen erarbeiten. Ein Arbeitsblatt mit Fragen unterstützt die Begleiter*innen im Gespräch mit den Klient*innen, die subjekt- und objektstufige Bedeutung ihres Bildes zu finden. Die Beobachter*innen notieren ihre Wahrnehmungen. Nach einem Durchgang reflektiert die Kleingruppe den Prozess. Wieder rotieren die Rollen. Die Ergebnisse werden in der Großgruppe ausgetauscht.

Die Teilnehmer*innen lernen in den Dreiergruppen, selbstständig zu arbeiten und die Scheu zu überwinden, dabei wahrgenommen zu werden. Sie üben, mit Mitgefühl und Wohlwollen auf sich und ihre Klient*innen zu schauen. Sie schulen ihren tiefenpsychologischen Blick, der sich auf das innere Erleben eines Menschen bezieht. Er hilft den werdenden Märchensteller*innen zu verstehen, welche Prägungen zu dem Verhalten der Klient*innen führten. Sie üben ebenfalls ihren systemischen Blick, der sich auf die Klient*innen in ihrem System richtet. Diese beiden Blickrichtungen zu kennen und zu üben, finde ich für die Arbeit mit Aufstellungen besonders wichtig.

Online-Aufstellungen in meiner Weiterbildung anhand eines Märchens

Da wegen Covid-19 bereits zwei Seminare ausgefallen waren, lud ich die Teilnehmer*innen der Weiterbildung für das Dezemberseminar 2020 zu dem Abenteuer »Online-Seminar« ein:

Die meisten waren sehr skeptisch, wollten aber endlich weiterarbeiten. So verschickte ich einen Link für alle.

Die Anfangsrunde diente dem Austausch der Befindlichkeiten in dieser besonderen Zeit. Einige sprachen von einer affektiven Leere, die sie früher nicht in sich wahrgenommen hatten, andere fühlten sich wie erstarrt. Als Anliegen wurde vor allem der Wunsch nach Lebendigkeit und Begegnung genannt.

Nach dem Austausch las ich die Einleitung eines russischen Märchens vor. Darin geht es um einen König, dessen Jäger im Wald auf einem uralten Pfad eine Feder des Feuervogels findet. Sein Pferd rät ihm, sie liegen zu lassen, da er sonst in große Not geraten würde. Der Jäger folgt dem Rat nicht und bringt die Feder seinem König.

In einem Präsenzseminar würde ich dazu Aufstellungen mit Bodenankern in Dreiergruppen machen, damit die Teilnehmer*innen durch die Wahrnehmungen der Repräsentanten des Königs und des Jägers das Thema des Märchens erleben und gleichzeitig ihr eigenes Thema spüren und sich bewusst machen können. Wie sollte das virtuell gelingen?

Da wir uns zum ersten Mal online trafen, wollte ich die Teilnehmer*innen nicht überfordern und sie gleich zu Beginn schon in Kleingruppen in virtuellen Gruppenräumen arbeiten lassen. Die Aufstellung auf einem virtuellen Systembrett beherrschte ich noch nicht. So bat ich die Teilnehmer*innen, sich in ihren Zimmern in die Rolle des Königs und danach in die des Jägers, der die Feder gefunden hat, zu versetzen. Sie teilten danach ihr Erstaunen und ihre Freude mit, dass das online möglich war und sie sogar tief berührt waren durch die beiden Rollen, in denen sie eigenen Themen begegnet waren. Die Scheu vor dem Online-Setting war überwunden. Die Erfahrung, durch die Repräsentation einer Märchengestalt zum eigenen Thema zu kommen, gab den Teilnehmer*innen das Vertrauen, dass sie als Aufstellungsleiter*innen Menschen auch online zu ihren wesentlichen Anliegen begleiten können.

Danach wechselte ich zur Aufstellung einer Beziehung. Ich bat einen Repräsentanten für den König und eine weitere Person für den Jäger zu stehen. Die anderen schauten zu, als säßen sie im Außenkreis. Wir waren in einer Fensteranordnung, die alle gleich groß abbildet (Galerie-Ansicht), sahen uns also frontal. Der König streckte gebeugt seine Hand nach vorne. Der Jäger reichte dem König imaginär die Feder des Feuervogels. Er sagte, er fühle sich aufrecht und kraftvoll. Der König nahm die imaginierte Feder und richtete sich auf. Berührt durch die Wahrnehmung des Königs, der die goldene Feder erhält, konnten die Teilnehmer*innen existenzielle Anliegen formulieren:

- Ich finde mich im König wieder. Wie komme ich aus dem grauen Gefängnis meines Alltags raus?
- Die goldene Feder erlebe ich wie ein Symbol für Spiritualität. Ich habe den Zugang dazu verloren und möchte ihn wiedergewinnen, weiß aber nicht wie.
- Wie komme ich zur Fülle meiner Gefühle, meiner inneren Lebendigkeit und Freude?
- Ich kenne den inneren Konflikt des Jägers, weiß oft nicht, was die richtige Entscheidung ist. Ich wünsche mir seinen Mut zum Handeln angesichts einer warnenden inneren Stimme.

In der kurzen Reflexionsphase wurde die innere Leere des Königs als Problem erkannt, für das es eine Lösung zu finden galt. Aus tiefenpsychologischer Sicht entspricht die Erfahrung der Feder in diesem Märchen einer Initiation in etwas Wesentliches, das man bisher nicht entwickelt hat. Danach folgt der schwierige Weg der Individuation, um das ins eigene Leben zu bringen, was einem bisher zur Ganzheit fehlte.

Ich hatte den Impuls, den König mit seinen Eltern zu stellen, um zu erfahren, wo die Erstarrung seiner Gefühle ihren Ursprung hat. In dem Online-Seminar fand ich das jedoch nicht angebracht. Ich hatte in der Galerie-Ansicht zwar alle Gesichter vor mir. Doch viele sensorische Informationen fehlten mir, die ich im Präsenzseminar unmittelbar bekomme. Online wollte ich nicht zu heftige Gefühle aufkommen lassen, die ich vielleicht nicht wahrnehmen könnte. Wenn ein Trauma berührt wird, gibt es immer wieder »Erstarrung« als Resonanz. Das sollte möglichst nicht geschehen, da ich online nicht alle Teilnehmer*innen im Blick haben kann.

Im Verlauf des Märchens zeigte sich das Pferd als treuer Begleiter des Jägers, das ihm in allen Prüfungen half. Ich lud die Teilnehmer*innen zu einer Visualisierung des Pferdes und Jägers ein. In der folgenden Pause im Online-Seminar konnte jede*r Teilnehmer*Teilnehmerin ihr inneres Bild malen. Sie schickten es als Foto in die Messenger-Gruppe des Seminars (siehe Abbildungen 1–3). Nach der Pause sendete ich an alle Teilnehmer*innen per E-Mail folgenden Fragebogen, der ihnen als Richtschnur beim Besprechen der Bilder in den virtuellen Kleingruppen dienen sollte:

1. Was berührt dich auf deinem Bild und welches Gefühl löst das in dir und in deinem Körper aus? Wo spürst du es?
2. Spürst du dazu eine Resonanz aus deinem Leben?
3. Welche Farbe auf deinem Bild berührt dich? Mit welchem Gefühl ist diese Farbe verbunden? Welche Assoziation hast du dazu?
4. Schau dir die Raumaufteilung deines Bildes an. Zum Beispiel: Was steht im Zentrum deines Bildes? Ist es auch zentral für dich?
5. Welches persönliche Thema erlebst du in deinem Bild gespiegelt, objektstufig oder subjektstufig?
6. Welche Ressource spürst du auf deinem Bild für dein Thema?
7. Welche Haltung als Aufstellungsleiter*in gewinnst du durch dein Bild?

Zusammenfassung, bitte schriftlich:

1. dein persönliches Thema,
2. deine Kraftquelle auf dem Bild, die dich unterstützt,
3. deine durch das Bild gewonnene Haltung als Aufstellungsleiter*in.

Abbildung 1: Die Einheit des Jägers mit seinem Pferd – Vertrauen in die Stärke des Pferdes

Abbildung 2: Eingeständnis der Schwachheit des Ichs

Abbildung 3: Hoffnung auf die Unterstützung durch das Pferd

In der Kleingruppenarbeit ging es einerseits darum zu üben, wie man Klient*innen zum Erleben der Bedeutung ihrer Bilder hin begleiten kann. Andererseits sollte die eigene Haltung als Aufstellungsleiter*in mithilfe des Bildes in den Blick genommen werden. In jeder Gruppe gab es wieder »Klient*innen« mit ihrem Bild, »Begleiter*innen« und »Beobachter*innen«. Die Rollen wurden alle zehn Minuten weitergegeben. Ich schaltete mich für zehn Minuten in jede Gruppe zur Beobachtung und Beratung ein. Die Online-Erarbeitung der Bilder war für alle bereichernd. Der virtuelle Austausch stellte auch hier kein Hindernis mehr da. Nach dreißig Minuten holte ich alle zurück in den gemeinsamen Gruppenraum. Die Teilnehmer*innen konnten in einem Satz mitteilen, was sie für sich durch dieses Bild erfahren hatten. Wesentlich als Haltung eines*einer Aufstellungsleitenden war für alle die Verbindung mit dem Pferd, der inneren Stimme der Weisheit, dem Selbst.

Ich lud zu einer Übung zur Vertiefung dieser Haltung ein. Die Lernenden beschrifteten drei DIN-A4-Blätter. Auf das erste schrieben sie »Aufstellungsleiter*in«, auf das zweite »Klient*in« und auf das dritte »Selbst«. Ich bat sie, sich auf die Rolle des*der Aufstellungsleitenden zu stellen und zum*zur Klienten*Klientin hinzuspüren. Dann empfahl ich ihnen, sich auf das Selbst zu stellen und sich auf den*die Klienten*Klientin auszurichten. Welche Veränderungen erlebten sie im Blick auf die Klient*innen und die eigene Haltung? Viele nahmen eine gelassene Weite und großes Wohlwollen wahr. Einige schoben den Bodenanker »Selbst« unter den der Aufstellungsleiter*innen, wodurch sie einen inneren Halt wahrnehmen konnten. Sie wollten diese Übung in den Peergroups weiterführen.

Für die nächste Szene hatte ich eine Aufstellung geplant. Wie würde mir das online gelingen? Ich legte eine Filzplatte als Feld vor meinen Laptop und bewegte die Kamera nach unten, sodass alle das Feld sahen, aber nicht mehr mich. Auf den Rand des Feldes stellte ich die Figuren der ausgewählten Märchenszene und fragte jeweils, wer die Repräsentation dieser Figur übernehmen wollte. Die Repräsentant*innen der einzelnen Rollen beschrieben mir verbal genau den Platz, der für sie stimmig war. Wir sahen links und rechts am Rand des Feldes je eine Frau, die gemeinsam ein Zelt darstellten. Darinnen befanden sich der Jäger und eine Prinzessin in äußerster Zurückhaltung. Doch ein funkelnder Liebesraum war für die beiden Repräsentantinnen des Zeltes und uns im virtuellen »Außenkreis« spürbar. Wir staunten, dass das online möglich war.

In diesem Online-Weiterbildungsseminar las ich abends den Schlussteil des Märchens vor und ließ anschließend offline ein Bild dazu malen. Am nächsten Tag besprach ich mit jedem*jeder Teilnehmer*in in etwa zehn Minuten sein*ihr Bild. Die anderen hatte ich stumm geschaltet. Sie schauten, fühlten und hörten zu. Virtuell hatte ich sie leider nicht im Blick, wie sonst im Präsenzseminar. Das war eine Einschränkung. Die Einzelarbeit vor der Gruppe war so intensiv wie im konkreten Raum. In der gemeinsamen Reflexion zeigten sich alle von der Tiefe der Arbeit berührt, die online möglich war. Die Abschlussrunde war von Dankbarkeit und Freude erfüllt. Die Teilnehmer*innen fühlten sich durch die Verbindung mit ihrem Selbst gestärkt. Ihr Vertrauen in ihre Kompetenz als Aufstellungsleitung war gewachsen.

Abschließend möchte ich die Erfahrungen bezüglich meines ersten Online-Seminars in der Weiterbildung zusammenfassen. Die Arbeitseinheiten betrugen 45 bis sechzig Minuten und begannen mit einer kurzen Leibspürübung, damit die Teilnehmer*innen die Beziehung zu sich selbst spürten. Die Fixierung auf den Bildschirm und die anderen Teilnehmer*innen kann wie ein Sog in den Bildschirm wirken, was als Verlust der Beziehung zu sich und seinem Leib erlebt werden kann. Jeder Arbeitseinheit folgte eine Pause von fünf bis15 Minuten. So ging es allen gut. Da die Arbeit im Online-Setting eine höhere Konzentration braucht, kürzte ich die gesamte Arbeitszeit des Wochenendseminars auf zehn Zeitstunden anstelle von zwölf im Präsenzseminar.

Die Beiträge der Einzelnen waren im Online-Seminar kürzer, konzentrierter. Es ging alles zügiger. Die Teilnehmer*innen waren zu Beginn wegen des fremden Settings verunsichert und suchten Halt und Sicherheit bei mir. Die anfänglichen lebendigen Erfahrungen in der Großgruppe gaben ihnen das Vertrauen, dass das Stellen auch online möglich sei. Sie waren dankbar für dieses Abenteuer, das gezeigt hat, wie auch mit dem vorher fremden Online-Setting im vertrauten Erfahrungsraum gearbeitet werden konnte. Gleichzeitig haben sie durch diese virtuelle Anwendung ein neues Werkzeug kennengelernt, das ihnen als zukünftige Aufstellungsleiter*innen zusätzlich zur Verfügung steht. Sie haben auch die Grenzen dieses Settings erfahren, in dem die sinnlichen Wahrnehmungen reduziert auf die Augen und Ohren sind und der Fokus auf dem jeweiligen Sprecher liegt. Die Gruppe in ihrer Gesamtheit ist weniger spürbar. Sie erlebten dankbar seelische Berührungen und vermissten die körperliche Berührung und Nähe. Das waren wichtige Erfahrungen, die ihnen beim Einsatz des Online-Settings als Aufstellungsleiter*innen helfen werden. Jetzt freuen sich alle wieder auf das kommende Präsenzseminar im Frühjahr.

Wesentlich für eine essenzielle Aufstellung – ob in Präsenz oder online – erscheint mir die Haltung der Aufstellungsleiter*innen. In meinen Weiterbildungen liegt deshalb der Fokus auf dem Lernprozess durch Erfahrung und der Bewusstwerdung der familiären und inneren Systeme in Kombination mit Märchenaufstellungen. Im Bestreben der Lernenden, als Person präsent zu sein, wird ihnen der Transfer in ihre eigene Arbeit gelingen und sie können dann Aufstellungen authentisch durchführen.

Literatur

Benediktushof (2021). Programm 2021. Benediktushof. Zentrum für Meditation und Achtsamkeit. Zugriff am 06.06.2021 unter https://www.benediktushof-holzkirchen.de/wp-content/uploads/2021/03/Programm_2021_Behof_web_korr.pdf

Fried, E. (2017). Es ist was es ist. Liebesgedichte, Angstgedichte, Zorngedichte. Berlin: Wagenbach.

Goethe, J. W. (1808/1966). Faust. Der Tragödie erster Teil. Stuttgart: Reclam.

Hellinger, B. (2018). Mein Leben. Mein Werk. München: Ariston.

Meister Eckhart (2014). Predigten und Traktate. 17. Von Gott und der Welt. mystiek & filosofie. mystical texts. Zugriff am 26.02.2021 unter https://mystiekfilosofie.com/2014/03/20/meister-eckhart-predigten-und-traktate/

ich bewundere
Problem
THE DEVIL
Heute bin ich mit dem
und ich sage
CHEF SACHE
Tausche gegen
Nicht ansprechen hab' heute
PRINZESSIN IN AUSBILDUNG
DRAMA QUEEN
Manchmal ist mein Kopf voller
Do you

Stephanie Hartung

»Gruppe ist die Mutter« – Gruppendynamik in Aufstellungsweiterbildungen

Weiterbildungen in systemischer Aufstellungsarbeit stellen uns als Weiterbildner vor zahlreiche Herausforderungen. Was wird gelehrt? Wie wird gelehrt? Wie wird gelernt? Nicht zuletzt: Wie wird eine Gruppe geführt und wie gehen wir konstruktiv mit der oft herausfordernden Dynamik in der Gruppe um?

In meinem Beitrag widme ich mich dem Aspekt der Gruppengestalt als eigenständiges System sowie grundlegenden Erkenntnissen zu Rollenmodellen, die in der Gruppengestalt eine besondere Bedeutung haben. Aus psychologisch-systemischer Perspektive beschreibe ich, warum die Gruppe die Mutter ist (beziehungsweise warum die Gruppe als generelles Phänomen auf die Teilnehmer wie die eigene Mutter wirkt) und zeige, welche Konsequenzen das für die Teilnehmer haben kann. In diesem Kontext betrachte ich auch mit Blick auf das »Lehrer-Schüler«-Konstrukt den Aspekt des Umgangs mit Autoritäten und die mögliche Veränderungsdynamik im Verlauf des Geschehens. Aus sehr persönlicher Sicht zeige ich auf, was ich aus meinen Erkenntnissen und Erfahrungen gelernt habe und wie ich heute mit Blick auf gewünschte Gruppendynamik meine Weiterbildungen gestalte.

Didaktik, Gruppendynamik und systemische Führung

Wie wird in Weiterbildungen in systemischer Aufstellungsarbeit gelehrt und gelernt? Als Wissenschaft vom Lehren und Lernen gibt es Didaktik als Angebot der Hochschulen. Alternativ findet man für das Selbststudium im Internet zahlreiche Quellen mit Beschreibungen und Tipps. Will man eine Weiterbildungsgruppe leiten, findet man also viel hilfreiche Anregung. Kann man damit schon eine Weiterbildung bestreiten oder fehlt noch was? Zur Beantwortung dieser Frage ist es sinnvoll, einen genaueren Blick auf das zu werfen, was die

Didaktik ausmacht. Als Kerndisziplin der Pädagogik orientiert sich die Didaktik an diesen Fragen:

- Wofür wird gelernt – was ist die Verwendungssituation?
- Für wen wird gelehrt – wer ist die Zielgruppe, was ist ihr Bedarf?
- Wozu wird gelernt – was sind Lernziel und Qualifikation?
- Was wird gelehrt – was sind die Lehrinhalte?
- Wie wird gelehrt und gelernt – welche Organisationsform wird gewählt und welche Lehrmethoden?
- Womit wird gelernt – was sind die Medien und der Lernort?

Die Wofür-, Für-wen- und Wozu-Fragen beziehen sich auf die Positionierung und Orientierung, die Was-, Wie- und Womit-Fragen auf die Ausgestaltung der Weiterbildung. Lassen Sie uns Letztere näher betrachten.

Was, wie und womit wird gelernt?

Bezüglich des Curriculums berücksichtigen anerkannte Weiterbildner der Deutschen Gesellschaft für Systemaufstellungen in ihren Weiterbildungen die vom Verband vorgegebenen Inhalte und Qualitätsstandards ebenso wie die Master-Trainer von infosyon. Neben den Inhaltsvorgaben gibt es außerdem einige strukturelle Bedingungen, bezogen auf die Mindestanzahl der Lehrstunden, begleitende Peergroups, Besuche anderer Aufstellungsveranstaltungen etc. Dabei obliegt es jedem Weiterbildner, die Lehrinhalte im Detail zu entwickeln, denn die Vorgaben der Verbände erschöpfen sich in Überschriften wie z. B. »Phänomenologie und Konstruktivismus in der Aufstellungsarbeit« oder »Gesprächsführung, Anliegenklärung und Hypothesenbildung«. Unterdessen ist die freie Gestaltung des Umfangs der Weiterbildung gestattet – so denn die Mindestanforderungen eingehalten werden. Inhaltliche Vorgaben, die in die Tiefe gehen, gibt es bei den Verbänden nicht. Ebenso wenig bieten sie strukturelle Hilfestellungen oder gar Weiterbildungsmaterial, wie z. B. Übersichtslisten über Aufstellungsformate oder Aufstellungszubehör. Und neben den Verbandsveröffentlichungen gab es – tatsächlich weltweit – lange keine Veröffentlichung zu möglichen Lehrinhalten.

Mit meinem Kollegen Wolfgang Spitta habe ich 2020 ein Buch über die Ausbildung zum systemischen Aufsteller mit psychosozialem Fokus veröffentlicht und hierin die wesentlichen Lehrinhalte weit- und tiefgehend beschrieben (Hartung u. Spitta, 2020). Außerdem habe ich mit meiner Kollegin Regina Remy ein kleines Arbeitsbuch zum Thema »Online-Aufstellungen« geschrieben, das im Januar 2021 mit eben diesem Titel erschienen ist. Eine weitere Publikation für die Gestaltung von Online-Weiterbildungen in Systemaufstellungen ist bereits in Arbeit.

Unsere beiden Bücher mögen vielleicht für manche Kollegen bei der Planung und Gestaltung ihrer Weiterbildungen eine Hilfe sein. Aber machen unsere Anregungen oder auch die inhaltlichen Vorgaben unserer Verbände uns zu guten Weiterbildnern? Mitnichten. Das ist jedenfalls meine Erfahrung. Was man nämlich nicht durch Studium und Selbststudium lernen kann, ist nach Didaktik und Detailplanung der verbleibende Rest in der Weiterbildung. Was verbleibt als Rest? Es verbleiben die beiden großen Herausforderungen Gruppendynamik und Führung. Meine Betrachtung der Weiterbildungsleitung als systemisch orientierte Führung wird hier im Kontext der Gruppendynamik geschehen, denn der Weiterbildner ist Teil der Gruppengestalt und damit der Dynamik. Ich richte also meinen Fokus auf die Aspekte der pädagogischen und psychischen Herausforderung, die eine Weiterbildung für den Leiter wie für die Teilnehmer mit sich bringt.

»Gruppe ist die Mutter«

Eigentlich beschreibt der Begriff der Pädagogik die Erziehung und Bildung von Kindern und Jugendlichen. Pädagogik gehört so gesehen nicht wirklich in die Erwachsenenbildung. Einerseits. Andererseits findet sich in manchen Beschreibungen die Zuordnung der Erwachsenenbildung als Teilgebiet der Allgemeinen Pädagogik (Prange, 2005).

Für meine Betrachtungen ist entscheidend, dass erwachsene Teilnehmer einer Weiterbildung nicht nur Phasen im faktischen Lernen durchlaufen. Sie sammeln nicht nur neues Wissen auf dem Weg zum erfolgreichen Abschluss, sie erleben auch – jedenfalls in Weiterbildungen in System- oder auch Organisationsaufstellungen – einen »Wiederholungs-Durchmarsch« durch die Lebensphasen ihrer eigenen Entwicklung und werden mit ihren Kern-Lebensthemen konfrontiert. Das ist eine ganz schöne Herausforderung für alle Beteiligten, bei der dann eben doch Pädagogik gefragt ist.

»Kein Wunder«, so hat mein Kollege Robert Doetsch zu mir vor einigen Jahren gesagt, »Gruppe ist ja auch die Mutter.« Ich hörte den Satz und im selben Moment konnte ich förmlich ein »Plopp« in meinem Kopf fühlen, auf der Höhe der Schläfen, in beiden Hirnhälften, tief innen. Der scheinbar so lapidare Satz öffnete unmittelbar und direkt einen Erkenntnisraum in mir. Plötzlich sah ich den Kern des In-der-Gruppe-Seins. Mein Verstehen begann in Erinnerungskaskaden zu fließen. Meine Ängste, meine Restriktionen, meine Reaktionen, mein Sosein in all den Gruppen, in denen ich gelernt hatte, all das lief wie ein Film mit leichtem Erzählfluss vor meinem inneren Auge. Ich sah mich selbst auf der Leinwand, ich als Teilnehmerin in den jeweiligen Gruppen meiner verschiedenen Ausbildungen, ich war meine innere Beobachterin zweiter Ordnung. In dem Moment, in dem Robert den Satz sagte, habe ich unmittelbar vieles über mich selbst als Teilnehmerin von Ausbildungsgruppen verstanden – meinen Stress, meine Ängste, meine Schlaflosigkeit, meine Hilflosigkeit, meine Wut, meine Jämmerlichkeit, mein entsprechendes Verhalten. Seit diesem Satz hat sich das, was bis dahin so schwierig und belastend für mich im Gruppengeschehen war, in eine Leichtigkeit des erwachsenen Miteinanders gewandelt. Danach habe ich die Gruppe nicht mehr mit meiner Mutter verwechselt.

Was ich hier erzähle, gilt für alle Gruppen, in denen ich ausgebildet wurde. Und es gilt in besonderem Maß für die Gruppen, in denen ich systemische Aufstellungsarbeit, Gestalttherapie oder Coaching gelernt hatte. Gruppen also, innerhalb deren Curricula die intensive Selbsterfahrung und die Persönlichkeitsentwicklung eine zentrale Bedeutung für die Qualität des Lerngeschehens hatten. In der Kombination mit dem wirklich großen Stress, mich in solchen Gruppen genauso wie mit meiner Mutter zu fühlen und mich entsprechend zu verhalten, schien mir das bisweilen als eine kaum zu bewältigende Herausforderung, von der ich zugleich keinen bewussten Schimmer hatte. Was war es eigentlich, was so schwer und schmerzvoll für mich war? War ich falsch? Ich wusste es einfach nicht. Ich bin immer wieder mit vielen Hoffnungen gestartet und nicht selten auf halber Strecke in der Verzweiflung stecken geblieben. Ich dachte, dass mein Leben sich diesbezüglich wohl doch nie ändern würde.

Bis zu eben diesem einen erwähnten Moment. Roberts Satz wirkte wie die beste aller Aufstellungen. Von diesem Moment an war und blieb ich ein erwachsenes Mitglied meiner Gruppen, weil ich in meinem Erwachsenenbewusstsein (endlich!) die Trennung zwischen »ich und Mutter« und »ich und Gruppe« vollzogen hatte. Ich wusste von dem Moment an, wohin manche Gefühle in der Gruppe gehörten, und das entspannte mich unmittelbar und ließ mich erwachsen bleiben. Seitdem vertraue ich mir und vertraue (mich) der Gruppe (an). Als Teilnehmerin und auch als Leiterin.

Die Erfahrung, von der ich hier erzähle, war die Voraussetzung dafür, eigene Gruppen leiten und meinen Teilnehmern einen Entwicklungsraum bieten zu können, in dem jeder Einzelne einen guten Platz, einen sichernden Halt und liebende Zuwendung erfährt.

Ich hatte verstanden, was ich als Weiterbildnerin berücksichtigen muss, wenn ich ein dynamisch-kreatives Lernumfeld für meine Gruppen schaffen will, das von Zuwendung, Zugehörigkeit und Sicherheit geprägt ist. Denn was für mich gilt, gilt auch für andere. Der Eintritt in eine neue Ausbildungsgruppe ist für die Teilnehmer mit (unbewussten) Ängsten und mit entsprechend extremem Stress verbunden. Hier wiederholen sich gefühlt die Urerfahrungen der Verbindung mit der Mutter. Ihr wie der Gruppe gilt es, sich anzuvertrauen. So zumindest fühlt es sich unbewusst an – das ist der Blick des Kindes. Dass die Richtung des Vertrauens nach innen und es um das Selbstvertrauen des Erwachsenen geht, zeigt sich oft erst als Ergebnis der Selbstreflexion im Verlauf des Gruppengeschehens. Ich komme im Folgenden darauf zurück.

Nicht selten hatte es schon im Vorfeld meiner eigenen Weiterbildungen deutliche Formen der Regression bei Teilnehmern gegeben, die unmittelbar auftraten, nachdem sie sich bei mir angemeldet hatten. Und ebenso führte deren enormer Vorstress nicht selten dazu, dass mehrere Vorgespräche nötig waren oder mir die Wiederabmeldung vorlag, bevor es überhaupt losgegangen war.

Ich habe den Satz mit der Mutter nicht mehr vergessen. Sein Licht durchscheint bis heute die Gestaltung meiner Ausbildungen und ist mir immer wieder eine gute Orientierung in fordernden Momenten oder Phasen. Über diese Erfahrungen möchte ich hier einiges erzählen. Zunächst aber konkretisiere ich, was genau ich mit Gruppendynamik meine und in welchen Gruppengrößen ich meine Erfahrungen gemacht habe.

Soziale Interaktion und systemische Führung

Der Begriff der Gruppendynamik wird in der Literatur aus drei Perspektiven betrachtet:

1. aus der Perspektive der sozialen Interaktion von Menschen in Gruppen;
2. aus der Perspektive der Methode, die das soziale Interaktionsgeschehen beeinflusst;
3. aus der Perspektive der wissenschaftlichen Erforschung von Verhaltensmustern und der Frage, welche Methoden der Gruppenleitung im Rahmen von Gruppendynamik effektiv sind.

Ich richte meine Betrachtungen und Schlussfolgerungen hier auf den ersten Punkt, mit Fokus auf den Aspekt der Überblendung und Verwechslung von Gruppe und Mutter (Aspekt des Urvertrauens in Verbindung) sowie auf das formelle »Lehrer-Schüler«-Konstrukt, das ebenfalls dazu angetan ist, erste frühe Erfahrungen mit Autoritäten (den Eltern) emotional zu reanimieren (Aspekt des Vertrauens in Autorität). Außerdem richte ich meine Betrachtungen auf den zweiten Punkt, mit Fokus auf die Thematik der systemischen Führung als Funktion der Gruppengestalt.

Der Gestalttheoretiker Kurt Lewin hatte zu Beginn des 20. Jahrhunderts den Begriff der Gruppendynamik geprägt (Sorgalla, 2015). Ebenso wie der Philosoph Christian von Ehrenfels bereits im 19. Jahrhundert den Begriff der Gestalt erstmals verwendet und als das Ganze, das nicht nur mehr, sondern etwas anderes als die Summe seiner Teile sei, beschrieben hatte, so definierte später auch Lewin die Dynamik einer Gruppe als eine *eigendynamische soziale Realität.* Damit meinte er, dass das Verhalten Einzelner keine verursachende Wirkung auf das Gruppengeschehen habe, sondern vielmehr im Kontext des Resonanzraums der Gruppe zu verstehen sei. Das heißt: Die Gruppe ist nicht nur mehr, sondern etwas anderes als die Summe ihrer Teile. Übersummativität war der sperrige Begriff, der diese Gestalteigenschaft beschreiben sollte.

Christian Ehrenfels hatte einst das Phänomen der übersummativen Gestalt am Beispiel einer Melodie erklärt (Fabian, 1986). Einmal durch eine bestimmte Komposition von einzelnen Tönen entstanden, hat die Melodie nun ihr eigenes Wesen und ihre spezifische Beschaffenheit, die berücksichtigt werden wollen, wenn die Melodie in eine andere Tonart übertragen wird – wobei ja alle Elemente ausgetauscht werden, die Melodie aber erhalten bleibt.

Übertragen auf das Geschehen in einer Gruppe hatte Lewin erkannt, dass die einmal entstandene Gruppe als Gruppengestalt eine ihr eigene Dynamik bewirkt, die keinen Rückschluss von individuellem Verhalten auf das Verhalten der Gruppe erlaubt. Das entspricht im Kern dem systemischen Blick, der das Verhalten des Einzelnen als Symptom des jeweiligen Systemgeschehens und im Kontext seiner Systemfunktion versteht. Ich kann das bestätigen. Der Wechsel von Teilnehmern im laufenden Prozess meiner eigenen Weiterbildungen hat zum Beispiel keinerlei Änderungen in der allgemein herrschenden Gruppendynamik bewirkt.

Um das Phänomen der Gruppengestalt-Dynamik in Ausbildungsgruppen zu betrachten, möchte ich noch den Begriff und die Größe der Gruppe definieren, deren Dynamik ich beschreibe: Gruppe beschreibt eine temporäre, soziale Organisationsform zur Bewältigung einer Gruppenaufgabe mit Start und Ziel. Startet die Gruppe, entwickelt sie autopoietisch (aus sich heraus) ihren Charakter als Gruppengestalt. Ist das Gruppenziel erreicht, löst sich die Gruppengestalt auf. Je nach Aufgabe und Zielpunkt der Gruppe haben Gruppengestalten also definierte Halbwertzeiten mit entsprechenden Spannungskurven ihrer sozialen Dynamik. Das gilt in jedem Fall für ein- oder zweijährige Weiterbildungsgruppen.

Meine Gruppen sind sekundär (bewusst geplant, rational organisiert, zeitgebunden), formell (auf ein Ziel hin ausgerichtet, mit Strukturen und Regeln) und heterogen (Altersunterschiede, verschiedene Berufe, verschiedene Bildungsgrade). Und ich schreibe hier ausschließlich über meine Erfahrungen in Präsenz-Ausbildungsgruppen. Meine ersten Erlebnisse in Onlineformaten kann ich noch nicht zu allgemeineren Erfahrungen zusammenfassen.

In meinen eigenen Ausbildungsgruppen rangierten die Teilnehmerzahlen bisher zwischen zwölf und 15, eine Größe, die ich gut »bewältigen« kann und von der die Fachliteratur sagt: »Ein zentraler Aspekt einer Gruppe ist die Interaktion zwischen den Gruppenmitgliedern und somit die gegenseitige Beeinflussung derselben. Diese Interaktion reduziert sich mit zunehmender Größe der Gruppe. Wenn eine Gruppe mehr als 16 Personen zählt, so geht die Wahrscheinlichkeit, dass jedes Gruppenmitglied mit jedem anderen Mitglied der Gruppe in Beziehung tritt, gegen Null. In der Gruppenforschung spricht man daher von einer idealen Gruppengröße bis maximal 15 Personen« (Leven, 2013, S. 32). Aus meiner Erfahrung kann ich diese Einschätzung bestätigen und habe daher meine Präsenzgruppen bisher immer nach oben hin zahlenmäßig begrenzt. Das wird sich voraussichtlich mit den neu entstehenden Online-Weiterbildungsangeboten ändern. So starte ich gerade eine internationale Online-Weiterbildung mit rund dreißig Teilnehmern und bin gespannt, welche Erfahrungen ich hier mache.

Zurück aber zu den Präsenzgruppen: Ich habe als Lernende an Aufstellungsausbildungen mit deutlich geringerer Teilnehmerzahl und an einer weiteren mit einer Teilnehmerzahl von 35 teilgenommen. In den kleineren Gruppen war die Dynamik intensiv und beinahe intim zu nennen. Nicht zuletzt war das natürlich auch dem Umstand geschuldet, dass es so gut wie keinen Stein der am Ende dekonstruierten Persönlichkeitsfestung gab, der nicht unter dem Brennglas der zu lernenden Therapieform, Aufstellungsmethodik etc. gewendet worden war. Der Charakter dieser kleinen Gruppen glich daher oft einem Encounter-Geschehen, was die Intensität des Gruppengeschehens betraf. Anders aber als in Encounter-Gruppen, in denen mit einem personenzentrierten Ansatz die gegenseitige Wertschätzung im Mittelpunkt des Geschehens steht, gab es in meinen kleineren Gruppen ein Miteinander, das ich mit »Hauen und Stechen« umschreiben könnte. Es war eine gruppendynamische Qualität, die der gemeinsamen Weiterentwicklung und dem kollektiven wie individuellen Lernen eher schadete.

In der großen Gruppe mit 35 Teilnehmern war die Dynamik ganz anders. In dem zunächst distanzierten und unsicheren Miteinander bildeten sich relativ bald Untergruppen, deren Verhalten sich innerhalb der großen Gruppe eher durch Abgrenzung charakterisieren lässt. Nicht laut, nicht ausgesprochen, aber energetisch deutlich spürbar. Agierten Teilnehmer aus anderen Untergruppen, wurde in der eigenen Untergruppe Desinteresse zur Schau gestellt – man tat so, als gäbe es nichts von Interesse in der großen Gruppe. Innerhalb der Untergruppe wiederum herrschte die mir bekannte Gruppendynamik der Kleingruppe, in der Großgruppe herrschte im Wesentlichen unaufgeregte Distanziertheit. Beziehung fand indirekt, in Form von direkter Kontaktvermeidung meist »hintenherum« statt, bei einem übereinander anstatt miteinander Reden. Zugleich war irgendwie sichergestellt, dass das, was hintenherum gesagt wurde, irgendwann an der gemeinten Adresse eintraf.

Nur zwei vorherrschende Rollen waren in der kleinen wie in der großen Gruppe für mich deutlich identifizierbar und in erstaunlichem Ausmaß der Emotionalität erfahrbar: die des Leiters und die seines Gegners. Diese beiden Rollen entsprechen nicht der formellen Gruppenordnung. Ich komme im Folgenden darauf zurück.

Rollen und Bedürfnisse

Wie führe ich nun die Erkenntnisse, dass die Gruppe die Mutter und zugleich eine Gestalt ist, zusammen? Dafür betrachte ich zunächst die Gruppengestalt und stelle dann eine Verbindung zum Thema Mutter und Entwicklung in der Gruppe her.

In meinen Betrachtungen möchte ich mich auf eine Gruppengröße bis maximal zwanzig Teilnehmer konzentrieren. Als Teilnehmerin habe ich in solchen Gruppen zahlreiche beglückende, bereichernde, überraschende, intensive und teils auch heftige, beängstigende und schmerzvolle Erfahrungen im gruppendynamischen Geschehen gemacht. Dabei ist mir immer wieder genau die Rollenverteilung begegnet, die der österreichische Psychoanalytiker Raoul Schindler 1957 in seinem rangdynamischen Positionsmodell für die Gruppengestalt beschrieben hat. Hierin werden vorherrschende Rollen als informelles, strukturelles Grundgerüst einer jeden Gruppe, quasi als Skelett einer jeden Gruppengestalt – jenseits der formellen Gruppenbeschreibung (Lehrer und Schüler) verstanden, in der die Ordnung per Definition gegeben ist (Spaller et al., 2016). Die informellen, vorherrschenden Rollen nach Schindler sind:

- Alpha = Leiter,
- Beta = Experte,
- Gamma = Mitläufer,
- Omega = Gegenpol zu Alpha.

Die Positionen beziehen sich nicht nur innerhalb der Gruppe aufeinander, sondern auch auf die Gruppenaufgabe oder einen gegebenenfalls äußeren Gruppengegner.

Die Alpha-Rolle

So ist Alpha nach Schindler eher nach außen orientiert, wiewohl bereits die Richtung seiner Orientierung deutlich macht: Alpha ist innen. Alpha führt die Gruppe nicht von außen, sondern aus ihr heraus. Er führt sie der definierten

Aufgabe entgegen und ist darauf angewiesen, dass die Gruppe ihm folgt. Alpha ist also Teil des Systems, und aus der systemischen Organisationslehre wissen wir, dass Führung eine Systemfunktion ist, die dem Erhalt und der Weiterentwicklung des Systems ebenso im Sinne der Gestalt wie entsprechend der Systemelemente dient. Thorsten Groth beschreibt in seinem Buch »66 Gebote systemischen Denkens und Handelns in Management und Beratung« die systemische Führung so: »Führung wird als eine Funktion betrachtet. In einem Sozialsystem bzw. in der Kommunikation vollzieht sich Führung, sofern reflektiert und kontrolliert wird, ob die gegenwärtige Praxis noch zu den zukünftigen Anforderungen passt. Führung wird damit zu einer Fähigkeit des Systems, sich hinterfragend zu beobachten. Führung vollzieht sich als eine Prüfschleife und bemisst sich in ihrem Erfolg daran, dass diese Prüfung auch zu beobachtbaren organisationalen Veränderungen führt. Dieser These folgend ist Führung eine Form reflektierender Kommunikation« (Groth, 2017, S. 38).

Angesichts der Unterscheidung zwischen formeller Gruppenordnung und informeller rangdynamischer Rollenverteilung wird deutlich, dass der Weiterbildner nicht unbedingt auch der Leiter der Gruppe, also Alpha ist. Meine Erfahrung ist, dass ich diesen Umstand immer wieder bewusst betrachten bzw. reflektieren muss, wenn ich die Leitung nicht abgeben möchte – weder in Bezug auf die Lehrinhalte noch (und vor allem) im psychosozialen Zusammenspiel der Rollen. Wie leicht das geschehen kann, beschreibe ich im Folgenden bei den Rollen: Beta, Gamma und Omega.

Was Groth in den zitierten Worten über Führung schreibt, ist mir eine grundlegende Maßgabe für die strukturelle und methodische Konzeption meiner eigenen Weiterbildungen und der Gestaltung meiner Leitung. Ich orientiere mich dabei an der Frage, wie es der Gruppengestalt (mit mir als Teil derselben) gelingen kann, durch reflektierende Kommunikation einen selbstlernenden Charakter zu entfalten. Dabei hat die gemeinsame Reflexion in Form von Fragerunden und Feedbackschleifen im Plenum und in Kleingruppen, Beobachtungsbeschreibungen und gemeinsamen Einordnungen sowie Sharings, bei denen Wortbeiträge nicht kommentiert oder bewertet werden, die zentrale Rolle.

In der Wirtschaft spricht man im Rahmen agiler Konzepte von sogenannten selbstlernenden Organisationen. Für mich sind sie die Grundmelodie, Maßgabe und Ergebnis gelingender systemischer Führung. In meinen Ausbildungen erreiche ich dieses Ziel zum Beispiel dadurch, dass ich vom ersten Modul an die Teilnehmer Aufstellungen leiten lasse und im sicheren Raum der reflektierenden Kommunikation Erkenntnisse über eigene Möglichkeiten fördere. Ich unterstütze die Bereitschaft, eigene Kompetenzen ebenso wie aktuelle eigene Grenzen zu entdecken und ohne Bewertung anzuerkennen. Ich ermutige dazu, theoretische Erklärungsmodelle (wie z. B. Phänomenologie und Konstruktivismus) in erfahrbare Aufstellungsformate zu übertragen. Lernen wird erst mit dem Körper ernst. Konkrete Umsetzungen für Selbstverantwortung und Mitgestaltung ermögliche ich für alle Teilnehmer und fordere ich von allen Teilnehmern. Unter der Beta-Rolle beschreibe ich dies genauer.

Ich richte einen besonderen Fokus auf die Qualität der Verbindungen innerhalb der Gruppe, die natürlich in therapeutisch ausgerichteten Weiterbildungen andauernd aufs Neue justiert werden müssen, weil bestimmte Themen immer wieder Lebensthemen-»Knöpfe« drücken. Die regredierte Reaktion reicht hier von Angst über Dissoziation oder Flucht nach vorn, Wut, oder tiefe Verzweiflung bis hin zu Hoffnungslosigkeit oder Depression. So ist zum Beispiel der Moment, wenn sie als Aufsteller benannt werden, bei vielen Teilnehmern ein Auslöser für inneren Stress, der sie nicht selten in kindliche Gefühle und entsprechende Verhaltensmuster zurückfallen lässt. Ein anderes Beispiel ist das Aufleben kindlicher Bedürftigkeit, wenn Teilnehmer nicht für eine Funktion benannt werden. Es ist mehrmals geschehen, dass Teilnehmer in Tränen ausgebrochen sind, weil »immer die anderen drankommen und ich nie«. Aus diesem Grund achte ich sehr auf Gleichgewichtigkeit der Beiträge. Und ich flechte immer wieder Fragerunden und Aufstellungssequenzen ein, die jedem Teilnehmer die Möglichkeit bieten, sein Gleichgewicht wiederzufinden oder zu halten.

Die Beta-Rolle

Beta steht als Experte einerseits an der Seite von Alpha. Seine Expertise kann den Leitungsanspruch von Alpha durch Zustimmung bestätigen. Bereits hierin scheint die Nahtstelle zum möglichen Führungsanspruch erkennbar. Wenn ich derjenige bin, der sich »Top«-Urteile über den Leitenden anmaßt, ordne ich seine Leitung meinem Urteil unter. Das dreht die Leitungsvertikale um 180 Grad. Bei »Flop«-Urteilen von Beta scheint der Anspruch auf Übernahme der Führung offensichtlich. (Die Begriffe »Top«- und »Flop«-Performance kommen aus dem Amerikanischen und bezeichnen Erfolg und Misserfolg einer Leistung.)

Ich sage beide Male »scheint«, weil meine Erfahrung in manchen Fällen war, dass Beta nicht unbedingt aktiv führen, also nicht unbedingt die Verantwortung für das gesamte Führungsgeschehen übernehmen will. Er versteht sich dann eher als »mentaler« Führer, als Spiritus Rector, ohne dessen Schirmherrschaft keine absolute Qualitätsgarantie gegeben wäre. Damit schwächt er die Leitung von Alpha empfindlich, dessen inhaltliche Autorität er coram publico relativiert. Alpha wird so energetisch zum ausführenden Arm von Betas Leitung.

Ich habe auch Betas kennengelernt, die immer deshalb recht haben, recht bekommen oder behalten wollen, weil sie frühe schlechte Erfahrungen mit Autorität gemacht haben und diese nun grundsätzlich nicht akzeptieren bzw. sich für ihre innere Balance auch ohne äußeren Anlass über diese erheben müssen. Und schließlich bin ich auch Betas begegnet, die Autorität grundsätzlich ablehnen – und zwar so grundsätzlich, dass sie diese auch für sich (nicht unbedingt bewusst) ablehnen. Sie sind nicht bereit, sich in einer vertikalen Struktur einzufinden oder haben Angst vor derselben. Solche Betas reden als Führungskräfte zum Beispiel davon, dass alle in einem Boot sitzen. So versuchen sie die abgelehnte Vertikale, die sich aus ihrer Führungsfunktion ergibt, durch gewollt horizontales Miteinander »auf Augenhöhe« zu ersetzen. Andere Betas, die vertikale Strukturen und damit Überordnung/Unterordnung oder Weisungsbefugnis/Weisungsgebundenheit ablehnen, sind klassische Einzelkämpfer. Ich habe Malerei studiert und 15 Jahre als Malerin gearbeitet. Unter den Künstlern findet man viele einzelkämpfende Betas, die vertikale Strukturen ablehnen – zumal sie ja zusätzlich noch den Status des Outlaws (außerhalb der Gesetze stehend) haben und man von ihnen erwartet, dass sie ganz eigene Perspektiven einnehmen.

Wie gesagt, all das sind verschiedene mögliche Perspektiven, aus denen man Beta betrachten kann. Meine Erfahrung mit der Beta-Rolle ist entsprechend mannigfaltig, zumal in meinen Weiterbildungsgruppen viele Kollegen (Therapeuten oder Unternehmensberater) sitzen, die zu einzelnen Themen, insbesondere die Anwendungsbereiche von psychosozialen oder wirtschaftlichen Bereichen betreffend, natürlich erfahrenes Fachwissen mitbringen. Da geschieht es allzu leicht, dass Diskussionen beginnen, die weniger einem diskursiven Austausch dienen, als vielmehr einen Charakter des stärkeren oder richtigeren Arguments haben, den viele, die erstmals in solche Gruppen kommen, als Selbstverständlichkeit kennen und daher nicht hinterfragen. In unserer herrschenden Linkshirn-Kultur mit rational-objektivem Wahrheitsanspruch gibt es dieses »richtig oder falsch« in der Naturwissenschaft, wo es seine hilfreiche Wirkung entfaltet. Da, wo es um Verbindung und systemisches Miteinander geht, ist hingegen unsere Fähigkeit gefragt, verschiedene Perspektiven zugunsten eines gemeinsamen Reichtums zu verbinden.

Ich habe in den Jahren gelernt, wie ich die Entwicklung eines konstruktiven Gruppengeschehens unterstützen und befördern kann. Dabei konzentriere ich mich auf die Aspekte Anerkennung (des Gesagten), Zugehörigkeit (des Beitrags) und Sicherheit (jeder Beitrag ist bereichernd und wird nicht wegdiskutiert). Auf diese drei wesentlichen Aspekte komme ich im Folgenden nochmals zu sprechen.

Aus meiner Sicht entspricht Beta in seinem Verhalten der kindlichen Phase der Entwicklung des Ich-Bewusstseins, die möglicherweise als nicht gut oder nicht fördernd erlebt wurde. Der unbewusste Blick auf Alpha gleicht dem auf die Eltern, wobei sich das »Besserwissen« eher auf die Autorität des Vaters bezieht.

Die Gamma-Rolle

In einer Gruppe bilden die Gammas in der Regel die Mehrheit. Als Gamma werden solche Teilnehmer bezeichnet, die die Rolle der Mitläufer, d. h. einer zustimmenden Gefolgschaft des Leitenden, einnehmen. In Schindlers Darlegungen (Spaller et al., 2016) gilt Gamma durch das Zuarbeiten und durch die Identifikation mit von Alpha vorgegebenen Zielen als eine Unterstützung von Alpha. Der Gamma-Rolle wird kein eigener Führungsanspruch unterstellt. Es wäre meiner Erfahrung nach jedoch ein Trugschluss, würde man annehmen, Gammas seien angenehm für den Weiterbildner, weil sie etwa nicht »stören« oder gar den Weiterbildner durch Gefolgschaft stärken. Anders als in der Literatur beschrieben, bin ich vielmehr davon überzeugt, dass auch Gamma eine informelle Form der Führung beansprucht – insofern, als er »seinen Karren von anderen ziehen« lässt. Er macht den Weiterbildner so zu seinem persönlichen Zugtier. Nicht zuletzt wirft der Aspekt der Mehrheit mit ihrem Durchsetzungspotenzial ein wesentliches Gewicht in die Waagschale des möglichen Führungsanspruchs der Gamma-Gruppe.

Für mich ist der Aspekt der Persönlichkeitsentwicklung insbesondere in meinen psychosozial ausgerichteten Weiterbildungen zentral. Eine entwickelte Persönlichkeit läuft nicht mit. Sie gibt die Eigenverantwortung nicht an andere ab, wenn sie Leitung akzeptiert. Sie weiß um ihr Sosein und behauptet sich – sie setzt sich ein Haupt auf, einen eigenen Kopf – und spricht von ICH, nicht als Ego, sondern als entfaltetes Selbst, als geschlossene Gestalt. Deshalb achte ich zum Beispiel darauf, dass es ein mathematisches Gleichgewicht bei Anliegen und Aufstellungsleitung bei den Teilnehmern gibt – ein Sich-Entziehen oder sich in den Vordergrunddrängen versuche ich durch entsprechende Strukturen einzuschränken. Ich verteile außerdem Referatsthemen zu Beginn der Weiterbildung (Selbstlernen) und gestalte mit den Teilnehmern die Module, in denen das Referat gehalten wird, gemeinsam (Mitgestaltung). Dabei sollen sie für die Inhalte, über die sie referieren, ein Aufstellungsformat entwickeln, mit dem die Erfahrung auf körperlicher Ebene gelingt (Selbstorganisation, Embodiment).

Möglicherweise aufkommende Erinnerungen an Lern- und Leistungserfahrungen mit den Eltern oder in der Schule werden angesprochen. Beim Eintritt in eine Gruppe kommen durch das formelle Schüler-Lehrer-Verhältnis individuelle Reiz-Reaktionsmuster in Bezug auf Leistung zum Tragen. Das gilt insbesondere bei ersten Versuchen mit der eigenen Leitung von Aufstellungen oder auch beim Erstellen und Vortragen der Referate. Es gilt auch für den Abgleich der eigenen Leistung mit der der anderen. Es wirkt für manche beruhigend, wenn andere »schlechter« sind als sie. Anderen bestätigt ihr »Schlechter«-Sein vertraute Glaubenssätze der Selbstdemontage. Ich konzentriere mich angesichts dieser Aspekte konsequent darauf, meine Teilnehmer als selbstverantwortliche Erwachsene zu adressieren und zu behandeln. Wilfried Nelles hat mir jüngst in einem persönlichen Gespräch gesagt, dass er die Teilnehmer immer wie Erwachsene behandele, was dazu führe, dass sie sich als solche verhalten würden. Das entspricht auch meiner Erfahrung, auch wenn mein Verhalten kein Garant für das Verhalten anderer ist.

Der referierende Auftritt vor der Gruppe im Rahmen der Referate wird in meinen Gruppen häufig zum Anlass, dazu Aufstellungen zu machen. Der Auftritt vor der Gruppe ist für viele mit maximalem Stress verbunden. Als Beobachter zweiter Ordnung betrachten (und erfahren) sich die Teilnehmer als Mitglied der Gruppe oder in einer exponierten Funktion in der Gruppe. Nicht zuletzt erfahren sie die Leitungsposition temporär am eigenen Leib, und ohne dass es ihnen vielleicht bewusst wird, schauen sie danach anders auf die Leitung.

Ich lege im Gruppengeschehen auch eine besondere Aufmerksamkeit darauf, dass es weder »dumme« Fragen noch »richtige« Antworten, weder unangemessene Reaktionen noch erwartungserfüllendes, korrektes Wohlverhalten gibt. Das konterkariert nicht selten eingespielte (kindliche) Manipulationsversuche (»Tu mir nichts!«; »Mach du es für mich, dann kann ich nichts falsch machen.«) durch ein sich Kleinmachen, durch Mitlaufen oder durch sich Unterordnen bei Protagonisten der Gamma-Rolle.

Ich verstehe die Rolle von Gamma als Manipulationsangebot eines Erwachsenen, das einer unreflektierten Fortsetzung des einstigen Angebots des Kindes an die Mutter gleichkommt: »Ich tue alles, damit du mich liebst, sag mir also deine Bedingungen, ich füge mich.«, »Ich stehe immer an deiner Seite, Mama, ich verteidige dich gegen jeden Angriff von außen, damit du stark für mich bleiben kannst.« Dabei möchte ich Manipulation nicht bewertet wissen. Ausgehend von der Bedeutung des Wortes, lateinisch: »manus« = Hand, »pulare« = ziehen, möchte ich vielmehr deutlich machen, dass es sich um einen aktiven Versuch des Einflusses auf das Verhalten des Gegenübers handelt.

Ich richte schließlich immer wieder die Aufmerksamkeit auf die jeweilige Entwicklungsphase der einzelnen Teilnehmer – die Bandbreite des Alters geht in meinen Gruppen bisher von 25 bis 65, eine extreme Varianz also in Bezug auf die Bewusstseinsphase, Lebenserfahrung und Entwicklungsperspektive. Dabei versuche ich, das Einander-Bereichern in beide Richtungen zu fördern, und bitte die Teilnehmer um Beiträge aus ihrer jeweils altersspezifischen Perspektive. Auch der von Wilfried Nelles entwickelte Lebens-Integrations-Prozess

(s. Nelles-Institut, o. J.) dient dem gemeinsamen Verständnis der verschiedenen Bewusstseinsphasen und kann durch Stellvertreterpositionen um wertvolle Erfahrungen diesbezüglich bereichern. Erfahrung, Gelassenheit und Sicherheit, Loslassen (auch Desillusionierung, Verzagen, Lebensmüdigkeit) bereichern Lebenslust, Neugier, Veränderungswunsch, Angst und Unsicherheit, Festhalten – und umgekehrt.

Die Omega-Rolle

Omega ist der Gegenpol zu Alpha, zum Weiterbildner (oder eben zu einem anderen informellen Leiter). In meinen Gruppen ist mir Omega in unterschiedlichsten Verhaltensvarianten begegnet. Die häufigste ist der Versuch, meine Leitung dadurch zu übernehmen, dass Omega mich vor der Gruppe in Schutz nimmt, rechtfertigt oder erklärt, unverlangt natürlich, will sagen, ohne dass ich darum gebeten hatte. Zu Beginn meiner Weiterbildungsgruppen war ich für solche Beiträge oft dankbar, weil es auch für mich nicht wenig Stress bedeutete, mich der Gruppe als Leiterin zu stellen. Ich habe eine Zeitlang gebraucht, um zu erkennen, worum es bei diesem Verhalten eigentlich geht. Wenn ich das In-Schutz-genommen- oder Erklärt-Werden zulasse, schwächt es meine energetische Präsenz namens: »Ich kann für mich selber stehen.« Lasse ich mich darauf ein und das vielleicht auch noch sichtlich dankbar, öffne ich der Übernahme der Leitung durch vermeintlich wohlwollende Omega Tür und Tor.

Omega kommt auch in der Rolle des Experten daher, wie bereits beschrieben. Und schließlich kommt Omega im Mantel daher, der die Bedürftigkeit verbirgt, so jedenfalls meine Erfahrungen. Im leichteren Fall tut er das mit dem Vorwurf, dass andere bevorzugt würden, und er hoffe, dass heute/an diesem Wochenende noch genügend Zeit für seine eigenen Belange bleibe. Im diffizileren Fall denkt Omega in der Gruppe laut darüber nach, ob er die Weiterbildung beenden solle, weil diese nicht seinen Vorstellungen genüge. So versucht Omega, die Entscheidung über die Gesprächsinhalte zu übernehmen und badet förmlich in Teilnehmerbitten, dabei zu bleiben.

Ich verstehe es so, dass Omega die Leitung unbewusst als Vater sieht und aufgrund seiner Autoritätserfahrungen mit seinen Mitteln zu demontieren sucht, um den eigenen Schmerz nicht zu spüren. Leitung muss grundsätzlich geschwächt, im besten Fall demontiert werden. Zugleich gibt es eine unbewusste tiefe Sehnsucht nach sicherer Leitung, nach einem liebendem, konstruktivem Geführtwerden, daher muss Omega sein Drama immer wieder in der Hoffnung auf die Bühne bringen, dass es dieses Mal anders ausgehe und endlich die Erlösung komme.

Meine Lernkurve

Zu Beginn meiner Weiterbildungstätigkeit habe ich jedes der vorgestellten Rollenverhalten persönlich verstanden und genommen – dementsprechend habe ich in meinen Reaktionen darauf so ungefähr jeden möglichen Fehler gemacht. Auch meine Leitungsfunktion habe ich persönlich genommen. Als ich sowohl verstanden hatte, dass sich das Verhalten an der Gruppengestalt und nicht an mir als Person orientieren muss, als auch, dass ich nicht ein Gegenüber als Person, sondern meistens als Projektionsfläche bin, habe ich mich auf meine Funktion der reflektierenden Kommunikation und des Haltens der Verbindungen konzentriert.

Ganz wesentlich ist: Ich bin in der inneren Haltung der Leitung geblieben und nicht auf Versuche der Dekonstruktion dessen eingegangen, was auf mich projiziert wurde. Ich habe mich auf meine Gestaltfunktion fokussiert und bin nach innen, in einen Zustand des Leitens gegangen, ohne dass ich schon wusste, was sich aus diesem als Verhalten ergeben würde. Diese innere Haltung (nicht der Anspruch!) hat in Verbindung mit der Konzentration auf meine Funktion in der Gruppengestalt vieles leichter gemacht und die Amplituden der herausfordernden Dynamik zugunsten der konstruktiven Verbundenheit deutlich verflacht.

Drei existenzielle Grundbedürfnisse

Meine Betrachtung der informellen, rangdynamischen Rollen, die Schindler identifiziert hat (Spaller et al., 2016) und die sich im Wesentlichen mit meinen Erfahrungen decken, begegnen nun meinen Beschreibungen der Gruppengestalt als Mutter. Damit meine ich, dass Teilnehmer ihre Urerfahrungen der Verbindung zur Mutter auf die Gruppe projizieren, ihr entsprechend begegnen, sich nach alten Mustern verhalten und damit ihre problematischen oder schmerzhaften Themen an die Oberfläche ihres und des Gruppenerlebens heben. Haben sie der Mutter nicht vertraut, vertrauen sie auch der Gruppe nicht – und da sie ein konstituierendes Element der Gruppe und damit selbst die Gruppe sind, vertrauen sie sich selbst nicht. Genau dieser Richtungswechsel von außen nach innen ist die bestimmende Kraft in der Persönlichkeitsentwicklung in meinen Weiterbildungen: sich der Introjekte im Inneren bewusst zu werden und autonome Selbst-Gestaltungsfreiheit zu erlangen.

Bei der Begegnung mit der Gruppe spielen drei existenzielle Grundbedürfnisse eine zentrale Rolle. Ich habe das bereits angedeutet. Jeder Moment des Gruppengeschehens kreist in den jeweiligen Phasen der Gruppenentwicklung um diese drei Bedürfnisse:

1. das Bedürfnis, geliebt zu werden;
2. das Bedürfnis, dazuzugehören und einen guten Platz im System zu haben;
3. das Bedürfnis, sicher innerhalb der eigenen Grenzen zu sein – sowohl mit Blick auf das eigene Sosein als auch hinsichtlich möglicher Übergriffe von anderen, seien sie »gut« oder eben »nicht gut« gemeint.

Das Bedürfnis, geliebt zu werden

Die Erkenntnis, dass die Gruppe die Mutter ist, verdeutlicht, dass aus dieser Perspektive das erste, beinahe automatische Verhalten der Gruppenmitglieder ihrer frühkindlichen Verbindungsstrategie gleicht. Die Gestaltung des eigenen Verhaltens orientiert sich an der Frage: »Was muss ich tun, um geliebt zu werden?« Es gibt gar nicht so viele unterschiedliche Grundmuster für eine Verhaltensrichtung, die zugunsten des Geliebtwerdens manipulieren will. Zwar bin ich keine Expertin für kindliche Verhaltensweisen. Aus meiner familiären Erfahrung mit Geschwistern, meiner Beobachtung als Mutter und meiner Erfahrung als Weiterbildnerin glaube ich jedoch, diese Basisstrategien identifizieren zu können:
- Es gibt das strahlende, gute, liebe oder auch clowneske Kind, das versucht zu erfreuen und die zustimmende Reaktion mit Liebe verwechselt.
- Es gibt das stille Kind, das entlasten bzw. schlimmstenfalls Nicht-Existenz vortäuschen will und die Abwesenheit von Aggressivität oder anderen Übergriffen mit Liebe verwechselt.
- Es gibt das fleißige Kind, das durch Leistung als Gegenwert zur Liebe deren große Bedeutung hervorheben will – »Sieh, so viel ist es mir wert, ich würde alles zu erreichen suchen« – und die Anerkennung oder das Lob mit Liebe verwechselt.
- Es gibt das anmaßende Kind, das umsorgen, helfen oder gar führen will. Es will retten, um gerettet zu werden. Dafür würde es sein Leben geben. Es verwechselt die Abwesenheit von einem weiteren Drama oder auch kleine, dankbare Gesten mit Liebe.
- Schließlich gibt es das verhaltensauffällige Kind, das die liebende Reaktion erzwingen will, die dann aber in der Regel nicht nur nicht positiv, sondern nicht haltend, nicht liebend ist. Hier gibt es daher selten eine Verwechslung mit Liebe, häufig stellen sich beim Kind Desillusionierung, Verzagen, Depression und Rückzug, manchmal auch die endgültige Flucht in Tagträume ein.

All die in der Aufzählung genannten Strategien kann ich in meinen Gruppen in so zahlreichen Varianten beobachten, wie es Teilnehmer gibt, und ich mache sie zum Thema von Aufstellungen für Selbstreflexion und Erkenntnis. Entscheidend ist mir dabei die Erkenntnis der Teilnehmer: Es ist ihr existenzielles Grundrecht, geliebt zu werden.

Wiewohl sich die Richtung von einem Von-außen-nach-innen zu einem Von-innen-nach-außen kehrt: Die Liebe, die einem Erwachsenen zukommt, findet ihre Quelle in der Selbstliebe. Dadurch, dass dieser fundamentale Richtungswechsel ein Kernelement meiner Weiterbildungen ist, räume ich dem Grundbedürfnis, geliebt zu werden, den nötigen Platz in der Gruppe ein.

Das Bedürfnis, einen guten Platz zu haben

Ebenso, wie sich entstehende Ausbildungsgruppen autopoietisch zu einer Gestalt mit eigenen Regeln entwickeln, so gilt das auch für Familien und alle anderen Systeme. Ein Prinzip von Systemgestalten ist die Tendenz zur Geschlossenheit, d. h., Systeme bzw. Gruppen tendieren zur »guten Gestalt«. Darunter versteht man, dass Elemente nicht verloren gehen sollen und wenn doch, gestaltgerecht ersetzt werden. In der individuellen Entwicklung können wir beobachten, dass wir unbewusst kontinuierlich daran arbeiten, uns Unbewusstes bewusst zu machen, was eben mit Blick auf unser Bewusstsein der Schließung der »guten Gestalt« gleichkommt.

Weil die »gute Gestalt« förmlich ein Naturgesetz beschreibt, hat auch der Einzelne das existenzielle Grundbedürfnis, zu ihr beizutragen. Als psychisch-physische Einheit braucht er dafür einen Platz – und es sollte ein guter Platz sein. Was aber ist ein guter Platz? Seine Qualität misst sich ausschließlich daran, ob wir an ihm unserer Systemfunktion nachkommen können. Es ist einfach zu verstehen: Kinder, die nicht geliebt, die vernachlässigt, missachtet, bedroht, geschlagen, seelisch oder körperlich missbraucht werden, finden keinen guten Platz dafür, in einer Familie Kind zu sein. Das ist aber die einzige Funktion, die sie im System Familie haben, und sie ist aufgrund der Gegebenheit des Kindseins ebenso als existenzielles Grundrecht wie das Geliebtwerden zu verstehen.

Nun sind die Teilnehmer meiner Weiterbildungen keine Kinder. Ich habe bereits unter Gamma beschrieben, wie sehr und mit welchen Mitteln ich meine Aufmerksamkeit auf den guten Platz der Teilnehmer in einem selbstlernenden Ausbildungssystem richte.

Das Bedürfnis, sicher zu sein

Auf einem guten Platz gelten zwei Sicherheitsbedürfnisse:

1. Grenzen sind unantastbar, Übergriff darf nicht von außen kommen.
2. Wir müssen sicher sein, so sein zu dürfen, wie wir sind, ohne dass uns die Liebe oder der Platz entzogen wird.

So wie Sicherheit den genannten Bedürfnissen entsprechend existenziell und auch ein entscheidendes Moment im Miteinander von Klient und Therapeut ist, so sehr spielt sie in psychosozial ausgerichteten Ausbildungsgruppen eine doppelt wichtige Rolle – sowohl wichtig in Bezug auf den Platz und die konstruktive Anerkennung in der Gruppe als auch wichtig mit Blick auf das eigene Sosein und den Mut, sich der eigenen Selbstreflexion zu stellen. Denn Sicherheit zeigt sich auch im Erleben der jeweiligen Reflexion. Was kann den Teilnehmern in diesem Moment zugemutet werden? Diese Frage spielt für mich eine entscheidende Rolle beim Lernen entlang der eigenen Themen – nicht nur in Bezug auf die Aufstellungsleitung, sondern auch mit Blick auf die Äußerungen der Stellvertreter. Ich weise meine Teilnehmer wiederholt auf die Bedeutung dieses Aspektes hin.

Individuelle Entwicklung, Gruppenentwicklung

Teils gar dramatisch zu nennende Persönlichkeitsentwicklungen sind keine Seltenheit. Das habe ich immer wieder in meinen Weiterbildungsgruppen mit großer Freude erfahren dürfen. Es gleicht mitunter einem regelrechten Aufblühen menschlicher Schönheit. Und was ich beim Einzelnen im Verlauf einer Weiterbildung beobachten kann, das erlebe ich auch mit der Gruppengestalt – auch sie durchlebt aus der Perspektive ihrer innewohnenden Gestaltqualität, die zugleich ihr Potenzial beschreibt, eine »Persönlichkeitsentwicklung«.

Mit Blick auf das in der Literatur gängige Modell der Gruppenentwicklung des amerikanischen Psychologen Bruce W. Tuckman (Tuckman u. Jensen, 1977) gibt es fünf Phasen:

1. Orientierungsphase (Forming),
2. Auseinandersetzungen um Positionen und Rollen (Storming),
3. Herausbildung von Gruppennormen (Norming),
4. Phase der Arbeitsfähigkeit (Performing),
5. Phase der Trennung (Adjourning).

Den Ablauf der fünf Phasen Tuckmanns kann ich im Wesentlichen bestätigen, insbesondere in den Weiterbildungen, die keinen therapeutischen Fokus haben. Zugleich werden meine Kollegen vielleicht ähnliche oder dieselben Erfahrungen wie ich haben: Systemaufstellungen fördern ein Gruppengeschehen der beinahe zärtlich zu nennenden Verbundenheit – jenseits eigener Überzeugungen und Lebensentwürfe. Das führt nicht selten dazu, dass bereits in der Orientierungsphase eine Nähe entsteht, die ich aus anderen Weiterbildungen und Studiengängen so nicht kenne.

Die besondere Nähe und die Zärtlichkeit spielen in psychosozial ausgerichteten Weiterbildungen eine zentrale Rolle. Sie fördern das Aufblühen zutiefst persönlicher, wunderbar verrückter (gemessen am Durchschnitt) Eigenheiten, zugleich lassen sie im besten Fall eine dichte Verbindung zwischen jeweils rationalen Aspekten und Alltagsverhalten entstehen, die hilfreich bei allen Herausforderungen der Gruppendynamik sein kann. Auch in Weiterbildungsgruppen gilt die Frage: Welche Ordnungen lassen die Liebe (wieder) fließen?

Erste Remote-Erfahrungen

Abschließend möchte ich noch etwas über meine Erfahrungen mit den neuen Online-Weiterbildungen sagen, die ich gerade sowohl mit einer deutschsprachigen Gruppe als auch mit einer englisch-türkisch-sprachigen Gruppe mache. Wiewohl die bereits genannten Stressmomente und Grundbedürfnisse natürlich auch hier gelten und sich entsprechend zeigen, scheinen die gewohnten Rollenverhalten nicht so stark zum Tragen zu kommen wie in Präsenzgruppen. Alles scheint abgeschwächter zu sein, was die Intensität des Lernens erfreulicherweise nicht zu beeinträchtigen vermag. Warum das so ist, kann ich nicht sagen. Möglicherweise liegt ein Erkenntnismoment in der Aussage eines meiner Teilnehmer: »Ich bin gespannt wie du bist, wenn ich dir mal persönlich begegne.« Bestimmt ist das Anschwellen von rein virtuellen oder hybriden Kursen und Weiterbildungen Anlass für zukünftige Forschungen zum immer wieder spannenden Gruppengeschehen. Es bleibt also spannend.

Literatur

Fabian, R. (Hrsg.) (1986). Christian von Ehrenfels: Leben und Werk. Amsterdam: Rodopi.
Groth, T. (2017). 66 Gebote systemischen Denkens und Handelns in Management und Beratung. Heidelberg: Carl-Auer.
Hartung, S., Remy, R. (2021). Online-Aufstellungen. So funktionieren systemische Aufstellungen am Bildschirm. Berlin: Springer.
Hartung, S., Spitta, W. (2020). Lehrbuch der Systemaufstellungen. Grundlagen, Methoden, Anwendung. Berlin: Springer.
Leven, K. (2013). Gruppendynamik: eine Selbstvergewisserung. Supervision, 31 (2), 31–36.
Nelles-Institut (o. J.). Lebensintegrationsprozess und Lebensaufstellungen. Zugriff am 07.06.2021 unter https://www.nellesinstitut.de/seminare/lebensintegrationsprozess/
Prange, K. (2005). Die vielen Erziehungswissenschaften und die eine Pädagogik. Zum Verhältnis von Erwachsenenbildung und Allgemeiner Pädagogik. REPORT – Zeitschrift für Weiterbildungsforschung, 28 (1), 13–22.

Sorgalla, M. (2015). Gruppendynamik. Das Lernen in Gruppen folgt eigenen Regeln. Der DIE-Wissensbaustein für die Praxis. Bertelsmann Stiftung. wb-web. Zugriff am 06.06.2021 unter https://wb-web.de/wissen/interaktion/gruppendynamik.html

Spaller, C., Wirnschimmel, K., Tippe, A., Lamatsch, J., Margreiter, U., Krafft-Ebbing, I., Ertl, M. (Hrsg.) (2016). Raoul Schindler. Das lebendige Gefüge der Gruppe. Ausgewählte Schriften. Wien: Psychosozial Verlag.

Tuckman, B. W., Jensen, M. A. C. (1977). Stages of small-group development revisited. Group & Organization Studies, 2 (4), 419–427. Zugriff am 12.01.2021 unter http://faculty.wiu.edu/P-Schlag/articles/Stages_of_Small_Group_Development.pdf

Christopher Bodirsky

Der Einsatz von Miniaturen in der Weiterbildung

Vorbemerkung

Es gibt viele Methoden, die Aufstellungsarbeit zu erlernen. In meinen Weiterbildungen ist es mir wichtig, neben anderen Komponenten eine gute handwerkliche Basis zu vermitteln. Auf der Grundlage der Arbeiten von Insa Sparrer und Matthias Varga von Kibéd habe ich daher ein Stufenkonzept erarbeitet, welches es erleichtern soll, Aufstellungsarbeit schrittweise zu erlernen. Die erste Stufe beinhaltet sogenannte transparente Aufstellungen, also Aufstellungen, bei denen ich möglichst jeden Schritt erläutere und erkläre, welche Ideen und Hypothesen mich zu den jeweiligen Interventionen leiten. Das Ziel ist hier, die Hoffnung zu geben, dass diese faszinierende Arbeit gut erlernt werden kann.

Die zweite Stufe beinhaltet kurze Sequenzen einer Aufstellung, die ich im Folgenden Miniaturen nenne und mit denen handwerkliche Prinzipien vermittelt werden. Anschließend folgen dann sogenannte »virtuelle« Aufstellungen – nicht zu verwechseln mit Online-Aufstellungen –, in denen die Teilnehmenden an kurzen typischen Themen aus Aufstellungen – allerdings ohne Klient*innen und somit ohne Auftrag – erste Erfahrungen in der Leitung sammeln können. Hier können viele Ängste abgebaut werden, da jederzeit unterbrochen werden kann und mögliche weitere Vorgehensweisen in der Runde diskutiert werden können. Zuletzt folgen dann selbstgeleitete Aufstellungen mit meiner Unterstützung – falls diese nötig ist. In diesem Beitrag möchte ich einige der Miniaturen der zweiten Stufe vorstellen. Noch ein Hinweis: Der besseren Lesbarkeit halber, und weil in meinen Weiterbildungen die Frauen die absolute Mehrheit bilden, verwende ich in den nachfolgenden Beispielen die weibliche Form.

Die Miniaturen

Wie schon erwähnt, verfolge ich mit den Miniaturen das Ziel, handwerkliche Prinzipien durch eigene Erfahrungen zu verinnerlichen. Ein zweiter, für mich sehr hilfreicher Aspekt ist die Möglichkeit, die Miniaturen auch in der Praxis bei spezifischen Fragestellungen als kleine Interventionen einsetzen zu können. Auf diese Weise können meine Teilnehmerinnen schon früh niederschwellig mit ersten Schritten beginnen und auftretende Fragen noch während der Weiterbildung klären. Auf diesen Aspekt gehe ich bei den einzelnen Miniaturen noch explizit ein.

Aber zunächst die praktische Beschreibung einer ersten Miniatur.

Miniatur 1: B im System von A – A im System von B

Eine Aufstellung beginnt typischerweise mit dem Stellen der Stellvertretungen. Damit beginnt auch diese allererste Miniatur und enthält somit gleich einen praktischen Übungsaspekt für die Teilnehmerinnen. Bei Strukturaufstellungen wird davon ausgegangen, dass die Reihenfolge, in der Stellvertretungen aufgestellt werden, einen Einfluss auf das Ergebnis haben kann. Indem die erste Stellvertretung ihre Position einnimmt, wird implizit festgelegt, dass es um das System dieser ersten Stellvertretung geht. Alle weiteren Stellvertretungen treten in das System, in die Welt dieses ersten Elementes ein. Dazu ein Beispiel:

Eine Klientin hat in eine sehr renommierte Familie eingeheiratet und stößt dort auf unterschiedliche Widerstände, hat das Gefühl, nicht voll akzeptiert zu werden. Stellt man jetzt zuerst die Klientin, dann z. B. ihren Partner und zuletzt eine Vertretung für die Familie, bekommt man primär Informationen, wie die Familie auf die Klientin wirkt, da der Partner und die Familie in das System, in die Welt der Klientin gestellt wurden. Stellt man zuerst die Familie, dann den Partner und zuletzt die Klientin, erhält man vermehrt Informationen, wie die Klientin in der Welt der Familie gesehen wird. Und spannend können die jeweiligen Rückmeldungen des Partners sein, denn beim ersten Mal steht er in der Welt der Klientin, im zweiten Fall in der Welt seiner Familie.

Die am Fallbeispiel verdeutlichte Theorie kann man mit einer einfachen Übung mit zwei Personen für die Teilnehmenden erfahrbar machen. Als günstig hat es sich erwiesen, das anhand eines praktischen Beispiels zu demonstrieren, indem ich ein Thema wähle, das bei vielen meiner Schülerinnen anschlussfähig ist: Jemand möchte sich mit einer Praxis selbstständig machen, ist aber unsicher, oder fühlt sogar eine Blockade. Hier können zwei Themen eine Rolle spielen:

- Eine Unsicherheit, was die Tätigkeit betrifft. Beispiel: »Ich bin noch nicht gut genug.«
- Eine Unsicherheit, was das für das eigene Leben, die eigene Familie bedeutet.

Eine Teilnehmerin, die sich das Thema anschauen will, übernimmt die Position der Klientin und wählt eine Stellvertretung für die Praxis. Mit zwei Durchläufen, bei denen die beiden Stellvertretungen in unterschiedlicher Reihenfolge aufgestellt werden, können hier unterschiedliche Informationen generiert werden.

Schritt 1 – Klientin in der Berufswelt der Praxis

Indem ich die Aufstellungsleitung übernehme, bitte ich zuerst die Stellvertretung für die Praxis sich eine Position im Raum zu suchen. Anschließend bitte ich die Klientin, sich eine für sie stimmige Position in Relation dazu zu suchen und einzunehmen.

Nach einer Eingewöhnungszeit bitte ich um Rückmeldung der Wahrnehmungen, zuerst von der Vertretung der Praxis, dann von der Klientin. Um die Komplexität zu reduzieren, ändert die Stellvertretung der Praxis bei den nachfolgenden Interventionen ihre Position nicht, sie werden nur mit der Klientin durchgeführt durch:
- Blickkontakt herstellen, soweit noch nicht geschehen,
- direkte Gegenüberstellung, soweit noch nicht geschehen,
- Vergrößerung oder Verringerung des Abstands zur Praxis.

Dabei erfrage ich nach jeder Veränderung die unterschiedlichen Wahrnehmungen von beiden Personen. Nach kurzer Zeit wird diese Mini-Aufstellung beendet, und es folgt Schritt 2.

Schritt 2 – Die Berufswelt Praxis im System der Klientin

Ich bitte jetzt die Klientin, eine Position im Raum einzunehmen und diese Position nicht zu verändern, danach sucht sich die Stellvertretung der Praxis eine dazu stimmige Position im Raum. Wieder werden die Wahrnehmungen berichtet und abgefragt. Nun wende ich für die Praxis die gleichen Interventionen wie im ersten Schritt an und erfrage nach jeder Änderung die jeweiligen Wahrnehmungen.

Typischerweise werden bei den beiden Durchläufen unterschiedliche Wahrnehmungen gemeldet. Im ersten Schritt hat sich die Klientin in die Welt der Praxis gestellt. Die Rückmeldungen beziehen sich darauf, wie die Klientin sich in der Welt der Praxis wahrnimmt. Dies kann sein, dass sie sich darauf freut, dass sie sich wohl fühlt, oder dass sie eine Unsicherheit wahrnimmt. Im zweiten Schritt hat sich die Praxis in das System, in die Welt der Klientin gestellt. Die Rückmeldungen beziehen sich jetzt darauf, welche Auswirkungen die Praxis auf die Welt der Klientin hat. So kann zum Beispiel ihr Mann etwas dagegen haben, oder es treten Bedenken bei ihr auf, ob sie das mit der Kinderbetreuung geregelt bekommt – um einige Beispiele zu nennen.

Die wirklich wichtige Information ist aber, dass bei beiden Schritten unterschiedliche Rückmeldungen generiert wurden, denn damit wird die oben aufgestellte Theorie körperlich erfahrbar.

Praktische Übungen

Nach dieser Demonstration sollen sich die Teilnehmenden zu dritt in Gruppen zusammenfinden und die Miniatur ausprobieren, wobei sich jede einmal in die Position der Klientin, einmal in die Position des Themas und einmal in die Position der Leitung begibt. Das Thema kann beliebig sein, und die Klientin kann das Thema auch verdeckt halten.

Ziele

Zunächst möchte ich die Teilnehmerinnen mit der ersten Miniatur dafür sensibilisieren, dass die Reihenfolge, in der Stellvertretungen gestellt werden, durchaus eine Rolle spielt. Oft wird die Stellvertretung der Klientin als erstes Element aufgestellt, aber speziell bei den Strukturaufstellungen gibt es einzelne Formate, bei denen die Reihenfolge bewusst anders angewandt wird. Wichtig ist hier, dass man weiß, was man tut, – und dass das durchaus einen Einfluss auf die Aufstellung haben kann.

Ich verwende die Miniaturen immer mit einer ersten Übung in der Haltung, dass alles, was sich zeigt, als eine momentane Information und nicht als eine absolute Wahrheit dargestellt wird. Zentral ist für mich die Trennung von dem, was wir sehen, also der reinen Information, und eventuell darauf aufbauenden Hypothesen. Die Bedeutungsgebung ist allein den Klientinnen zu überlassen. Wenn es eigene Ideen oder Wahrnehmungen gibt, ist es wichtig, diese als »meine Idee« oder mit: »eine Hypothese von mir wäre … Macht das für Sie einen Sinn?«, einzuleiten. Auf diese Weise wird von Anfang an gelehrt, keine absoluten Wahrheiten zu verkünden, sondern alles als ein Angebot der Klientinnen zu behandeln. So wird auch von vornherein die Haltung geschult, dass einzig die Klientinnen die Expertinnen ihrer Welt sind. Indem ich diese und ähnliche Formulierungen immer wieder anwende, ist dies für mich eine wesentliche didaktische Maßnahme, eine gute ethische Haltung zu initiieren.

Einsatz in der Praxis

Mir ist es ein großes Anliegen, dass die Teilnehmenden möglichst früh mit der Aufstellungsarbeit eigene praktische Erfahrungen sammeln können. Daher zeige ich ihnen, wie man die Miniaturen auch gut in der Einzelarbeit einsetzen kann. Dadurch ergibt sich gleich ein weiterer Nutzen der Miniaturen. Man kann mit ersten kleinen Schritten in der Aufstellungsarbeit beginnen und erste Interventionen anwenden. Das reduziert die Hemmschwelle, wenn es darum geht, irgendwann große Aufstellungen zu leiten.

Da es in der Einzelarbeit nur die Leitung und eine Klientin gibt, übernimmt die Leitung die Stellvertretung des Themas. Jetzt braucht es ein Kennzeichen, damit die Klientin weiß, in welcher Funktion die Leitung gerade spricht – aus der Stellvertretung oder aus der Leitungsfunktion. Hier gibt es verschiedene Möglichkeiten:

- dass man kurz die Position durch einen Schritt seitwärts verlässt,
- dass man einen Arm hochhält und die offene Handfläche zeigt,
- und dass man …– da gibt es sicher noch einiges mehr.

Typische Themen in der Praxis können alle geplanten Veränderungen beruflicher oder räumlicher Art sein, für die hier in sehr kurzer Zeit zusätzliche Informationen generiert werden können. Dadurch können eventuelle Konzepte darüber, wo ein Problem vermutet wird, überprüft werden und es wird ermöglicht, dass Klientinnen mehr Klarheit zu einem Thema erlangen können. Es ist wieder sehr darauf zu achten, dass das, was sich zeigt, nicht als absolute Wahrheit gesehen wird, sondern dass es auch Befürchtungen, Hoffnungen oder Annahmen sein können.

Miniatur 2: Die Positionen

Positionen haben in Aufstellungen eine Bedeutung, und am besten erlernt man die Unterschiede durch eine einfache, praktische Übung, in der man die Unterschiede selbst wahrnehmen kann.

Ich arbeite wieder mit zwei Stellvertretungen, einem Thema und einer zweiten Person, die dazu die verschiedenen Positionen einnimmt. Damit die Übung für meine Teilnehmenden eine gewisse Relevanz erhält, wähle ich wie bei der ersten Miniatur das Thema einer Praxisgründung.

Ich erfrage, wer dieses Thema als Klientin für sich einmal erfahren will, und bitte sie, jemanden für die neue Praxis auszuwählen.

Der Ablauf

Ich beginne, indem ich die Stellvertretung für die Praxis bitte, sich eine gute Position – möglichst im Bereich der Raummitte zu suchen und sich dort hinzustellen. Sie behält diese Position während der kompletten Übung bei.

Die bei dieser Miniatur verwendeten Positionen sind wie folgt (s. auch Abbildung 1):

- Position 1: hinter dem Thema
- Position 2: links vom Thema
- Position 3: rechts vom Thema
- Position 4: gegenüber vom Thema
- Position 5: vor Position 4, mit etwas Abstand.

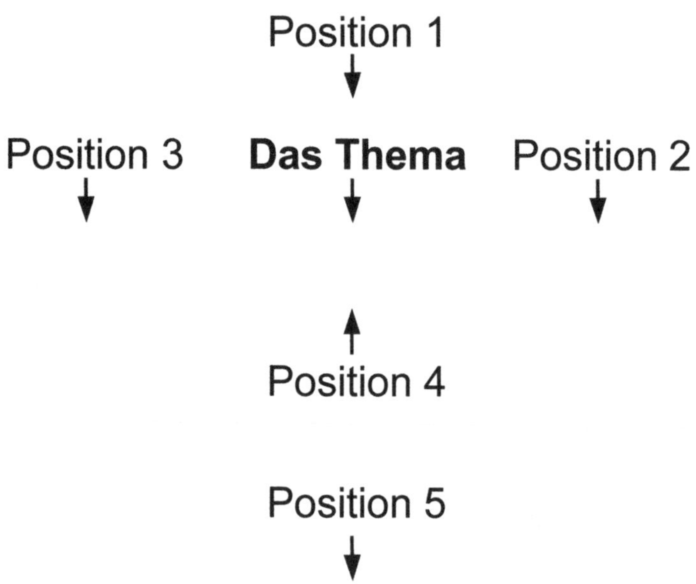

Abbildung 1: Überblick über die Positionen der Miniatur 2

Jetzt wird die Klientin gebeten, die Positionen nacheinander einzunehmen. Um sich ganz auf die unterschiedlichen Positionen konzentrieren zu können, werden Blickrichtungen nicht miteinbezogen. In jeder Position werden die Klientin und die Stellvertretung für das Thema nach den jeweiligen Wahrnehmungen befragt. Zur besseren Unterscheidung kann es hilfreich sein, bei einzelnen Positionen noch einmal die vorherige Position einzunehmen, um die Unterschiede klarer spüren zu können.

Nicht in jeder Position wird es eine starke Wahrnehmung geben – relevant ist auch bei dieser Übung, wahrzunehmen, dass es Unterschiede bei einzelnen Positionen gibt.

Praktische Übungen und Einsatz in der Praxis

Nach der Demonstration sollen sich die Teilnehmenden wieder zu dritt in Gruppen zusammenfinden und die Miniatur ausprobieren. Das Thema kann beliebig sein, und die Teilnehmerin, die die Klientinnenposition übernimmt, kann ihr Thema auch verdeckt halten.

Auch diese Miniatur eignet sich dafür, in der Einzelpraxis eingesetzt zu werden, und soll es den Teilnehmenden erleichtern, mit dieser Arbeit zu beginnen. Fragestellungen können z. B. folgende Themen betreffen:

- einen beruflichen Wechsel,
- eine private Veränderung,
- ein neues Ziel.

Bei der Einzelarbeit geht man selbst in die Position des Themas, das auch nicht benannt werden muss. Es wird wieder erläutert, wann man aus der Stellvertretung und wann als Leitung spricht. Nun wird die Klientin gebeten, die unterschiedlichen Positionen einzunehmen, und die Wahrnehmungen werden abgefragt.

Es kann auch hilfreich sein, dass danach in einem zweiten Durchlauf die Klientin in die Position der Vertretung des Themas geht und man selbst in die wechselnden Positionen. Jetzt kann die Klientin Unterschiede aus der Sicht des Themas selbst erfahren.

Danach werden die typischen Bedeutungen der Positionen erklärt, die in Abhängigkeit vom Thema anzupassen sind:

- *Position 1:* Diese Position entspricht einer »vorsichtigen Annäherung« an das Thema. Hier sind starke Empfindungen selten. Sie kann aber auch eine Unterstützung für das Thema darstellen, wenn es um Hierarchien geht.
- *Position 2:* In einer Familie, aber auch in einer Organisationseinheit fühlt sich hier eine zeitlich jüngere Position typischerweise gut an. Es kann je nach Thema auch eine nach innen gerichtete, oder eine aus Position 3 geführte Position darstellen.
- *Position 3:* Eine rechte Position ist stimmig für Führungskräfte oder zeitlich ältere Mitglieder eines betrachteten Systems. Es ist eine gute Position für Personen, die das System nach außen vertreten oder das finanzielle oder wirtschaftliche Überleben des Systems sicherstellen. Zur klaren Unterscheidung kann es hilfreich sein, mehrfach zwischen Position 2 und 3 zu wechseln.

- *Position 4:* Dies ist eine eher konfrontative Position. Sollte hier von beiden Positionen eine starke Wahrnehmung spürbar sein, kann es sich darum handeln, dass es noch etwas zu klären gibt.
- *Position 5:* Diese Position ist typisch für eine Verabschiedung bzw. dafür, dass es um ein anderes Thema geht. Ein einfaches: »Gut«, reicht hier nicht. Wenn es wirklich um ein anderes Thema geht, muss hier eindeutig eine große Erleichterung verspürt werden. Dies kann z. B. auch dann der Fall sein, wenn eine Entscheidung die Klientin im Moment noch überfordert. Ein Hinweis für die Klientin kann dann folgender sein: »Auch im Moment sich noch nicht zu entscheiden, ist eine Entscheidung!« (Hilft vor der Selbstabwertung: »Ich kann mich nicht entscheiden« …).

Zuletzt lässt man die Klientinnen noch einmal auf die Position gehen, die für sie die stärkste und angenehmste war. Auch hier ist eine gute Haltung wichtig, indem immer darauf hingewiesen wird, dass die Bedeutungen der Positionen keine absoluten Wahrheiten sind, sondern von Klientinnen und Stellvertreterinnen in vielen Aufstellungen häufig als gut oder stimmig wahrgenommen werden.

Miniatur 3: Externalisieren – Perspektivenwechsel – Sortieren

Bei dieser Miniatur kann man mit allen Gruppenmitgliedern arbeiten. Sie beginnt mit dem Externalisieren eines inneren Bildes, wie die nachfolgende Beschreibung des ersten Schrittes näher erläutert.

Schritt 1: Externalisieren

Der erste Schritt entspricht dem Einstieg in eine Aufstellung, bei dem die Klientinnen ihr inneres Bild aufstellen, das somit externalisiert wird. Hier kann prinzipiell mit allen Fragestellungen gearbeitet werden, die auch für Aufstellungen geeignet sind. Die Teilnehmer*innen einer Weiterbildung können auf diese Weise schon einmal mit dem ersten Schritt einer Aufstellung in Kontakt kommen.

Ich erfrage, ob eine Teilnehmerin ein Thema hat, das sie einmal näher betrachten und als Klientin erproben will. Wir ermitteln in der Gruppe, welche Positionen für das Thema relevant sein können. Damit die Miniatur zeitlich im Rahmen bleibt, sollten nicht zu viele Positionen definiert werden.

Die Positionen werden jeweils auf eine Karte geschrieben, und die Karten werden verdeckt gemischt. Auf die Rückseiten werden Pfeile für die Blickrichtung aufgemalt. Es kann hilfreich sein, auf den Rückseiten zusätzlich Nummern zu schreiben, damit können Rückmeldungen besser festgehalten werden.

Die Klientin startet mit einer Karte für ihre Position und sie wird gebeten, diese Karte im Raum auf eine für sie stimmige Position zu legen. Danach gebe ich ihr einzeln die Karten mit den verdeckten Positionen mit der Bitte in die Hand, die Karte jeweils mit beiden Händen zu nehmen, sich zu konzentrieren, im Raum umherzugehen und die Karten so zu legen, wie es sich für sie im Moment gut anfühlt. Zwei Dinge sind dabei relevant: die Position und die Blickrichtung.

Wenn alle Karten liegen, bitte ich die Klientin, eine Person als Stellvertretung für sich zu benennen. Diese Person bitte ich, sich auf die Karte für die Position der Klientin zu stellen. Anschließend stellen sich Gruppenmitglieder auf die verteilten Karten.

Nach einer kurzen Zeit der Eingewöhnung frage ich alle Positionen, beginnend bei der Vertretung für die Klientin nach neuen Wahrnehmungen, seitdem sie in der jeweiligen Position sind. Es werden nur wenige Interventionen durchgeführt:

- Abstände verändern,
- Blickrichtungen verändern,
- Positionen verändern.

Wenn es markante Rückmeldungen oder Positionsveränderungen gibt, frage ich die Klientin, ob das für sie einen Sinn ergibt.

Mit diesem ersten Schritt der Miniatur wird die Startphase einer Aufstellung erprobt. Durch die verdeckten Karten können die Teilnehmerinnen erste Erfahrungen damit sammeln, dass man auch etwas wahrnehmen kann, *ohne kognitives Wissen zu haben.*

Schritt 2: Perspektivenwechsel

Für den zweiten Schritt werden die Karten umgedreht, bleiben aber auf ihren aktuellen Positionen. Jetzt erinnere ich die Klientin an die Aussagen der Stellvertretungen und frage, ob sie damit etwas anfangen könne.

Die Stellvertretung für die Klientin bzw. den Klienten bleibt stehen, alle anderen Stellvertretungen setzen sich hin. Nun hat die Klientin die Möglichkeit, ihr Thema aus einer anderen Perspektive zu betrachten, indem sie sich auf einzelne Karten ihrer Wahl stellt und somit einen Perspektivenwechsel durchführt.

Schritt 3: Sortieren

Wenn die Fragestellung für die ergänzende Intervention des dritten Schrittes einen Sinn ergibt, können die nun sichtbaren Bodenanker sortiert werden. Die Sortierung hängt vom Thema ab. Dazu kann es sinnvoll sein:

- Privates und Geschäftliches zu trennen,
- die Elemente nach Themen zu sortieren,
- die Elemente zeitlich zu sortieren (Vergangenes, Zukünftiges),
- Hierarchien zu trennen und sichtbar zu machen.

Bei diesem Schritt kann die Klientin, insofern sie das möchte, auf ihre Position gehen. Jetzt werden die Karten verschoben und sortiert, so wie es für die Klientin passend erscheint. Jedes Mal, wenn eine Karte anders positioniert wird, fragt man die Klientin, was sich dadurch verändert. Auf diese Weise kann die Klientin erfahren, welche Veränderungen für sie die intensivsten sind bzw. den meisten Sinn ergeben.

Dieser Teil der Übung soll erste Ideen generieren, welche Varianten von Umstellungen möglich sind und wie sich diese Umstellungen auswirken.

Praktische Übungen

Nachdem die komplette Miniatur in einem Nachgespräch ausgiebig besprochen worden ist, können die Teilnehmenden jetzt selbst diese Übung ausprobieren.

Erfahrungen

Meine didaktische Erfahrung ist die, dass es sich lohnt, eine große und komplexe Methode, wie es Aufstellungen sind, in kleinere Bausteine aufzuteilen. Werden diese dann strukturiert und verstehbar in ihren jeweiligen Besonderheiten vermittelt, wächst bei den Teilnehmenden von Anfang an die Sicherheit des Umgangs mit der Struktur und das Verständnis für die Struktur gleichermaßen. Dies betrifft die Formate, die Sprache über die Anwendung und Wirkung von Sätzen wie auch die Wirkungen der einzelnen Interventionsschritte in den Systemen. Es ist mir eine Freude zu erleben, wie die schöne Arbeit mit Aufstellungen dann leicht angenommen und begonnen werden kann.

Christiane Lier und Holger Lier

Über die Kunst, geeignete (Lösungs-)Sätze zu finden

»›Jetzt lass ich die Verantwortung bei dir!‹, dieser Satz hat mir die Last genommen, das habe ich körperlich gespürt, Zentner fielen von meinen Schultern«, sagte eine Teilnehmerin nach ihrer Aufstellung zu uns.

Immer wieder gibt es die besonderen Momente in Aufstellungen, in denen alle spüren, jetzt hat sich etwas zum Positiven verändert. Unsere Weiterbildungsteilnehmenden stellen uns dann immer wieder die Frage, wie findet man Sätze mit solch einer berührenden Wirkung. Natürlich haben nicht alle lösenden Sätze solch einen gewinnbringenden Erfolg wie im obigen Beispiel, und manchmal ist der Prozess auch langsam und stockend.

Wir haben uns als Lehrende die Fragen gestellt: Was sind das für Besonderheiten, die den Dialog wie magisch erscheinen lassen? Verdanken sich diese nur der Intuition oder gibt es noch weitere nützliche Faktoren? Wie können wir unsere Teilnehmenden befähigen, solch passende Sätze zu finden? Mit langjährigen Erfahrungen aus unseren Weiterbildungsgruppen haben sich für uns doch einige Übungen und Methoden, zusammen mit einem strukturierten Vorgehen, als sehr hilfreich erwiesen. Wie wir unsere Teilnehmenden Schritt für Schritt an derartige Sätze heranführen, werden wir nun genauer beschreiben.

Wirkungen von Lösungssätzen

Ein Anliegen in Aufstellungen ist es, über Dialoge (zwischen den Repräsentant*innen) innere Prozesse aufzuzeigen, sie anzustoßen und voranzubringen. Über Sätze werden Situationen angesprochen, geklärt, aufgelöst und eventuell abgeschlossen. Ulsamer schreibt dazu: »Wenn etwas in Worte gefasst wird, bekommt es mehr Bedeutung. Das, was gesagt wird, wirkt sich aus und führt die Aufstellung weiter« (Ulsamer, 2001, S. 140).

Die Aufstellungsleitung schlägt den Repräsentant*innen Sätze vor. Ein wichtiges Kriterium ist dabei, ob sie die Sätze aussprechen können. Wir vermitteln unseren Teilnehmenden, dass die vorgeschlagenen Sätze nur ein Angebot sind. Glöckner spricht von Testläufen: »Alle angebotenen Sätze sind ›Testläufe‹. Sie mögen stimmig sein oder nicht, Wirkung zeigen im Innern oder nicht. In jedem Fall dienen sie dazu, das Anstehende zu orten, zu differenzieren, zu spüren und das Wesentliche vom Unwesentlichen zu unterscheiden. Jeder der von mir angebotenen Sätze kann, muss aber keine Resonanz erzeugen« (Glöckner,1999, S. 70).

Die Wirkung der Sätze zeigt sich unmittelbar. Repräsentant*innen atmen erleichtert aus, können sich plötzlich zuwenden und Blickkontakt aufnehmen. Sie bestätigen die genannten Tatsachen, können Vergangenes wertschätzen und Situationen würdigen. Damit dies gelingt, werden Aussagen gesucht, die auf verschiedenen Ebenen wirken. Wir sprechen in der Weiterbildung von Lösungssätzen oder prozessanstoßenden Sätzen. Sie können unterschieden werden in Sätze:
- die Tatsachen beinhalten und benennen,
- die eine sprachliche Ordnung von Hierarchieebenen herstellen,
- die Dynamiken erkennen und ansprechen,
- die Verletzungen durch das Aussprechen von Gefühlen Raum geben,
- die in rituelle Sätze (und Handlungen) einfließen.

Die hier aufgezählten Einordnungen werden nachfolgend näher erläutert.

Aussprechen von Tatsachen

Das Benennen von Tatsachen bewirkt eine Orientierung und Sortierung. Über das An- und Aussprechen von Fakten kann Zustimmung bei den Repräsentant*innen erreicht werden. Dies erleichtert die Kommunikation gerade dann, wenn sich die Dialogpartner voneinander abwenden und noch nicht bereit sind, miteinander zu sprechen. Sie können sich nach diesen Aussagen oft einander zuwenden, Blickkontakt aufnehmen, zu ihren Gefühlen stehen und sich auch äußern.

In der Weiterbildung lernen die Teilnehmenden, erste Tatsachen und Fakten aus der Fragestellung bzw. dem Anliegen der Klientin oder des Klienten und dem dazugehörigen Genogramm oder Organigramm herauszufinden. Dazu werden gegenseitig Genogramme erstellt. Die herausgearbeiteten Fakten werden dann genutzt, um später in der Aufstellung Sätze zu formulieren, wie z. B.: »Wir waren fünf Jahre zusammen«, »Du bist mein zweiter Mann«, »Ich bin seit drei Monaten in dem Team«.

Wenn der*die Klient*in die Repräsentant*innen im Raum positioniert hat, schaut die Aufstellungsleitung mit ihm*ihr auf das aufgestellte Bild. Es zeigen sich über die räumlichen Dimensionen Muster und Ordnungen, die nun als Tatsachen genutzt werden können: Wer steht bei wem? Wer steht hinten, vorne, neben jemandem? Wer sieht wen? Wer schaut in die gleiche Richtung? Gibt es Personen, die außerhalb stehen, wie ausgeschlossen wirken? Gibt es Gruppierungen? Gehören alle in gleicher Weise dazu? Diese Eindrücke geben weitere Hinweise für den Prozess. Wenn ein Paar z. B. weit auseinandersteht, kann folgender Satz formuliert werden: »Zwischen uns ist ein großer Abstand.«

Zusammengefasst nehmen wir für die ersten Tatsachen folgende Kategorien in den Blick:

- Genogramm- und Organigrammdaten mit historischen Fakten: »Wir waren vier Jahre verheiratet«, »Ich arbeite hier seit sieben Jahren.«
- Raumwahrnehmung: »Wir stehen dicht beieinander …«
- Blickrichtung: »Ich kann dich nicht sehen, ich schaue an dir vorbei …«

Hierarchieebenen ordnen

Bei der Einordnung gemäß Hierarchieebenen werden die Teilnehmenden angehalten, genau zu beobachten, wie die einzelnen Subsysteme zueinander stehen. Bei einer Familienaufstellung kann das Bild mit folgenden Fragen betrachtet werden: »Wo stehen die Großeltern, Eltern, Kinder?«, »Sind sie unterscheidbar?«, »Kann man Elternebene, Paarebene, Kinderebene erkennen?« Bei einer Organisationsaufstellung stellt sich die Frage, ob die Aufgabe, die Kund*innen, der*die Chef*in als solche erkennbar sind. Daraus lassen sich Sätze zur Anerkennung der Hierarchieebene und zur Verantwortungsübernahme ableiten. Eine Mutter sagt z. B. zu ihrem Kind, welches auf dem Großmutterplatz steht: »Ich habe die Verantwortung für dich.« Bei unklaren Strukturen in einer Organisation: »Ich bin die Geschäftsführerin und trage die Verantwortung für dieses Projekt.«

Erkennen und Ansprechen von Dynamiken

Die Aussagen der Repräsentant*innen und das aufgestellte Bild nutzen die Teilnehmenden, um Hypothesen über mögliche Dynamiken zu bilden und daraus Sätze zu formulieren. Eltern haben z. B. einen Paarkonflikt und sprechen nicht darüber und ein Kind vertritt die Mutter gegenüber dem Vater und wertet ihn ab. Daraus folgt in der Aufstellung folgender Satz der Mutter zum Vater: »Ich habe einen Konflikt mit dir und das macht einen Abstand zwischen uns.« Die Mutter sagt daraufhin zum Kind: »Den Konflikt mit deinem Vater kläre ich jetzt selbst. Du kannst dich da jetzt heraushalten. Du darfst mich als Mutter und ihn als deinen Vater nehmen.«

Gefühle und Empfindungen in Worte fassen

Wenn den Verletzungen Raum gegeben wird und sie gehört werden, fühlen sich die Repräsentant*innen gesehen und wertgeschätzt. Das führt oft zu einer Weiterführung des Prozesses bzw. zu einer Auflösung des negativen Gefühls (siehe unten: Kernschalenmodell). Wie im obigen Beispiel kann die Frau zum Mann sagen: »Ich bin sehr verletzt.« Wenn der Mann das Mitgefühl zulassen kann, sagt er zu ihr: »Ich sehe jetzt deine Verletzung.«

Rituelle Lösungssätze nutzen

Zum Abschluss einer Aufstellung nutzen wir rituelle Lösungssätze. Es sind häufig gleichlautende Aussagen wie: »Jetzt sehe ich dich«, »Du gehörst zu uns.« Wie Varga von Kibéd beschreibt, müssen sie »so gesagt und gespürt werden, als sagten und hörten wir sie zum ersten Mal« (zit. n. Daimler, 2008, S. 406). Dann sind sie ein effektives Instrument, um Entwicklungsschritte möglich zu machen. Sie dienen der Musterunterbrechung von transgenerationalen Glaubenssätzen und übernommenen Identifikationen mit einer Person aus dem System. Übernommene Lasten können zurückgegeben werden und der Blick kann von der Vergangenheit in die eigene Zukunft gehen. Bei Trennungen sind rituelle Sätze hilfreich, um den Abschiedsprozess abzuschließen. Wie z. B. bei einem Paar: »Ich übernehme meinen Teil der Verantwortung an der Trennung und lass dir deinen Teil.«

Methodisches Vorgehen

In der Weiterbildung ermutigen wir die Teilnehmenden, sich anhand unserer Kategorien Sätze zu überlegen, die den Prozess anstoßen, die Situationen klären und letztlich Dynamiken auflösen. Um Gefühle und Empfindungen in Worte fassen zu können, benutzen wir verschiedene Modelle und Vorgehensweisen. Diese vermitteln wir sowohl durch fiktive Aufstellungen als auch anhand von konkreten Anliegen der Teilnehmenden.

Als Grundlage verwenden wir das Kern-Schalen-Modell (KSM). Anhand von diesem können Weiterbildungsteilnehmende Sätze einordnen und sind schnell in der Lage, tiefere und unbewusste Schichten in Aufstellungen ansprechbar zu machen.

Des Weiteren nutzen wir das Doppeln aus dem Psychodrama, unsere Ping-Pong-Übung und als methodische Vorgehensweise die Murmelgruppen. Diese Techniken werden im Folgenden erläutert.

Der Mensch als Kern-Schalen-Modell

Das hilfreiche Kern-Schalen-Modell haben wir in einem Seminar über Klärungshilfe (Mediation) bei Christian Prior (2016) kennengelernt. Er bezieht sich auf Thomann (1998) und es beschreibt in einfacher, leicht verständlicher Form verschiedene Bewusstseinsebenen des Menschen, die in Schichten angeordnet sind (s. Abbildung 1).

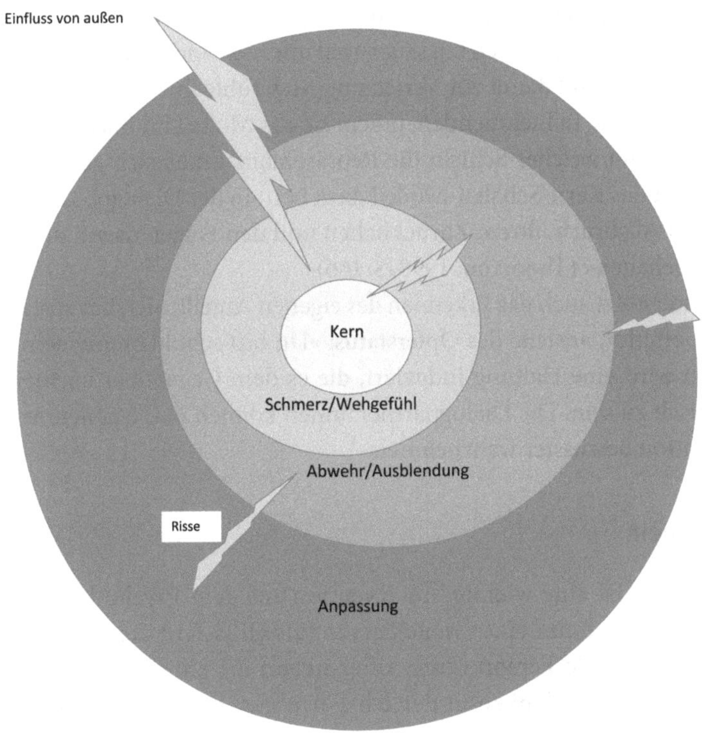

Abbildung 1: Kern-Schalen-Modell

Das Modell besteht aus einem Kern, der die ursprüngliche Lebensenergie und Lebenskraft beinhaltet. Im Laufe des Lebens kommt es zwangsläufig zu Entbehrungen und Enttäuschungen, die in der ersten Schalenschicht Schmerzen und

Verletzungen speichern. Da diese Gefühle unangenehm sind, entwickeln wir als Menschen eine zweite Schicht zum Schutz, in der die Abwehr in Form von Aggression, Wut und Ausblendung als vorrangige Gefühle gelagert ist. Als letzte Schicht entwickeln wir die Anpassung, die im positiven Sinne hilft, unsere Abwehr zu kontrollieren und sozial angepasst zu bleiben. Sie kann sich aber auch in Form von Überanpassung zeigen, indem wichtige Bedürfnisse zurückgestellt werden.

Es gibt immer wieder Stresssituationen bei den Dialogpartner*innen der Aufstellung, welche die verschiedenen Schichten triggern können. Dann reagieren die Repräsentant*innen von hoch emotional bis wie gelähmt. Hier bewährt es sich, Sätze zu finden, die die jeweilige angesprochene Schicht wertschätzend aufgreifen.

Von der äußeren Schicht bewegen wir uns vorsichtig zum Kern. Zuerst geht es von dem Ansprechen des Gefühls der Anpassung: »Ich brauche niemanden«, zur Schicht der Abwehr: »Ich bin sauer, weil mir niemand hilft«, und dann in die Schmerzschicht und damit zur Verletzung: »Ich fühle mich ohnmächtig.« Dies üben wir mit den Teilnehmenden, indem sie das Modell im Blick behalten und überprüfen, auf welcher Schicht die Repräsentant*innen sich geäußert haben. Damit trägt das Kern-Schalen-Modell dazu bei, »in der Dialogphase bei Gefühlen, ihrem Ausbruch, ihrem Zurückhalten und den Folgen davon die Orientierung zu behalten« (Thomann, 1998, S. 166).

Es unterstützt auch das Erkennen des eigenen Anteils: »Ich bin zuständig für meine Gefühle«, anstelle des Opferstatus: »Du bist schuld an meinem Ärger.« Dadurch wird eine Haltung induziert, die es dem Gegenüber leichter macht, empathisch zu sein. Die Dialogpartner*innen können ihre eigenen Anteile an der Situation bewusster wahrnehmen.

Das Doppeln

Das Doppeln ist eine wichtige Intervention aus dem Psychodrama. Bei der Durchführung nimmt eine zweite Person (als Hilfs-Ich) die gleiche Haltung wie die erzählende Person hinter oder neben ihr ein. Sie spricht Gefühle, manchmal auch Gedanken in der Ich-Form aus, die der emotionalen Lage dieser Person entsprechen könnten. Dazu können Hypothesen genutzt werden. Das Doppeln ist eine gute Methode, um Gefühle, Bedürfnisse und Gedanken für das Gegenüber auszusprechen, die ihm eventuell noch nicht bewusst sind oder die er aus den unterschiedlichsten Gründen (noch) nicht auszusprechen vermag. Für die Weiterbildungsteilnehmenden ist es eine gute Möglichkeit, Einfühlungsvermögen in eine andere Person in einem verlangsamten Tempo zu entwickeln.

Übung

Wir nutzen das Doppeln für unsere Weiterbildungsteilnehmenden in einer *Zwei-Personen-Übung.* Sie zielt darauf ab, möglichst genau wiederzugeben, was A im Dialog zu B gesagt hat. Darüber hinaus soll mit dem Kern-Schalen-Modell das Gesagte den verschiedenen Schichten zugeordnet und Sätze gebildet werden, die eine untere Ebene ansprechen: A erzählt B eine Situation, B übernimmt zeitweise das Hilfs-Ich von A. Er*Sie fragt A, ob es für sie*ihn in Ordnung ist, wenn er*sie das Gesagte in eigenen Worten wiedergibt. Bei Zustimmung von A wird B von dem*der Zuhörer*in zur Person, die doppelt. Er*Sie beschreibt das Gehörte in eigenen Worten. Danach wird das Feedback von A auf das von B Gesagte abgefragt. Fühlt sich A verstanden und gut wiedergegeben? Sind eingeflossene Hypothesen stimmig? Kann die Aussage stehen gelassen werden? Dazu ein Beispiel:

A erzählt eine für ihn unangenehme Situation mit seiner Frau, die in einen Streit mündete, wobei er sehr laut und ungehalten wurde. B fragt nach ein paar Sätzen, ob er dies doppeln dürfe. Nachdem A zugestimmt hat, macht B das Hilfs-Ich für A. Aus der Erzählung werden Sätze zusammengefasst und eine kleine Interpretation eingebaut. B äußert dann Folgendes: »Mich hat das Gespräch mit meiner Frau sehr aufgebracht, weil ich mich ungerecht angegriffen gefühlt habe. Dies hat mich verletzt.« A gibt B dann diese Rückmeldung: »Genau das wollte ich sagen.«

In dieser Übung lernen die Teilnehmenden an einfachen Beispielen intensives Hinhören, um Wahrnehmungen und Empfindungen »hinter« dem Gesagten herauszuhören. Es wird die Ebene im Kern-Schalen-Modell herausgesucht, die im Gesagten angesprochen wurde. Das kann unter anderem ein Vorwurf sein (Abwehr). Daraufhin wird dieser so umformuliert, dass die vermuteten, zugrundeliegenden Gefühlslagen zum Vorschein kommen (Verletzung). Es müssen zum Üben keine schwierigen Probleme sein, auch einfache Situationen aus dem Alltag eignen sich dazu.

Die Ping-Pong-Methode

Wenn die Weiterbildungsteilnehmenden eine gewisse Sicherheit im Finden von Sätzen erlangt haben, nutzen wir das Bild des Tischtennisspielens als Metapher, um den Unterschied zwischen dem Gesagten »Ping« und Gehörten »Pong« deutlich zu machen.

Übung

Hierzu werden kleine Aufstellungsvorgaben (zwei Personen, z. B. ein Paar) mit einem vorgegebenen Thema bereitgestellt. Die Aufgabe für die Aufstellungsleitung ist es, nach der Positionierung zuerst Person A anzuhören, dann ihr einen Satz vorzuschlagen, den A an B sagen soll (Ping). Dann geht die Aufstellungsleitung zu B und erfragt, was bei B von diesem Satz angekommen sei. Daraus wird wiederum ein Satz für B formuliert, den B an A richtet (Pong). So geht es eine Weile hin und her, bis eine gewisse Klärung stattgefunden hat. Dazu ebenfalls ein Beispiel:

A beschreibt, dass sie B nicht anschauen kann. Die Aufstellungsleitung schlägt daraufhin A diesen Satz vor: »Ich kann dich nicht anschauen, damit schütze ich mich« (Der zweite Teil ist eine Hypothese). Dann geht die Aufstellungsleitung zu B und fragt, was angekommen sei. B beschreibt, dass der Satz stimmig sei und dass die Idee, dass A sich damit schütze, ein neuer Gedanke sei, der ein Stück Entlastung bringe. Daraufhin schlägt die Aufstellungsleitung einen Satz für B vor: »Das du dich schützen musst, ist neu für mich und berührt mich.« Daraufhin kann A auf B schauen.

Ziel der Übung ist es, den feinen Prozess zwischen A und B wahrzunehmen, der mit den Lösungssätzen entsteht. Die Teilnehmenden sollen lernen, langsam und achtsam vorzugehen und immer die Reaktion auf einen Impuls (Lösungssatz) abzuwarten und die Wirkung mit der Veränderung zu bemerken. Dies kann auch gut in den Peergruppen geübt werden.

Üben in einer realen Aufstellung mit Murmelgruppen

Durch die in den vorherigen Abschnitten beschriebenen Übungen zum Doppeln und zur Ping-Pong-Methode lernen die Weiterbildungsteilnehmenden immer besser, wie man Gesagtes und Gespürtes zusammenfassend in einem oder zwei Sätzen ausdrücken kann. Um dies in einer »realen« Aufstellung ausprobieren zu können, gehen wir methodisch so vor, dass wir bei einer von uns

(Lehrtherapeut*innen) geleiteten, »realen« Aufstellung (mit dem Thema eines Weiterbildungsteilnehmenden) immer an Knotenpunkten unterbrechen. Dies wurde vorher mit den Fallgebenden abgesprochen. Es werden dann bei der Unterbrechung Dreier-Murmelgruppen gebildet, mit der Aufgabe, Satzvorschläge zu entwickeln. Alle Vorschläge werden genannt. Nacheinander können diese Sätze von den Teilnehmenden selbst direkt mit den Repräsentant*innen in der Aufstellung ausprobiert werden. Dabei ist es möglich, immer wieder an den Knotenpunkt bzw. zur Ausgangssituation zurückzugehen.

Ziel der Übung ist es, die möglichen Wirkungen der Sätze unmittelbar zu erfahren. Wenn keine Wirkung erkennbar ist oder prozesshemmende Ergebnisse wahrgenommen werden, können andere Sätze probiert werden.

Zusätzlich bekommen die Teilnehmenden kurzzeitig die Verantwortung für die Aufstellung übertragen. Dabei können sie sich als Aufstellungsleitung erproben. Indem sie dann auch längere Sequenzen übernehmen, gewinnen sie zunehmend Sicherheit und erfahren, dass sich das System (bei »Fehlern«) selbst korrigiert.

Dabei geht es uns wie Drexler »weniger um das Anbieten des ›richtigen‹ Satzes als um die forschende Haltung, mit der ein Satz angeboten wird« (2015, S. 77). Diese Haltung beinhaltet eine neugierige Offenheit für entsprechende Korrekturen eines Satzes aus den Rückmeldungen der Repräsentant*innen.

Beachtenswerte zusätzliche Aspekte

Im Folgenden werden weitere spezielle Faktoren beschrieben, die den Dialog fördern und den Prozess weiterentwickeln können.

Rolle der Aufstellungsleitung bei Dialogen

Zu Beginn der Weiterbildung sind die Teilnehmenden als Aufstellungsleitung oft sehr erleichtert, wenn die Repräsentant*innen selbst agieren. Sie warten ab, wer etwas sagen möchte, lassen den Dialog frei zu oder fordern die Dialogpartner auf: »Sag es so zu ihm.« Durch diese Aufforderung werden Vorwürfe zugelassen, das Gegenüber rechtfertigt sich, schließlich kann sich ein Streitgespräch entwickeln, ein*eine Dialogpartner*in bricht den Kontakt in der Aufstellung ab. In diesem Zusammenhang zeigen wir, dass es günstiger ist, wenn jede Aussage zuerst der Aufstellungsleitung mitgeteilt wird. Ulsamer (2001) spricht davon, dass die Aufstellungsleitung als »Schaltstation« agieren solle (S. 139). Die Repräsentant*innen sprechen zur Aufstellungsleitung, die Aufstellungsleitung formuliert daraus einen stimmigen Satz und lässt ihn dann aussprechen. Das hat den weiteren Vorteil, dass der*die Repräsentant*in beim Redefluss unterbrochen werden kann und für ihn*sie das Wesentliche (nach dem Kern-Schalen-Modell) zusammengefasst werden kann.

Stolpersteine – wenn die Kommunikation stockt

Wir nutzen Sätze auch, um herauszufinden, an welchem Punkt die Repräsentant*innen im Prozess stehen. Die Teilnehmenden werden geschult, auf die körperlichen und verbalen Aussagen zu achten, unter anderem auf die Mimik, die Körperhaltung, die Stimme und den Blick. Wenn vorgeschlagene Sätze nicht gesagt werden können, kann es sein, dass noch Zwischenschritte fehlen. Folgende Angebote können dann als Impuls zur Weiterentwicklung der Aufstellung genutzt werden:

- Anteile benennen:
  »Ein Teil von mir kann noch nicht schauen …«,
  »Es gibt einen Teil in mir, der mir Angst macht, deshalb …«
- Widerstand würdigen:
  »Auch wenn es mir (noch, sehr) schwerfällt, versuche ich einen kurzen Blick zu riskieren …«, »Auch wenn ich es kaum glauben kann …«
- Unterschiede suchen:
  »In deiner Zeit war die Situation so …, heute ist sie anders«,
  »Du siehst die Situation als Mann, ich sehe sie als Frau«,
  »Das ist mein Teil und du hast deinen Teil an …«
- Gemeinsamkeiten finden:
  »Wir haben beide die Kinder nicht gesehen. Du nicht und ich nicht, da waren wir uns ähnlich.«
- Fehlendes benennen:
  »Hier fehlt etwas.«

Umgang mit der Zeit

Ergänzend vermitteln wir, dass weniger Worte mehr sind und dass betonte Pausen zwischen den Satzteilen Zeit zum Denken und Verarbeiten geben.

Perspektivenwechsel

Umformulierungen von Du-Botschaften in Ich-Botschaften und »Ich will nicht« statt »Ich kann nicht« sind wirkungsvoller, weil damit die Verantwortung klarer zugeordnet wird. Wünsche können vom Gegenüber nur wahrgenommen und erfüllt werden, wenn sie auch ausgesprochen worden sind.

Systemische Haltung

Besondere Aufmerksamkeit legen wir auf die systemische Haltung. In unseren Qualitätskriterien (Lier u. Lier, 2019) sprechen wir unter anderem vom achtvollen Umgang miteinander, vom Respekt voreinander und von der Würdigung aller Beteiligten untereinander. Barthelmess (2016) beschreibt systemisches Arbeiten zum einen mit einer Haltung des Nichtwissens und des Nichtverstehens. Andere Aufsteller*innen verwenden dafür den Begriff der Absichtslosigkeit. Zum anderen spricht er von einer Haltung des Wissens, dass ich als Leitung ins System eingebunden bin. Diese Aspekte werden in der gesamten Weiterbildung in den Fokus gerückt. Sie werden bei der Vermittlung der Theorie, während und nach den (Übungs-)Aufstellungen und bei den entstehenden gruppendynamischen Prozessen fortlaufend benannt und erprobt.

Lösungssätze sind nach unserer Auffassung immer noch ein Herzstück für den Prozess in einer Aufstellung. Uns kommt es darauf an, dass die Teilnehmenden der Weiterbildung nach und nach ein Empfinden für diese hilfreichen Sätze entwickeln können. Mit unserer kleinschrittigen Vorgehensweise sammeln unsere Teilnehmenden Erfahrungen und gewinnen dadurch Sicherheit. Sie erfahren unmittelbar die Wirkung dieser bedeutungsvollen Sätze und erleben den positiven Verlauf des gelungenen Dialoges im Sinne einer Lösungsfindung. Das Sprichwort: »Übung macht den Meister«, gilt auch hier. Für uns haben diese besonderen Momente, die durch Sätze in Aufstellungen ausgelöst werden können, eine erkennbare Struktur. Wir als Lehrende können diese Struktur aufzeigen und diese unseren Weiterbildungsteilnehmenden vermitteln.

Literatur

Barthelmess, M. (2016). Die systemische Haltung. Was systemisches Arbeiten im Kern ausmacht. Göttingen: Vandenhoeck & Ruprecht.

Daimler, R. (2008). Basics der Systemischen Strukturaufstellungen. München: Kösel.

Drexler, D. (2015). Einführung in die Praxis der Systemaufstellungen. Heidelberg: Carl-Auer.

Frot, P. (2012). Lexikon des Familienstellens und der systemischen Aufstellungsarbeit. Darmstadt: Schirner.

Glöckner, A. (1999). Lieber Vater, liebe Mutter … Sich von den Schatten der Kindheit befreien. Freiburg i. Br.: Herder.

Lier, C., Lier, H. (2019). Systemische Qualitätsmerkmale in Aufstellungen. In K. Nazarkiewicz, P. Bourquin (Hrsg.), Essenzen der Aufstellungsarbeit. Praxis der Systemaufstellung (S. 179–195). Göttingen: Vandenhoeck & Ruprecht.

Prior Christian (2016). Vortrag und Workshop in der Hochschule Esslingen (21.3.2016).

Thomann, C. (1998). Klärungshilfe: Konflikte im Beruf. Methoden und Modelle klärender Gespräche bei gestörter Zusammenarbeit. Reinbek bei Hamburg: Rowohlt.

Ulsamer, B. (2001). Das Handwerk des Familienstellens. Eine Einführung in die Praxis der systemischen Hellinger-Therapie. München: Goldmann.

K
Q
JOKER
J

Kerstin Kuschik

Intuitionsfähigkeit üben

»Wer sich als Quelle ergießt, den erkennt die Erkennung;
Und sie führt ihn entzückt durch das heiter Geschaffne,
das mit Anfang oft schließt und mit Ende beginnt.«
Rainer Maria Rilke (2003, S. 123)

In Aufstellungen beziehen wir neben den üblichen Informationen aus konkreten Fakten (»Es gibt drei Geschwister«) sowie Interpretationen und Urteilen (»Meine Chefin konnte mich von Anfang an nicht leiden«) wesentliche Informationen über leibliche Wahrnehmungen (»Wenn ich neben der Chefin stehe, fühle ich mich schwach«). Letztere Wahrnehmungen passen teils direkt zu den Systeminformationen, die von den Klient*innen durch die Anliegenklärung für alle benannt werden. Andere Wahrnehmungen weisen über solche Passungen hinaus, wenn sich etwa die Stellvertretung jener Chefin in der Aufstellung der Stellvertretung des Klienten wohlgesonnen zeigt und unbedingt zu einer Lösung beitragen will. Wieder andere gehen darüber hinaus: Die Aussage zum Beispiel, dass der linke Arm in einer Stellvertretung nicht zu spüren sei und herabhänge, als wäre er nicht da, und erst durch Nachfragen beim Klienten zu erfahren ist, dass der Großvater den Arm im Krieg verloren hatte. Bei verdeckten Aufstellungen fehlen solche Informationen gänzlich und dennoch gibt es viele Wahrnehmungen, die nach der Aufdeckung ganz klar auf einen Fall bezogen werden können und für diesen auch nützlich sind. Wir nennen diese Art der Wahrnehmung phänomenologisch, wir sprechen auch von stellvertretender Wahrnehmung, ebenso verweisen wir auf Intuition als Informationsquelle. Je weniger Fakten wir kennen und je weniger wir uns auf das Wissen, das wir haben, beziehen wollen, um neue Perspektiven zu erhalten, desto zentraler wird diese Zugangsweise für Erkenntnisse und neue Erfahrungen.

Ich beleuchte in diesem Beitrag die Bedeutung der Intuition für die Aufstellungsarbeit und argumentiere für eine Einbindung von Übungen zur Entwicklung von Intuitionsfähigkeit in die Weiterbildungen.

Informationen, die in Stellvertretungen wahrgenommen werden, können zudem teilweise von anderen spürbar sein, weil sie als Atmosphäre im Raum liegen und sofort empfunden werden, wenn die Aufmerksamkeit darauf gerichtet wird. Herrmann Schmitz beschreibt »Atmosphäre« als »flächenlosen Raum« (2016, S. 16). Intuition ist etwas, das in dieser und mit dieser kommuniziert: »Der Leib ist die Empfangsstation von Atmosphären und wirkt auf sie zurück« (S. 11). Durch diese zirkulare Bedingtheit der Wahrnehmungen geistiger Natur (Ahnung), leiblicher Natur (erlebbare Ahnung z. B. als Bauchgefühl) und schließlich der körperlichen Wahrnehmung auf Atmosphärisches (Arm ist taub, Handlungsimpuls) wird Intuition als phänomenologisches Geschehen erfahr- und fassbar und wie alles Erfassbare auch lern- und lehrbar. Vermittelst Achtsamkeit auf körperliches Erleben und auf die eigene Haltung, durch Reflexion auf Gefühle und Erwartungshaltungen oder auf die intuitives Erleben störenden Muster kann Intuition meines Erachtens besonders gut geübt werden. Hierfür werde ich einige praktische Impulse geben.

Da Aufstellungen selbst ja sehr unterschiedlich gehandhabt werden (unter anderem als Ordnungs- und Strukturmethode, als spirituelles Geschehen, als ganzheitliche, den Körper, den Verstand und die Emotionen verbindende Methode, als Erkenntnisverfahren) und dem jeweiligen Weltverständnis der Anwender*innen entsprechend eingebettet werden, gibt es jeweils unterschiedliche Perspektiven auf das Phänomen Intuition. Zudem wird Intuition von unterschiedlichen Disziplinen untersucht (z. B. Philosophie, Psychologie, Pädagogik, Neurowissenschaften) und entzieht sich daher einer allgemeingültigen Definition. Sie ist jedoch auf mehreren Ebenen beschreibbar, was für eine Didaktik der Intuition wesentlich ist. Hänsel benennt hier beispielsweise die Funktionen von Intuition als Prozess, Erleben, Fähigkeit (2002, S. 24 f.) sowie Kompetenzfelder, etwa Empathie, Spontaneität, Körperwissen, Antizipationsfähigkeit, in denen das Erlernen von Intuition stattfindet und an denen die hier vorgestellten Übungen ansetzen (Hänsel, 2019, S. 49).

Intuition und stellvertretende Wahrnehmung

Die Bezeichnung *stellvertretende oder repräsentierende Wahrnehmung* deutet an, dass es sich bei den Informations*entfaltungen,* auf die wir uns bei unserer Arbeit wesentlich beziehen, um ein eigenes, von der Intuition zu unterscheidendes Wahrnehmungsprodukt handelt. Diesem Gedanken folgend, taucht Intuitionsschulung in vielen Lehrinhalten nicht auf, wohl aber die Behandlung des Themas »stellvertretende bzw. repräsentierende Wahrnehmung« (in meinen eigenen damaligen Weiterbildungen wie etwa auch im Curriculum der DGfS, 2018), außerdem gibt es Kolleg*innen, die die Auffassung vertreten, dass sie Intuition in Weiterbildungen ausdrücklich nicht üben würden (Bodirsky, 2019).

Ich vertrete hier die Ansicht, dass die stellvertretende Wahrnehmung selbst ein intuitives Geschehen ist. Damit kann ich mich Hänsel anschließen, der von einer »intuitiven Resonanz auf das Anliegen« spricht und Aufstellungen als Möglichkeitsraum beschreibt, in dem eine wechselseitige Bedingtheit wirkt, nämlich von einer »Konstruktion des aufgestellten Modellsystems, das dann wiederum als Kontext dient, mannigfaltige Wahrnehmungen im Beziehungsraum zu erkunden und mögliche hilfreiche Veränderungen und Entwicklungen zu erproben« (Hänsel, 2019, S. 51). Intuitives Evidenzerleben der Stellvertretungen und ein Aushandeln in subjektiven, sozialen Konstruktionen gehen so Hand in Hand. Für mich ist daher die stellvertretende oder repräsentierende Wahrnehmung im Grunde eine *intuitive Wahrnehmung in Stellvertretungen.* Gemeinsam mit allen zur Wahrnehmungs- und Bewusstseinsschulung nötigen Bereichen wie Embodimentpraxis, Achtsamkeits- und Meditationspraxis, Reflexionsrunden ist sie wichtig als Bestandteil in Weiterbildungen, deren Teilnehmer*innen letztlich transformative Bewusstseinsprozesse begleiten lernen, für die diese Fähigkeiten wesentlich sind. Intuitionsfähigkeit als Voraussetzung für Aufstellungsarbeit gehört daher meines Erachtens ins Curriculum einer Weiterbildung. Die Übungen in diesem Beitrag gehen von einer solchen, bewussten Einbindung in ein Weiterbildungskonzept aus.

Intuition mitüben

Ich habe die Erfahrung gemacht, dass sich *jede* Arbeit mit Wahrnehmungen, also auch die in Stellvertretung, dafür eignet, für intuitive Impulse zu sensibilisieren: Wir alle kennen wahrscheinlich Menschen mit einem ohnehin vorrangig emotional-körperlichen Weltzugang, der das Stellvertreten von Beginn an leicht macht. Ich – so wie wahrscheinlich die meisten Kolleg*innen – habe allerdings auch große Unterschiede in der Aussageart von Stellvertreter*innen beobachten können: Kopfaussagen (»Ich denke, sie sollte da rüber gehen«), Empfindungen und Gefühle (»Mir ist auf einmal so kalt, … übel, …, ich bin sauer …«), Co-Leitungen (»Wir brauchen die Mutter hinter ihr«) und dergleichen. Wahrscheinlich konnten wir alle über die Jahre das wachsende Gespür von länger an Aufstellungsgruppen teilnehmenden Stellvertreter*innen erleben, die sich im konzeptlosen, präsenten und offenen Wahrnehmen und dessen Ausdruck immer sicherer fühlen und sich und anderen damit ein Geschenk machen. Dieser Progress gilt in gleicher Weise für uns, wenn wir Aufstellen lernen. Wir lernen und lernten in den zahlreichen Stellvertretungen der Lehr- und Selbsterfahrungsaufstellungen immer feiner den Unterschied zwischen einem

»Kopfgefühl« (»Ich *denk*', X mag *mich* nicht«) und einer »Leiberfahrung« (»*Mir wird flau,* wenn ich X anschaue, *ich spüre* eine Abneigung *ihm gegenüber*«) und auch den Unterschied, den diese Aussagen in Aufstellungen machen. (Über den Umgang als Aufstellungsleitung mit Stellvertreter*innen s. den immer noch aktuellen Artikel von Schneider, 2001.)

Eine typische Reflexionsaufgabe über eine eben erfahrene Stellvertretung ist beispielsweise die Selbstbefragung: »Was habe ich gedacht?« und »Was habe ich erlebt?« Aufgaben dieser Art werden ohnehin in vielen Gruppen nach einem Gruppen-/Aufstellungs-Ereignis angeregt und schriftlich oder auch nur gedanklich festgehalten. Meiner These folgend, nach der Stellvertretungen intuitive Wahrnehmungsakte sind, wird nun zusätzlich eine weitere Reflexion angeregt, zu der Frage: »Welche Eingebungen (Bilder/Sätze/leibliche Phänomene ...) jenseits des offenkundigen Geschehens oder der abgefragten Empfindungen in der Aufstellung hatte ich?« Die Ergebnisse der Selbstbefragung werden mindestens zu dieser letzten Frage aufgeschrieben und zunächst nicht weiter bearbeitet, sie dienen – in einem ersten Schritt – nur dazu, überhaupt während der Weiterbildungstage die Aufmerksamkeit zunehmend routinemäßig auch auf die intuitiven Elemente von Wahrnehmung zu lenken. Die aufgeschriebenen Notizen nutze ich allerdings zu einem späteren Zeitpunkt noch für weitere Aufgaben, z. B., um die Teilnehmenden dazu anzuregen, Kriterien dafür zu benennen und zu sammeln, ob und gegebenenfalls wie Empfindungen zu einer Stellvertretung gehören oder ins eigene System. Hierfür ein Beispiel: Ich lege je einen Bodenanker für das Stellvertretungssystem und für meines. Ich prüfe die Intuition jeweils und versuche deren Gefühlsqualitäten zu beschreiben: *Dichte* oder *Intensität* eines Gefühls, der Eindruck, ob ich in einem Gefühl stehe oder ob das Gefühl in mir ist, oder ich kann die Intuition auch fragen: »Gehörst du zu mir?« Mit der Zeit ergeben sich individuelle Kriterien, die ich zunehmend zur Reflexion während einer Intuition heranziehen kann – Irrtum eingeschlossen.

Übungsfelder für zwischendurch

Da eine Weiterbildung in Aufstellungsarbeit sich über ein bis zwei Jahre erstreckt, und wesentliches Lernen in den Zeiten zwischen den Seminaren erfolgt, möchte ich im Folgenden drei Übungen für Peergruppen oder individuelle Aufgaben aufzählen, die auf Wiederholung ausgerichtet sind und einen zeitlich langen Bogen spannen. Es werden Selbststeuerung, Kommunikations- und Reflexionsfähigkeit mitgeübt:

Übung 1: *Selbstreflexion* (bezüglich intuitiver Fähigkeiten)

Ich halte ein Intuitionstagebuch über die Dauer der gesamten Ausbildung für sehr wichtig. Hier notieren die Teilnehmenden in den Abständen, die sie für nötig erachten, was für sie bezüglich ihrer Intuitionsentwicklung wichtig ist. Das fängt mit einer klaren Absicht darüber an, was sie in den Fokus nehmen möchten. Beispielsweise, ich möchte meinen Intuitionen:

- mehr vertrauen, indem ich sie mitteile (Peergruppe oder anderen) und erlebe, wie das wirkt,
- auf die Spur kommen, indem ich abends rückwirkend betrachte, ob und gegebenenfalls worauf sich am Tage mein Bauchgefühl gemeldet hat.

Diese Übung eignet sich auch für ein schriftlich-reflexives Exposé zum Ende der Weiterbildung hin, falls dies für eine Zertifizierung nötig sein sollte.

Übung 2: *Was steht im Fenster?*

Diese Übung machen je zwei Personen während der Zeiten zwischen den Seminarblöcken. Die Paarungen sollten wechseln. Obermayr-Breitfuß beschreibt die Übung nach Gail Ferguson in ihrer Forschungsarbeit (2005, S. 290f.). In der Übung geht es um »Objektreading«, wie sie es nennt. Zwei an unterschiedlichen Orten lebende Personen wählen irgendein Objekt in ihrer Nähe aus, das die andere Person ohne Wissen darüber, was es sei, »wahrnimmt«. Diese Wahrnehmungen werden aufgeschrieben oder es wird auch etwas gezeichnet, assoziativ, mit Verbindung von Körperempfindungen usw., wie wir es auch aus der Stellvertretung kennen. In meinem Kurs hatten wir dafür einen Ort ausgemacht, am oder im Fenster, daher hat die Übung ihren Namen. Es handelt sich hierbei eher um eine Einstimmungshandlung, ähnlich wie in einem Ritual. Es gibt fünf Wahrnehmungsbereiche, die man zu Hilfe nehmen kann (in Klammern habe ich eigene und belegte Erfahrungen als Beispiele gesetzt):

1. Wahrnehmungen zur Gefährlichkeit (»Unwohlsein« - »es war ein großes Fleischmesser«, Obermayr-Breitfuß, 2005, S. 292),
2. Wahrnehmungen zur Form (»ich kann keine beständige Form wahrnehmen … es ist so groß wie ein Krug, zerfließt aber immer wieder« - hier war es der Zimmerbrunnen),
3. Wahrnehmungen zum Material (»ist kalt, hart« - es war eine Teekanne, die zum Blumengießen verwendet wird),
4. Wahrnehmungen über die Dynamik oder Beweglichkeit (»hat etwas Sprunghaftes« - dabei handelte es sich um einen Hula-Hoop-Reifen),

5. Wahrnehmungen zur Geschichte und Beziehung zur Mitwelt (»ist im Grunde ein Fremdkörper – wie ein Mitbringsel von der Freundin, das im Grunde nur sie schön findet« – besagte Teekanne).

Wir werden von der hohen Passung überrascht wie auch mit unseren Sinnsuchprozessen, Erwartungshaltungen, Unsicherheiten konfrontiert. Ich habe die Übung oft auch selbst gemacht und festgestellt, dass sie für mich dann einen Erfolg darstellte, wenn ich mich von den letztgenannten Automatismen frei machen konnte, wenn ich vorher meditierte und im Anschluss auf leibliche Eindrücke (einschließlich der mentalen Bilder) achtete. Auch das Nichtvorhandensein solcher Eindrücke habe ich wahr- und angenommen. Es geht hier nicht um eine Trefferquote, sondern immer wieder darum, sich neu einzulassen – ohne Ergebniserwartung.

Übung 3: *Entschleunigung*

Um zu üben, selbst in einem bewegten Geschehen mit innerer Ruhe und Verbundenheit mit sich selbst im inneren Dialog zu bleiben, sich für die anderen Gruppenmitglieder offenzuhalten und auch für die eigenen Wahrnehmungen hinter denen an der Oberfläche noch aufmerksam zu sein, kurz: um eine Haltung zu üben, die sowohl das Erspüren von Intuitionen wie deren Prüfung ermöglicht, ist Zeit wesentlich. Eine Art des achtsamen Sprechens ist dafür sehr nützlich. Achtsames Sprechen (und Zuhören) gibt es in vielen Formen aus der Achtsamkeitspraxis, der Kommunikationspsychologie oder auch der Paartherapie. Grundsätzlich kann diese Übung also auch paarweise und in jeder Gruppe ausgeführt werden. Ich halte sie für Peergruppen als Einstimmung oder auch als Ausklang für besonders geeignet, weil es hier keine Leitung braucht und weil die zu übende Haltung einander verbindet und fokussiert, was eine gute Arbeitsbasis ist, um sich auszuprobieren, zu zeigen und Ähnliches mehr.

In der *Vorbereitungsphase* entscheidet sich die Gruppe für einen Zeitpunkt, zu dem die Methode für sie gut passt. Die Dauer sollte mindestens zwanzig Minuten betragen. Es wird ein Thema oder Anlass verabredet (die *leere Mitte* z. B. oder, falls die Übung als Einstiegsrunde genutzt wird, das Thema: Wie bin ich heute hier?).

Die Übung verläuft im Anschluss folgendermaßen: *Ein*Eine Zeitnehmer*in* hat einen Timer vor sich liegen und auf dreißig Sekunden gestellt, er*sie hat die verabredete Gesamtdauer im Blick und eine Klangschale oder Ähnliches zur Verfügung. Er*Sie gibt drei Töne als Einstimmung und drei als Ausklang. Jede Person kann sprechen – auch mehrmals. Es muss nicht jede*r Teilnehmende sprechen, auch nicht in den Anfangsrunden.

Das Sprechen: Die sprechende Person nimmt sich die Zeit, die sie braucht, inklusive der Pausen zwischen den Gedanken oder um nachzuspüren, ob noch ein Impuls folgt. Sie beendet ihren Redebeitrag etwa mit den Worten: »Ich bin fertig.« Der*Die Zeitnehmer*in startet den Timer und gibt am Ende einen Ton. Danach kann eine andere Person beginnen. Ob sie sich auf den*die Vorredner*in bezieht oder ein eigenes Thema beginnt, steht frei. Die Reihenfolge ergibt sich durch Blicke oder Ähnliches. Auch der Zeitpunkt, wann eine Person anfängt zu sprechen. Die dreißig Sekunden markieren die Mindestzeit zwischen den Beiträgen.

Das Zuhören: Die Anwesenden hören präsent zu und üben Selbstbeobachtung, d. h., das Sich-Leeren von Eindrücken, Urteilen und Absichten, innere Dialoge zum Gesagten oder andere Reaktionen zu bemerken und ziehen zu lassen. Sie versuchen, die sprechende Person in deren Welt innerlich zu begleiten. Die Zeit zwischen den Wortbeiträgen kann auch genutzt werden, um verschiedene Regungen zu prüfen, wie: ob der erste oder zweite Impuls zum vorher Gesprochenen etwas zu sagen, wirklich so wichtig ist, um es auch zu tun, oder umgekehrt, ob das, was man sonst in der Regel nicht sagt, diesmal gesagt werden will.

Zum Abschluss dieses Abschnitts noch *eine letzte Empfehlung,* die eine anregende Informationsquelle zum Thema Intuition darstellt. Es handelt sich um die ARD-alpha-Produktion: »Auf den Spuren der Intuition«, eine 13-teilige Serie (online bis 23.07.2023; Gonschior u. Bohnefeld, 2010). Sie eignet sich gerade für die Zeiten zwischen den Seminarblöcken wunderbar. Die halbstündigen Filme sind mehrsinniger als Lesestoff und interessant produziert, zum Beispiel lassen sie sich Zeit. In Folge 11: »Intuition in den Grenzbereichen der Wahrnehmung«, geht es auch um Aufstellungen.

Eine Atmosphäre der Intuition schaffen und pflegen

Grundsätzlich hilft für eine Atmosphäre der Intuition die ohnehin zu Weiterbildungen gehörende engagierte, neugierige und offene Haltung. In den meisten Weiterbildungen wird diese durch Meditationen oder ähnliche kontemplative Übungen gefördert und erhalten. Wir befinden uns allerdings, wie bei allen persönlichen Entwicklungen, auch in Weiterbildungen trotz aller Neugier phasenweise in Zuständen von Unsicherheit: Beispielsweise geben wir eine alte Meinung zur Wirksamkeit von Aufstellungen auf, ohne uns eine neue bilden zu können, stattdessen erleben wir an dieser Stelle offene Fragen. Das erhöht die Wahrscheinlichkeit, in Verwirrung zu geraten. Oder wir reichern durch neue Erkenntnisse und Erlebnisse die Zahl der Möglichkeiten von Handlungsoptionen an, was Entscheidungsfindungen erst einmal erschwert – in Aufstellungsweiterbildungen, die ja das Leiten und Entscheiden lehren, können wir hierzu passend das Phänomen beobachten, dass es Teilnehmende gibt, die anfangs recht unbefangen aufstellen und im Verlauf der Weiterbildung immer weniger. Das ist für Wachstumsprozesse nötig und unvermeidbar, wir wissen das alle, und wir gehen in Weiterbildungen mit solchen Phasen unterschiedlich um – sowohl bezüglich der Lern- und Gruppendynamik als auch in den je persönlichen Entwicklungen der Teilnehmenden. Übungen, die intuitive Kompetenz assoziativ oder spielerisch fördern, sind in diesen Phasen nicht möglich, jedoch Übungen, die die Hindernisse für Intuition verringern helfen. Denn der Verwirrung haftet sich schleichend gern eigene Geschichte an, wie: »Ich bin schuld, ich kann das nicht, ich muss alle(s) retten/wissen …«, und wenn wir von diesen emotionalen Verfasstheiten beeindruckt sind, schlägt sich das in körperlichen Zuständen nieder, die für intuitive Wahrnehmungen unempfänglich sind, ja eine Atmosphäre der Intuition verhindern. Wenn sich eine solche Phase in der Gruppe zeigt, meist etwa in der Mitte der Weiterbildung, ist es ein guter Zeitpunkt, diese blockierende Gefühlslage anzugehen. Vier emotional-körperliche Zustände spielen erfahrungsgemäß und nach meiner Beobachtung dabei eine besonders hinderliche Rolle:

1. Irritation = Orientierungslosigkeit, Verwirrung, zu viel Information, nervös und fahrig,
2. Starre = zu wenig Fluss, bewegungsarm bis steif, auch gedanklich fixiert,
3. Taubheit = zu wenig Fühlbarkeit der Information, wie abgemeldet,
4. Scham = Blockade durch zu viel Fühlbarkeit, Rückzugsreaktionen, Angst dockt hier besonders an.

Um jener, die Intuition hemmenden Atmosphäre nützliche Übungen an die Seite zu stellen, fokussiere ich auf einige Qualitäten, die ich als wesentlich für intuitive Sensibilität erachte: Vertrauen, Humor und Nichtwissen. Körperliche Entsprechungen sind etwa Beweglichkeit, Flexibilität, Wärme, ganzkörperliche Sensitivität. Die Aufmerksamkeit für das eigene Körperfeedback ist hierbei jeweils wichtig.

Vertrauen und Scham

Ich möchte hier einmal Vertrauen und Scham als Gegenpole betrachten und gehe davon aus, dass (Selbst-)Vertrauen wächst, wenn Scham abnimmt. Selbstverständlich hat auch Scham wie jedes andere Gefühl eine Schutzfunktion und dient der Selbststeuerung durch wichtige Informationen zu unseren Grenzen sowie die der anderen. Diesbezüglich brauchen wir sie auch als wichtige Begleitung für unsere Professionalität. Scham wirkt allerdings besonders lähmend auf intuitive Prozesse: Wenn wir bewusst oder unbewusst durch eine Art Schamreflex damit beschäftigt sind, zu *verstecken,* können wir selbstverständlich nicht *entdecken.* Deshalb brauchen wir jenseits der ohnehin in Weiterbildungen wirkenden Neugier und Offenheit eine besondere Aufmerksamkeit dafür, diese Blick- und Fließrichtung umzukehren. Deshalb fokussiere ich in diesem Abschnitt das, was Vertrauen verhindert, also Scham, und stelle Übungen vor, die helfen, diese zu mildern.

Marks (2019) hat die »tabuisierte Emotion« Scham untersucht und identifiziert hierfür sechs Bereiche: »Anpassungs-Scham, Körper-Scham, Gruppen-Scham, empathische Scham, Intimitäts-Scham, Gewissens-Scham«, dies sind umfassende »Atmosphären der Scham«, wir sind alle darin aufgewachsen – und leben in der Regel noch mittendrin (S. 13 ff.). Mit Scham einher geht Angst, ein Gefühl befeuert das andere. Aus eigenen Weiterbildungen fallen mir sofort einige Befürchtungen ein, vor denen wir uns durch Zurückhaltung schützen und damit nicht ins Üben kommen – unabhängig davon, was wir üben. Befürchtungen z. B., die »Fehler« hervorbringen, für die wir uns wiederum schämen, wie: nicht weiter wissen, den Überblick verlieren, die systemeigene Dynamik nicht erkennen, die eigene Verstrickung nicht bemerken, die passenden Sätze nicht finden können, anderen mit unserer Leitung nicht zu helfen, sondern sogar zu schaden. Solche Scham-Urteile entstehen z. B. aus Anpassungs-Scham, die uns einflüstert, dass wir hier nicht dazu-/hingehören, dass es bald allen klar wird, dass wir keine Verantwortung übernehmen können und dergleichen. Der Angst-/Schamkreislauf wird sich um die Themen negative Beurteilung, Herabsetzung oder Ausgrenzung drehen. Das sind tiefe Themen, allerdings sind im Kontext einer Weiterbildung solche Entwicklungsprozesse ohnehin selbstverständlicher Teil des Curriculums und damit zumutbar. Daher finde ich es wichtig, Übungen anzubieten, welche die Scham direkt in den Fokus nehmen. Wenn am Ende eine Atmosphäre entstanden ist, die Scham grundsätzlich anerkennt, wenn wir erkennen, dass wir alle schamversehrte Geschichten erlebt haben *und* damit das Aufstellen lernen, ohne der Illusion zu erliegen, sie alle zuvor bereinigt zu haben, können wir letztlich als Aufstellungsleiter*in stabil *stehen,* mit der Scham an unserer Seite, neben allen anderen Ressourcen, die wir für diese Aufgabe und die dafür so nötige Intuition brauchen. Damit schaffen wir es auch, einige derjenigen blinden Flecke zu beleuchten, die gerade Scham zu verstecken helfen. Dies ist vor dem Hintergrund eines professionellen Selbstverständnisses wichtig, das die Erfahrung integriert, dass unsere Klarheit und Sicherheit, mit der wir Personen begleiten, nur so weit reicht, wie wir selbst sehen können – deshalb setzen wir auch sehr viel auf Selbsterfahrung in den Weiterbildungen. Intuition braucht auch hier meines Erachtens eine besondere Aufmerksamkeit, weil sie durch die Art des *Schauens,* die wir so sehr beim Aufstellen brauchen, am ehesten unsere kognitive Begrenztheit überwindet. Zwei Übungen hierzu, wovon die erste als Einstiegsübung zum Thema Scham geeignet ist und die zweite an einem anderen Tag anschließen kann:

Übung 4: *15-Minuten-Aufstellung*

Es werden Gruppen zu je drei Personen gebildet. Jede Person nimmt einmal jede Rolle ein: A – die Person selbst (Falleinbringer*in), B – deren Intuition, C – deren Scham. Die Übung dauert mit Übergangspausen insgesamt sechzig Minuten, jede Runde 15 Minuten. Ein Timer liegt bereit und wird je neu gestellt.

Der*Die Falleinbringer*in legt zuerst einen Platz für sich fest, markiert diesen und stellt dazu nach ihrem Gefühl die anderen beiden Anteile. Dann nimmt sie ihren Platz ein. Sie führt auch die Kommunikation. Jede Stellvertretung spürt sich ein und alle tauschen einander aus. Es können auch Plätze verändert werden. Es gibt kein Schlussbild, das zu erreichen wäre, der Prozess kann also offen enden, es geht um einen ersten Kontakt und erste Informationen.

Falls beim Ertönen des Timers gerade eine heftige Emotion aufgetaucht sein sollte, gibt es später in der Runde der großen Gruppe eine Möglichkeit, noch einmal hinzuschauen. Das stellt die/der Weiterbildende in Aussicht und plant hierfür Zeit ein. Wie bei allen Kurzaufstellungen wird hier auch mitgeübt, dass Gefühlsimpulse unterbrochen, umgeleitet und wieder aufgenommen werden können, außerdem, dass nicht jedes starke Gefühl in einem Drama münden muss und dennoch ernstgenommen wird. Im Fokus der Übung steht, wie wichtig der Austausch der inneren Anteile ist. Hilfreich für die falleinbringende Person sind die klassischen Fragen an ihre Anteile: »Wie geht es dir?«, »Wie nimmst du die andere wahr?«, »Was brauchst du?«

Übung 5: *Schamgeschichte*

Diese Übung nutzt die Wirkung des sich Mitteilens bei voller Präsenz der zuhörenden Person. Wir kennen solche Übungen aus der Achtsamkeitspraxis, der gewaltfreien Kommunikation, aus spirituellen Kontexten und anderen Zusammenhängen (s. auch den Beitrag von Harald Homberger in diesem Buch). Gerade bei Schamthemen ist Öffnung in wertschätzendem, gleichwertigem und mitfühlendem Austausch eine wesentliche, heilende Erfahrung.

Zwei Personen A und B erzählen sich gegenseitig von einem Erlebnis, in dem sie Scham erlebt haben und achten darauf, dass es von der Dimension her *klein genug* ist. Ein Blatt mit von der Weiterbildungsleitung vorbereiteten und den Prozess unterstützenden Fragen steht jeder Gruppe zur Verfügung (s. unten). Der Zeitrahmen beträgt neunzig Minuten. Die Übung verläuft folgendermaßen:

A erzählt und B hört zu (dreißig Minuten).

Wichtig: Person B hört in der Art des empathischen, achtsamen Zuhörens zu! Das heißt, es gibt keine Rückmeldung, keine anschließende Diskussion. Die Zuhörenden hören ohne inneren Auftrag. Sie sind ganz da und nehmen die erzählende Person mit ihrer Geschichte an und auf. Sie geben nonverbale Zeichen des Da-Seins, damit die andere Person (= A) sich gehört fühlt. Den Erzählprozess unterstützende Fragen liegen auf einem Blatt für die erzählende Person A bereit und A *darf* sich davon inspirieren lassen. Vielleicht mag Person A erst einen Blick darauf werfen, wenn sie ihrem eigenen Erzählprozess bereits gefolgt ist, vielleicht gleich am Anfang als Einstiegshilfe, vielleicht gar nicht. Jede*r Weiterbildner*in findet sicher eigene Fragen, hier eine mögliche Auswahl:

- Was und wann war das Ereignis?
- Was waren die Folgen des Ereignisses?
- Wie bin ich mit den Folgen umgegangen?
- Wem gegenüber habe ich mich geschämt?
- Wie bin ich mit der Scham umgegangen?
- Wo in meinem Körper sitzt die Scham?
- Wie fühlt sie sich an, wenn sie ihre stärkste Ausprägung hat?
- Wer war noch in meine Scham involviert?
- Welche Art der Scham war es?
- Welche Negativspirale setzt meine Scham in Gang?
- Wann und wie habe ich dieser Scham etwas Wirkungsvolles entgegengesetzt?
- Was hat mich mein Umgang mit meiner Scham gelehrt?
- Wie kann ich meine Begegnung mit meiner Scham für das Leiten von Aufstellungen nutzbar machen?

Es folgen zehn Minuten Selbstreflexion, in der jede Person bei sich bleibt und Notizen machen kann, dann schließen sich fünf Minuten Pause an und danach findet der Wechsel statt.

In großer Runde werden Selbsterkenntnisse schließlich freiwillig geteilt.

Humor

Wenn Scham sich löst, ist Heiterkeit naturgemäß nicht weit. Denn Humor ist ein Bewusstseinszustand, der gleichermaßen Brüche offenbart, herbeiführt sowie eine Brücke dazwischen legt. Um in diesen Zustand zu gelangen, haben wir uns zuvor viele Male durch Entwicklungsprozesse und Erfahrungen aller Art bewusste und letztlich versöhnliche Zugänge zu unseren eigenen Brüchen geschaffen. Wir haben uns in Verbindung gebracht mit zahlreich erlebten Variationen von Unterbrechungen, Trennungsgeschichten, absurden Erwartungshaltungen oder Unvereinbarkeiten. Wir sind gleichermaßen im Vertrauen mit der Freude an einzelnen, erinnerten Erlebnissen oder den aus ihnen entstandenen, ermutigenden Kurzgeschichten des Lebens als auch mit den dazugehörigen Ängsten. Wir wissen um die Vergeblichkeit, Leben letztendlich planen und festzuhalten zu können. Was aber nun schließlich diesen Bewusstseinszustand zu Humor macht, ist unsere Reaktion auf diese Erfahrungen. Die durch die Gleichzeitigkeit von Trauer, Freude, Vergeblichkeit und Vertrauen entstehende Spannung wird ins Lachen entladen. Wir balancieren uns aus. Wir verbleiben nicht im Modus etwa von Ärger oder der Beschuldigung anderer, wir ärgern uns nicht über uns selbst, wir sind nicht beschämt oder frustriert. Unbequeme Gefühle dieser Art bestehen nur Bruchteile von Sekunden und dann leiten wir deren Energie um: Wir schmunzeln, grinsen oder lachen aus vollem Herzen mit uns, über uns, über alle und mit allen anderen. Eine solche Reaktion stellt die Art von Freiheit wieder her, die unsere intuitive Wahrnehmungsfähigkeit braucht. Ich erlebe die *Entladungsqualität* von Humor ähnlich wie die einer *Eingebungsqualität* von Intuition. Das ist auch eine Art Brückenschlag.

Humor direkt zu üben ist kaum möglich. Doch indirekte Übungen taugen auch, sie wirken wie kleine Initialzündungen, z. B. beim Lachyoga, der Technik für grundloses Lachen. Auch hier beginnt man ohne inneren Impuls, vielleicht sogar ungläubig, verschämt oder irritiert einfachste körperliche Lachbewegungen eher mechanisch auszuführen, selbst wenn man sich vorkommt wie ein verstimmter Weihnachtsmann (wenn man auf ho-ho-ho übt) oder eine Ziege mit einer noch nicht klassifizierten Verhaltensstörung (beim Üben mit hihihi …). Das macht nichts. Es ist eine Tu-so-als-ob-Qualität, auf die auch andere Embodiment-Übungen bauen. (Für mehr Embodiment-Übungen s. Storch, Cantieni, Hüther u. Tschacher, 2010). Lachyoga und andere zwerchfellaktivierende Übungen, wie ich sie aus der Stimmbildung kenne, werden in jedem Fall über das vegetative Nervensystem belebend und spannungsabführend wirken, es werden Serotonin und Endorphine freigesetzt und anderes mehr. Solche Übungen anzubringen macht nur Sinn, wenn sie zur Persönlichkeit der Weiterbildenden passen und vorher selbst erfahren wurden. Eine Anleitung ist dann nicht schwer, vor allem, wenn es vorher eine eigene Befremdlichkeit gab. Das hilft, sich in die Teilnehmenden der eigenen Weiterbildung einzufühlen und macht aus der Humorübung eine, die auch Schamüberwindung mitübt.

Schließlich gibt es auch die Möglichkeit, mit Grund gemeinsam zu lachen, indem wir in unseren Weiterbildungsablauf Sequenzen einbauen, die bewusst dem Humor gewidmet sind – ganz gleich, ob hier Comedy-Clips gezeigt oder Geschichten des eigenen Scheiterns zum Besten gegeben werden.

Nichtwissen

In meinen eigenen Weiterbildungen habe ich sehr von Leiter*innen profitiert, die Nichtwissen selbstverständlich als Ressource und Erfahrungsraum eingesetzt haben. Die stark darin waren: »Ich weiß es nicht« und »Lass uns da einmal Zeit«, zu sagen, mit Offenheit für die Betrachtungsweise von uns anderen und Ähnlichem gearbeitet oder das Wissen der Gruppe genutzt haben. Über das Vorbild oder auch Achtsamkeitsübungen wie Meditation hinaus, kann Nichtwissen allerdings gerade in Bezug auf seine Eigenschaft, Räume zu öffnen, gut geübt werden. Ich halte solche Übungen für förderlich, weil die Fähigkeit, im Zustand des Nichtwissens gesammelt zu bleiben, eine der Voraussetzungen ist, um die eigene Intuition zu erspüren, dieselbe bewusst werden zu lassen und als hilfreiche Möglichkeit einschätzen zu können. Intuitionen, die wir so erhalten, haben einen *aufgeklärten Charakter* und sind, jenseits eines unbewussten Bauchgefühls, das sich in spontanen Handlungen veräußert, wichtig für Weiterbildungen, die ja Reflexionsfähigkeiten erhöhen möchten (Nazarkiewicz u. Kuschik, 2015, S. 28 f.). Im Nichtwissen sind wir in einem Modus, in dem wir vieles sehen, mehreres ahnen, nichts vorziehen, empfinden, dass vieles noch fehlt, und diesen Raum offenhalten, auch für eventuelle Intuitionen anderer. Dieser Raum kann außerdem eine Zeitqualität bereithalten, in der Neues entstehen oder Altes auftauchen kann. Ich suche diesen Raum nicht auf, weil ich *erwarte,* dass dann Intuitionen auftauchen. Für den Zustand des Nichtwissens gilt es, diesen zu akzeptieren. Das ist schwierig, deshalb bauen die Übungen in diesem Abschnitt darauf, Nichtwissen auszuhalten, sich damit vertrauter zu machen und darin zu entspannen. Wenn ich dies übe, geschieht es wahrscheinlich zunehmend, dass ich weiterbringende Intuitionen habe und Chancen für nächste Schritte erkenne.

Erwartungshaltungen und, in ihrer gesteigerten und konkretisierten Form, Ansprüche stehen Nichtwissen gegenüber. Sie sind als Einladung für Intuition nicht hilfreich. Sie beziehen ihre Energie, ihr Wissen, ihre Erfahrung stets aus der Vergangenheit eines Ausschnittes von individuell gefärbter Wirklichkeit, die als Befürchtung oder Lösungsillusion in die Zukunft projiziert wird. Durch Erwartungen und Ansprüche verpassen wir die jeweils wahrhaftige Präsenz der Gegenwart, die unser einziger wirklicher Gestaltungsort ist. Ich finde das erwähnenswert, weil wir uns in jedem Lernen und Lehren stets in einem Spannungsfeld bewegen – auch dem zwischen Erwartung und Offenheit. Dieses anzusprechen und offenzulegen, gibt Orientierung besonders für die Bereiche, in die wir uns eher hineintasten, als dass wir durch kognitive Zugänge klare Wegweiser und Richtlinien für sie hätten. Wenn wir uns unsere Erwartungshaltungen erlauben und sie genauso wie andere verengende Zustände erkunden – von der Scham war bereits die Rede – erhalten wir Informationen über deren Funktionen für uns und können sie besser ziehen lassen.

Nichtwissen üben

Ich stelle hier zwei Spiele aus dem Theaterbereich vor. Der Theaterpädagoge Keith Johnstone nennt Spiele dieser Kategorie »blinde Angebote« (Johnstone, 2002, S. 174). Sie ermöglichen den Spieler*innen, durch die Unkenntnis in Bezug auf ein oder mehrere Elemente des Spiels auf spontane, schräge und überraschende Ideen zu kommen, Erwartungsbrüche spielend mit Humor zu bedienen, mehr Alternativen zu generieren und dergleichen. Ich spreche hier von Unkenntnis im Unterschied zu Nichtwissen. Begeben wir uns bewusst ins Nichtwissen, haben wir sehr oft viele Kenntnisse, bedienen uns ihrer aber nicht, weil wir spüren, dass anderes oder Neues angemessener wäre, und wir akzeptieren sowie nutzen die Grenze, dies noch nicht zu erkennen. Unkenntnis hingegen erleben wir als Zustand des Mangels; wir merken, hier wäre etwas zu wissen, was weiterhelfen würde, wir kennen es aber nicht. Normalerweise stresst uns das. Im Spiel jedoch können wir durch Situationen in Kontakt mit Unkenntnis lernen und lehren, die oben angesprochenen unangenehmen und blockierenden Erwartungshaltungen und anderes mehr zu überwinden. Das Spiel legitimiert Unkenntnis, ja macht sie zur Voraussetzung, es erlaubt, über Unkenntnis zu lachen usw.:

Spiel 1: ***»Ja, genau, und dann«*** (nach Johnstone, 2002, S. 185, für kleinere Gruppen von mir umgestaltet):

Als Beginn in eine andere Art von Lernatmosphäre eignet sich dieses kurze Spiel, das jeweils auf Unvorhersehbares, Absurdes und eine spontan assoziative Wahrnehmung einstimmt. Es hilft nicht, sich eine Antwort zurechtzulegen, selbst wenn man durch die Rundenreihenfolge weiß, wann man drankommt, denn es würde der inhaltliche Bezug fehlen, den erst die Vorrednerin gibt. Ziel ist es, auch bei den absurdesten Vorschlägen zuzustimmen und etwas daraus zu machen. Die Gruppe besteht aus vier bis sechs Personen, das Spiel dauert zehn Minuten.

Eine Person fängt an und macht einen Vorschlag für eine Unternehmung, den die rechts sitzende Person mit: »Ja, genau, und dann«, aufnimmt und etwas hinzufügt. Sie kann auch weitergeben, damit das Spiel im Flow und spontan bleibt. Zum Beispiel: »Lasst uns die Insel erforschen«, »Ja, genau, und dann suchen wir den Drachen«, »Ja, genau, und dann können wir den am Mast festbinden«, »Ja, genau, und dann kann er mit den Flügeln schlagen«, »Ja, genau, und dann sind wir wieder seetauglich«, »Ja, genau, und dann gewinnen wir das Rennen doch noch«, »Ja, genau, und dann kaufen wir uns vom Preisgeld eine Müllrecyclinganlage« …

Spiel 2: *»Reklamation«*

Die Übung »Reklamation« fokussiert auf Unkenntnis, gepaart mit einer an eine Person in der Übung gerichteten Handlungs- und Lösungserwartung. Da die Übung als Spiel gestaltet ist und das Spielen einen Freiraum bietet, in dem es erlaubt ist, sich auszuprobieren und Spaß und Leichtigkeit zuzulassen, gibt es neben der Herausforderung der Aufgabe auch Äquivalente von Freiheit, Scheitern-Dürfen zur Belustigung der anderen und anderes. Ich empfehle dieses Spiel für eines der späteren Wochenenden einer Weiterbildung, mit der Platzierung am zweiten Nachmittag oder am Abend, da es etwas aus dem Rahmen fällt – und dies natürlich auch soll. Am Vormittag oder auch am Tag davor sollte das Einstimmungsspiel erfolgt sein.

Die Gruppe besteht aus vier bis sechs Personen. Je zwei, A und B, spielen, die anderen sind Publikum. Es darf gelacht werden. Das Publikum verhilft nicht zur Lösung. Nach Bedarf dauert das Spiel vierzig Minuten, mit etwa zwei Runden sowie Reflexion.

Person A geht zunächst so aus dem Kreis, dass sie nichts hört und sieht. Der Rest überlegt einen möglichst fantasievollen Gegenstand, den A später umtauschen soll. Ein Bartfärbemittel? Eine Zahnbürstenputzmaschine? Es gehen auch reale Dinge wie ein Schnuller oder ein Wagenheber. Was ist einfacher zu erraten? Etwas Realistisches? Durch die fantasievolle Variante wird die Möglichkeit erhöht, den Gegenstand *nicht* erraten zu können. Auch dies kann manchmal einfacher sein, denn die Erwartungshaltung, es doch raten zu können, entspannt sich.

Das Spiel startet damit, dass B, der den Verkäufer spielt, bereit steht und A »in den Laden« tritt. B muss natürlich nicht warten, sondern kann etwas tun: Imaginäre Regale bestücken etwa. Da B weiß, um was es geht, darf B alle erdenklichen, erstaunten Reaktionen zeigen oder Fragen stellen. Aus denen kann A dann Informationen ziehen, natürlich auch aus dem Lachen des Publikums. B muss nicht helfen, kann seine Reaktionen aber (zunehmend) so gestalten, das A am Ende den Gegenstand errät. Zum Beispiel: Alle außer A wissen, es geht um ein Bartfärbemittel. A kommt in den Laden und sagt: »Das Ding klemmt, ich möchte mein Geld zurück.« (Einige lachen.) B: »Klemmt? Das wär mir neu!« (A weiß nun, es kann nichts Mechanisches sein) A: »Naja, ich mein das im übertragenen Sinn. Es funktioniert nicht.« B: »Wie kann es denn ›nicht‹ funktionieren? Für wen ist es denn?« A: »Für meine Mutter.« (Alle lachen.) B: »Nun, wofür hat sie es denn verwendet?« A: »Na, für den Teppich!« B: »Ist der denn aus Naturfaser?« usw.

Das Ziel ist nicht unbedingt, den Gegenstand zu erraten, sondern primär, sich in der Situation zu erleben. Sich zu trauen, ungewöhnliche Behauptungen, Entrüstungen oder sonstige Reaktionen gegenüber Person B zu machen. Wenn die Gruppenarbeit insgesamt fertig ist, gibt es Zeit für die Reflexion in der Runde mit den Fragen: »Was hat dich überrascht?«, »Was ist dir gelungen?«

Das Spiel muss nicht von allen Teilnehmer*innen gespielt werden. Zwei bis drei Runden sind genug. Als Zwischenspiel, zum Aufwärmen oder Abklingen, als Abendveranstaltung kann es ebenso eingesetzt werden, so kann am Ende einer Weiterbildung doch jede*r einmal Person A ausprobiert haben.

Schlussbetrachtung

Intuitive Sensitivität, also eine Wahrnehmungsqualität, in der wir Intuition spüren können, in der wir ihr nachempfinden und sie prüfen können, oder indem wir ihr auch ungeprüft und spontan folgen, können wir üben und entwickeln. Intuition wird dadurch trotz ihrer letztlichen Unverfügbarkeit erfahrbar. Wir üben, die Bedingungen für diese intuitiven Zu- und Einfälle zu schaffen, etwa indem wir unserer Scham und auch Unsicherheit jedes Mal neu genau dann achtsam als freundliche Zeug*innen begegnen, wenn wir uns ihrer Dynamik am stärksten ausgesetzt fühlen. Indem wir Nichtwissen und Humor fördern und Stellvertretungswahrnehmungen als intuitive Schatzgruben reflektieren. Wir alle kennen wahrscheinlich gerade beim Aufstellen immer wieder das Staunen über die Intuitionen der Aufstellungsleiter*innen. Wenn diese wie aus dem Nichts *die* Intervention einbringen, die nach großer Verwirrung oder anderer Not im System eine Energie wieder anregen, zu fließen, in deren Strom sich alles zum Leichteren oder Heileren wendet. Ich habe gelernt, dies weiter erfreut zu bestaunen, ohne es zu idealisieren, und mir dabei ganz konkret und beständig die Bedingungen, die dieses Gespür braucht, sowohl bewusst zu machen als sie auch weiter dort zu üben, wo es geht.

Literatur

Bodirsky, C. (2019). Praxis der Systemaufstellung. Zugriff am 24.02.2021 unter https://www.praxis-der-systemaufstellung.de/qualitaet-in-der-aufstellungsarbeit.html

DGfS (2018). Richtlinien zur Anerkennung für Weiterbildungen in Systemaufstellungen. Zugriff am 18.02.2021 unter https://systemaufstellung.com/node/1481

Gonschior, T., Bohnefeld, U. (2010). Auf den Spuren der Intuition. alpha. ARD Bildungskanal. Zugriff am 24.02.2021 unter https://www.br.de/fernsehen/ard-alpha/sendungen/auf-den-spuren-der-intuition/index.html

Hänsel, M. (2002). Intuition als Beratungskompetenz in Institutionen. Zugriff am 02.07.2021 unter http://markus-haensel.de/wp-content/uploads/2016/01/Markus-Haensel-Intuition-als-Beratungskompetenz-in-Organisationen-Dissertation.pdf

Hänsel, M. (2014). Intuition als Schlüsselbegriff im 21. Jahrhundert. Zeitschrift der Bewusstseinswissenschaften, (2). Zugriff am 04.01.2021 unter http://markus-haensel.de/wp-content/uploads/2015/05/Intuition-Schlüsselkompetenz-im-21.-Jahrhundert.pdf

Hänsel, M. (2019). Intuition als Weg zur Entwicklung von Sein und Bewusstsein. In K. Nazarkiewicz, P. Bourquin (Hrsg.), Essenzen der Aufstellungsarbeit. Praxis der Systemaufstellung (S. 39–57). Göttingen: Vandenhoeck & Ruprecht.

Johnstone, K. (2002). Theaterspiele. Spontaneität, Improvisation und die Kunst des Geschichtenerzählens. Berlin: Alexander Verlag.

Nazarkiewicz, K., Kuschik, K. (2015). Handbuch Qualität in der Aufstellungsleitung. Göttingen: Vandenhoeck & Ruprecht.

Marks, S. (2019). Scham, die tabuisierte Emotion. Düsseldorf: Patmos Verlag.

Obermayr-Breitfuß, R. (2005). Intuition. Theorie und praktische Anwendung. Norderstedt: Books on Demand.

Rilke, R. M. (2003). Hundert Gedichte. Berlin: Aufbau.

Schmitz, H. (2016). Atmosphären. Freiburg: Verlag Karl Alber.

Schneider, J. R. (2001). Beobachtungen zur Rolle des Stellvertreters. Praxis der Systemaufstellung, (1), 23–27. Zugriff am 15.06.2021 unter https://www.praxis-der-systemaufstellung.de

Storch, M., Cantieni, B., Hüther, G., Tschacher, W. (2010). Embodiment. Die Wechselwirkung von Körper und Psyche verstehen und nutzen. Bern: Verlag Hans Huber.

hint. Mitte – Bruch
Fadenlauf

Georg Müller-Christ

Komplexe Aufstellungen leiten

Ich möchte mit diesem Beitrag aufzeigen, dass unsere Aufstellungen und hier insbesondere Organisationsaufstellungen der zunehmenden Komplexität von Systemen folgen müssen, um anschlussfähige Reaktionen und Interventionen zu ermöglichen. Je besser die Abbildung von Komplexität gelingt, umso wahrscheinlicher ist es, dass Aufstellungen zu einem selbstverständlichen Instrument des Managements von Unternehmen und allen Arten von Organisationen werden. Die Managementlehre ringt in meiner Wahrnehmung seit vielen Jahren mit der Herausforderung, dass wir durch unser Organisationshandeln die Welt zunehmend komplexer machen und zugleich Beratung und Praxis immer einfachere, klarere Lösungen und Instrumente haben möchten. In diese Unvereinbarkeit hinein – hier immer komplexere Organisationssituationen und dort der zunehmende Wunsch nach Einfachheit im Managementhandeln – können Aufstellungen neue und vitale Informationen schaffen, wenn die Aufstellungsleitung bereit ist, durch das Aufstellungsformat Komplexität zu reduzieren und durch das Aufstellungsergebnis Komplexität offenzuhalten. Das Gleiche könnte meiner Ansicht nach auch für therapeutische Aufstellungen gelten. Die Weiterentwicklung der Aufstellungstypen hin zu mehr Komplexitätsbewältigung sollte auch Inhalt der Weiterbildung für Aufstellungsleitende sein.

Eine komplexe Aufstellung leiten zu können, setzt meiner Erfahrung nach die Fähigkeiten voraus, strukturiert und zugleich intuitiv vorgehen zu können. Während das strukturierte Vorgehen in Fortbildungen gelernt werden kann, entwickelt sich das Vertrauen in die eigene Intuition der aufstellungsleitenden Person in der Selbstbeobachtung und im Tun. Intuition ist sicherlich auch lernbar, aber vielleicht weniger vermittelbar. Dies gilt insbesondere für eine Intuition, die ein Wissen darstellt, ohne dass wir wissen, wo dieses Wissen herkommt, eine Intuition, die mehr ist als ein Bauchgefühl und viel Erfahrung (vgl. zum Intuitionsverständnis Ahel, 2020).

Die Komplexität der Organisationswelt heute

Um Organisationen mit Aufstellungen gut beraten zu können, braucht die Aufstellungsleitung ein Organisationsverständnis, welches der Komplexität unserer Zeit gerecht wird. Nun werden darüber viele Lehrbücher geschrieben und die beratungsnahe Literatur nimmt beständig zu. Ich will an dieser Stelle ganz knapp eine Auflistung aus meiner Forschungssicht anbieten, welche Phänomene die Komplexität ausmachen, denen Organisationen heute ausgesetzt sind:

1. Organisationen sind Zweck-Mittel-Einrichtungen. Ihr Überleben wird dadurch gesichert, dass die Zwecke erreicht werden, nicht dadurch, dass es den Menschen in der Organisation gut geht. Menschen sind in Organisationen Mittel, mit denen freilich nicht beliebig oder ausbeutend umgegangen werden kann. Humanisierung und Zweckerreichung stehen häufig in einem Widerspruch zueinander.
2. Organisationen sind eingebettet in ein Umfeld. Sie können dann prosperieren, wenn ihre interne Komplexität der Komplexität des Umfelds angepasst ist. Entwicklungstheorien wie Spiral Dynamics zeigen empirisch auf, dass es Organisationen auf verschiedenen Entwicklungsstufen von Komplexitätsbewältigung gibt (Beck u. Cowan, 2017).
3. In den Übergängen zwischen den Entwicklungsstufen sind viele Organisationen in kritischen Zuständen und haben hohen Beratungsbedarf. Die kritischen Zustände äußern sich in Oberflächenphänomenen wie zwischenmenschliche Konflikte oder Abteilungsstreitereien. Zur Bewältigung dieser Übergangssituationen müssen nicht offensichtliche Probleme gelöst, sondern die Notwendigkeit erkannt werden, die Problemlösungslogik der nächsten Entwicklungsstufe zu verinnerlichen.
4. Unter sehr komplexen Bedingungen werden die Wirkungen des Managements immer weniger über Tools und Methoden erzeugt. Wirkungen werden hier über Bewusstseinserweiterungen der Führungskräfte ermöglicht, die nur noch den Möglichkeitsraum schaffen, in dem die Mitarbeitenden innovative Wege gehen können. Sich in diesen Kontexten bewegen zu müssen, ist für alle Beteiligten – Führungskräfte wie Mitarbeitende – nicht leicht und erfordert eine Weiterentwicklung der eigenen Persönlichkeit.
5. In einer vollen Welt, mithin einer Welt, in der es eine unüberschaubare Anzahl an Produkt- und Dienstleistungsvariationen gibt, wird es immer schwieriger, Markt- und Produktinnovationen herbeizuführen. Aus dem Fokus – was können wir dem Kunden bzw. der Kundin liefern, mit dem wir ordentlich Geld verdienen? – wird nun ein anderer Fokus: Was können wir produzieren, liefern oder leisten, was sowohl dem Kunden bzw. der Kun-

din als auch der Gesellschaft dient? Der Purpose (Zweck) von Unternehmen wird mit komplexeren Bedeutungen aufgeladen.

6. Die Megatrends der Digitalisierung, der Internationalisierung und der Nachhaltigkeit stellen eine deutliche Komplexitätserhöhung des Umfelds dar. Es wird viel von Transformation der Wirtschaft gesprochen, mithin ein grundlegender Wandel zu einer Unternehmensform, die nicht mehr legal Gewinne auf Kosten von ungewollten Nebenwirkungen auf Mensch und Natur erzeugt. Die Nebenwirkungen des eigenen Handelns sehen, akzeptieren und reduzieren zu können, erfordert ein komplexeres Mindset von Führung.
7. Um die grundlegende Selbsterzählung von Unternehmen im Sinne einer Transformation weiterzuentwickeln, braucht es kraftvolle Konzepte wie beispielsweise die Theorie U von Otto Scharmer (2009). Führen von der Zukunft her erfordert einen Wahrnehmungskanal der Intuition, dem sich Unternehmen langsam öffnen.
8. Die Komplexitätsbewältigung erfolgt heute gleichzeitig auf zwei sehr unterschiedliche Arten: Big Data werden mithilfe künstlicher Intelligenz und Algorithmen in Informationen übersetzt; Deep Data über die nicht sichtbaren Wirkungsfaktoren komplexer Systeme werden zunehmend auch über Intuition in Informationen übersetzt.

Vielleicht ist es hilfreich, auch hinter den offensichtlichsten Problemen von Organisationen den Komplexitätsstress sehen zu können. Dieser äußert sich darin, dass die Menschen in Organisationen immer schwierigere Abwägungsprozesse lösen müssen, die einen dilemmatischen Charakter haben. Der konstruktive Umgang mit Dilemmata ist in den meisten mentalen Modellen der Führungskräfte aber auch der Berater:innen noch nicht abgebildet. Ich sehe hier die größte Lernnotwendigkeit von Wissenschaft und Praxis, von Führungskräften und Berater:innen, von Coachs, Coachinnen und Aufstellungsleitungen: Dilemmatische Polaritäten lassen sich nicht lösen, sondern nur bewältigen (Müller-Christ, 2020a).

Meiner Beobachtung nach haben Aufstellungen das Potenzial, Menschen in Organisationen ein schnelleres Komplexitätslernen zu ermöglichen. Dies schaffen sie dadurch, dass sie mit nur wenigen Elementen komplexe Bilder von Phänomenen aufbauen können, die normalerweise von Menschen in Organisationen nicht zeitgleich gesehen werden, sie diese Elemente durch die repräsentierende Wahrnehmung zu einem Selbstausdruck bringen und dadurch die Zuschauenden in einen Prozess der Anpassungsbewegung gebracht werden können: Sie sehen mehr Komplexität und halten diese aus! Meiner Meinung nach ist es die Aufgabe einer Aufstellung, den Anliegengebenden ein komplexeres, gleichwohl verständlicheres Bild ihrer Situation anzubieten.

Wesentliche Lernfelder für die Leitung einer Erkundungsaufstellung

Wir ringen in der Aufstellungsszene gemeinsam um die Frage der Qualität von Aufstellungen. Dazu werden auch immer mehr Veröffentlichungen angeboten. Sehr umfassend dazu ist beispielsweise das Werk von Nazarkiewicz und Kuschik (2015), welches erstmals die Qualitätsfrage auch im Titel des Buches hat. Eine Aufstellung hat für mich eine hohe Qualität, wenn die Anliegengeber:innen mit robusten Informationen versorgt werden, die neues, konstruktives und anschlussfähiges Verhalten ermöglichen. Eine gute Erkundungsaufstellung öffnet den Möglichkeitsraum, ohne sich auf eine der Möglichkeiten festzulegen. Eine gute Lösungsaufstellung bietet eine Lösung an und lässt zugleich Raum für weitere Lösungen. Damit ist auch schon der wesentliche Unterschied beschrieben. Ich verstehe Erkundungsaufstellungen als ein Format zur Analyse von komplexen Zusammenhängen, die meist nur das Anliegen erkunden: Wie zeigt sich das System? Es wird der Frage kein Problem zugrunde gelegt, für das sich dann in der Aufstellung eine Lösung zeigen soll. Erkunden bedeutet, in einer offenen Haltung hinzuschauen, wie sich die Elemente ausdrücken und welches Bild sich ergibt (näher dazu Müller-Christ, 2020b).

Die kritischen Momente, die die Qualität einer Aufstellung definieren, sind in Abbildung 1 dargestellt. Sie werden im Weiteren hinsichtlich ihrer Lerninhalte weiter reflektiert.

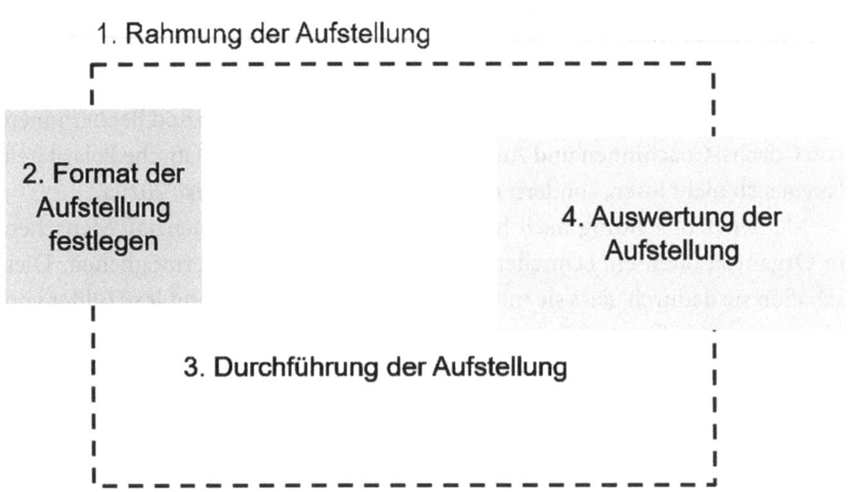

Abbildung 1: Qualitätsdefinierende Phasen einer Aufstellung

Lerninhalt 1: Die Rahmung einer Aufstellung

Mit der Aufgabe, einer Aufstellung einen Rahmen zu geben, meine ich, dass alle Beteiligten Sicherheit darin haben, was im Weiteren passieren wird. Diese Herstellung von Sicherheit muss in einer großen Bandbreite von Situationen erfolgen. Auf der einen Seite der Bandbreite steht die Situation, in der wir mit einer Gruppe von sehr erfahrenen Stellvertretungen arbeiten und auch die Anliegengeber:innen vertraut mit der Methode sind. Hier mag die Rahmung der Aufstellung in einem Satz passieren. Dieser könnte einen Dank an alle Beteiligten ausdrücken und eine kurze Vergewisserung beinhalten, dass der Ablauf wie bekannt stattfinden wird.

Auf der anderen Seite ist eine Situation denkbar, in der weder die Anliegengeber:innen noch die Zuschauer:innen und die Stellvertreter:innen mit der Methode vertraut sind. Viele Gespräche in meinen Fortbildungsseminaren drehen sich um diese Situation: Wie schaffe ich es, Menschen, denen es kaum vertraut ist, mit ihrem Körper Informationen zu lesen, in ein neues Ritual einzubinden, in dem es hauptsächlich um körperliche Wahrnehmung geht? Um diesen Musterwechsel zu gestalten, braucht es Struktur und Intuition. Ich möchte dies an einem Fallbeispiel erläutern:

Ich sah mich vor einiger Zeit vor der Aufgabe, auf einer Konferenz über Tourismusmanagement mit einer Gruppe arbeiten zu müssen, die den Aufstellungsworkshop nicht gewählt hatte, wegen der Hygieneregeln in der Pandemie-Zeit aber nicht mehr den Raum und die Gruppe wechseln konnte. Das vorgegebene Thema war: Fremdenfeindlichkeit im Tourismus. Zu diesem Thema hatte ich selbst nur abstrakte Bilder. Wann immer es Menschen in meinen Aufstellungen wie in dieser Workshop-Gruppe gibt, die mit der Methode nicht vertraut sind, versuche ich den Prozess folgendermaßen zu rahmen:

1. Ich erläutere, dass es in Aufstellungen darum geht, die eigenen inneren Landkarten zu einer Situation neu kennenzulernen. Der eigentliche Erkenntnisprozess findet in den Köpfen und Herzen der Anliegengeber:innen und Zuschauenden statt, die durch die dreidimensionalen Konstellationen im Raum von ihrem Unterbewussten plötzlich neue Bilder und Unterscheidungen erhalten. Mittlerweile konnte ich hinzufügen, dass diese Wirkungen auch im zweidimensionalen Online-Raum sehr gut funktionieren.
2. Ich demonstriere diese Wirkung anhand einer kleinen systemischen Visualisierung, die noch ganz ohne repräsentierende Wahrnehmung arbeitet. In Bezug auf das Thema »Fremdenfeindlichkeit im Tourismus« habe ich einen Stellvertreter für den fremden Menschen im Raum positioniert und dann mit Stellvertretungen visualisiert, welche Phänomene wir hinter einem fremden Menschen

sehen (seine Kultur, seine anderen Wertvorstellungen, seine Denkmuster, seine Alltagsrituale, seine Ängste u. a.).

3. Anhand der Reaktion der Gruppe entscheide ich mich dann intuitiv, ob ich eine verdeckte Erkundungsaufstellung anbiete oder weiter mit systemischen Visualisierungen arbeite (mehr zu systemischen Visualisierungen in Müller-Christ u. Pijetlovic, 2018). Voraussetzung für die systemischen Visualisierungen ist, dass ich selbst Bilder im Kopf habe, die ich als meine innere Landkarte zum Thema anbieten kann. Das war hier nicht der Fall. Deshalb musste ich mich an eine kleine Erkundungsaufstellung wagen. Vier Menschen fanden sich bereit, eine Erkundung durchzuführen, wie sich das Tourismussystem in folgenden Elementen zeigt: das Fremde, die Einheimischen, die Politik und die Tourismusverbände.
4. Ich thematisiere ganz offen, dass ich noch keine verständliche wissenschaftliche Erklärung anbieten kann, was genau im Moment der repräsentierenden Wahrnehmung passiert. Da die Frage nach der wissenschaftlichen Erklärung nicht nur in diesem Workshop, sondern in aller Regelmäßigkeit kommt, empfehle ich allen Aufstellungsleitungen, sich ein Narrativ zuzulegen, das weder auf Beliebigkeit noch auf naturwissenschaftliche Bestimmtheit ausgerichtet ist. Manchmal hilft auch eine Analogie: Eine Lokomotive, die sich allein bewegt, war für die Menschen vor 150 Jahren genauso »spooky« wie eine Information heute, die ohne erkennbare Übertragung wahrgenommen wird. Das Wort »spooky« hilft vielen meiner neuen Teilnehmenden ihr Erstaunen darüber auszudrücken, dass die Stellvertreter:innen in verdeckten Aufstellungen ein System so abbilden können, dass es die Anliegengeber:innen als ihr eigenes erkennen können – so auch in dieser Gruppe.

Einen geeigneten Rahmen zu setzen, stellt für die Teilnehmenden meiner Fortbildungen eine große Herausforderung dar, weil es in den Seminaren nicht gelernt werden kann. Es stellt sich zu schnell eine Vertrautheit ein und die meisten Teilnehmenden haben schon an mehreren Seminaren teilgenommen. Wirklich lernen können die Teilnehmenden die Rahmensetzung also nur, wenn sie sich neuen Kontexten aussetzen, in denen sie unsicher sind und dennoch eine Verhaltenssicherheit für alle Beteiligten neu herstellen müssen. Mich selbst setzt ein solcher Kontext wie ich ihn im Fallbeispiel geschildert habe, immer noch unter Spannung: Wie erzeuge ich ein verständliches Ergebnis und gehe zeitgleich mit dem Widerstand im Raum um, den ich spüre. Als Aufstellungsleitung sollten wir meiner Meinung nach in diesen Kontexten akzeptieren, dass wir mit unserer innovativen Methode nicht alle Menschen erreichen können und ein gewisses Maß an Unverständnis bleibt. Dieses drückt sich in ganz unterschiedlichen Formen aus, die teilweise in einem wortgewandt-sicheren Ton, teilweise aber auch leicht verstört geäußert werden. Zumeist fangen derartige Statements mit einem Satz in folgendem Sinne an: »Ich bin ja ein Kopfmensch und glaube an Zahlen und Fakten und das hier ist doch voller Beliebigkeit!«

Lerninhalt 2: Festlegung des Formats

Aus der Erzählung eines fragenden Menschen ein Aufstellungsformat zu machen, ist ein Übersetzungsprozess, der etwa zur Hälfte strukturiert und damit gelernt werden kann, zur anderen Hälfte von Intuition, inneren Bildern und Erfahrungen der Aufstellungsleitung geprägt wird. Die letztere Hälfte ist kein strukturierter Lernprozess im Sinne des Nachmachens, es ist vielleicht eher ein ehrlicher Selbstbeobachtungsprozess. Aus der eigenen persönlichen Erfahrung heraus gilt es, genau in die Lücke hineinzuhorchen, die nach Abschluss der Erzählung und den ersten inneren Bildern und Fragen entsteht. Ich habe diese Lücke in Abbildung 2 visualisiert und als abduktive Lücke bezeichnet. Abduktion können wir umschreiben mit einem Geistesblitz, plötzlich haben wir eine Information oder ein inneres Bild, wie wir die Erzählung in ein Format übersetzen (vgl. dazu auch Rippel, 2019). Der Geistesblitz ist eine andere Art der Übersetzung als die Schlussfolgerung. Ich versuche zu vermitteln, dass wir schlussfolgern, wenn wir aus der Geschichte ein Muster heraushören wollen, welches zu einem der Aufstellungsformate passt, die wir beherrschen. Dieser Akt des Schlussfolgerns zwischen gehörtem Muster und gewähltem Format ist dann unumgänglich, wenn die Aufstellungsleitung Sicherheit in festen Formaten und vertrauten Ritualen im Aufstellungsprozess sucht.

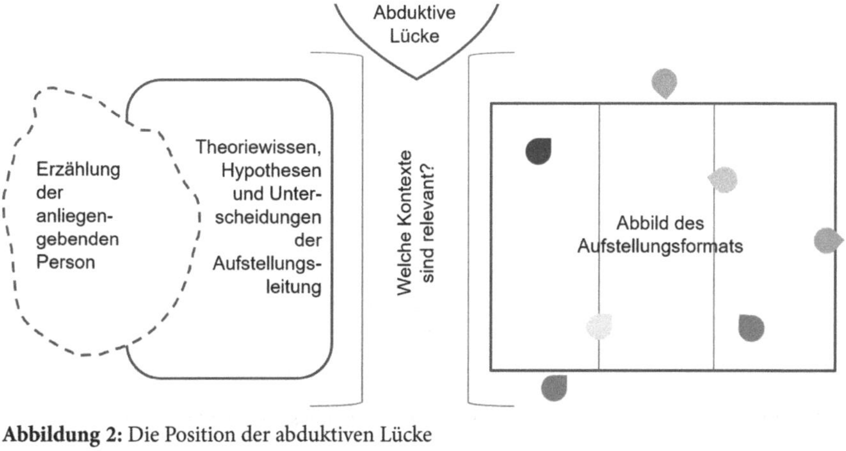

Abbildung 2: Die Position der abduktiven Lücke

Wenn zwischen Erzählung und Format möglichst viel Flexibilität herrschen soll, braucht es eine Art Baukasten, um mit den Informationen aus der abduktiven Lücke spontane Formate entstehen zu lassen. Diese Spontaneität in der Formatbildung ist möglich, wenn wir Aufstellungen als eine Partitur von Kontexten verstehen, die je nach Erzählung neu komponiert werden kann (vgl. Abbildung 4). Für die Aufstellungsleitung entsteht dabei eine Herausforderung, die zugleich ihre Freiheit darstellt: Menschen erzählen zumeist ihre Geschichten kontextarm, sie fokussieren auf die erlebte Handlung. Es gilt aus diesen kontextarmen Erzählungen polykontextuale Aufstellungen zu formatieren.

Ich halte es für unterkomplex, schwierige Situationen in Organisationen allein dadurch abzubilden, dass man in der Aufstellung nur die beteiligten agierenden Personen zu Wort kommen lässt. Tatsächlich ist dies aber die einfachste Übersetzungsart von einer Situationsbeschreibung einer anliegengebenden Person in ein Aufstellungsbild. Erkenntnistheoretisch behält man als Aufstellungsleitung dann die kontextarme Situationsbeschreibung bei und versucht, das Problem zu lösen oder eine Erkenntnis auf einer Ebene zu erzeugen, auf der die Situation vielleicht gar nicht entstanden ist. Abbildung 3 visualisiert auf eine andere Art die Herausforderung, ein Format festzulegen. Die Herausforderung liegt darin, dass die Anliegengeber:innen zumeist nur einen kleinen Teil der möglichen Abbildung der Situation anbieten, nämlich genau den Teil, der ihre eigene Realitätskonstruktion abbilden kann. Die Situation könnte auch anders erzählt werden, vor allem könnte sie von den Erzählenden defokussiert werden.

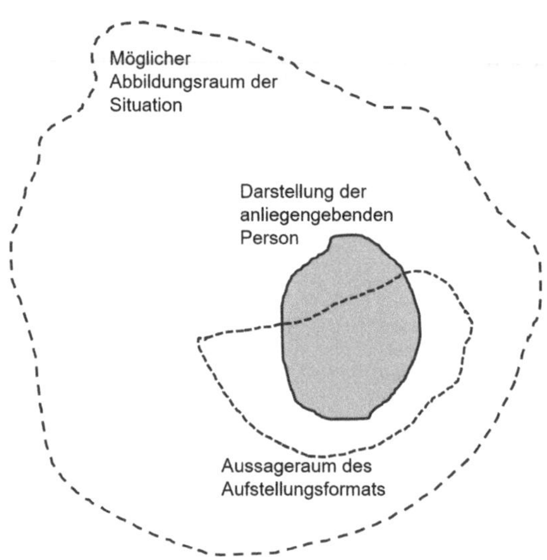

Abbildung 3: Das Erzählte und das Aufgestellte im Abbildungsraum der Situation

Meiner Ansicht nach ist es die Aufgabe der Aufstellungsleitung, die gehörte Erzählung zu defokussieren und zu rekontextualisieren. So wird aus der Frage, warum zwei Mitarbeitende nicht mehr wie gewohnt gute Leistungen zeigen (Blick auf die Handlungen), eine Betrachtung eines grundlegenden Spannungsfeldes zwischen Vertrauen und Kontrolle (Rekontextualisierung), in dem beide Mitarbeitende zwischen anderen Elementen ihre Position suchen (Depersonalisierung). Beides spiegelt sich dann im Aufstellungsformat wider, in dem die Anliegengeber:innen nicht als Fokus positioniert werden. Tatsächlich gelingen die Defokussierung und die Rekontextualisierung am besten, wenn Aufstellungen verdeckt gemacht werden. Wenn sich die Elemente nicht mehr auf einen Fokus ausrichten müssen, sind sie offener, weitere Informationen aus ihren Kontexten zu verarbeiten, die sie zu ihrer Positionierung empfangen, und es können ganz neue Konstellationen entstehen, in denen sich ein System dann selbst ausdrückt.

In der Art der Rekontextualisierung zeigt sich das Organisationsverständnis der Aufstellungsleitung. Je abstrakter die Organisationslogik erfasst werden kann, umso mehr Kontexte können von der Leitung in einer Aufstellung kombiniert werden. Je besser die Abbildung von Systemen als Kontexte in Kontexten in Kontexten in Kontexten usw. modelliert werden kann (Polykontexturalität), umso komplexer kann sich das System ausdrücken. In Abbildung 4 sind die Kontextebenen visualisiert, die in einer Aufstellung verwendet werden können. Sie sind im Themenbuch »Aufstellungen im Arbeitskontext« der »Praxis der Systemaufstellung« von mir ausführlicher dargestellt (Müller-Christ, 2020b).

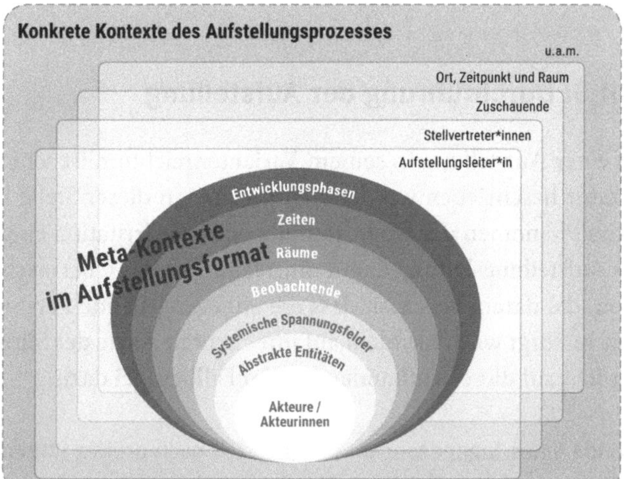

Abbildung 4: Der Kontextbaukasten für Aufstellungen (Müller-Christ, 2020b, S. 63)

Meine Erfahrung zeigt, dass die Rekontextualisierung von vielen Erzählenden als befreiend wahrgenommen wird. Es ist wie die Ausdehnung einer Geschichte in vergessene Welten hinein, ein Wiederentdecken eines größeren Zusammenhangs und eine Befreiung aus einer Selbsterzählung, die das Hirn beständig wiederholt. Aus dem engen (Angst-)Bild der eigenen Selbsterzählung wird durch das defokussierte und rekontextualisierte Aufstellungsbild ein Big Picture, welches sehr viel mehr Möglichkeiten zulässt, wer auf wen wie einwirkt. Ein typisches Fallbeispiel aus der Praxis verdeutlicht das:

Eine türkischstämmige Studentin litt unter den Angriffen ihrer Schwester. In der Aufstellung entstand ein Bild, wie beide Schwestern ihren Eltern zuschauen, wie diese versuchen, die Brücke zwischen der türkischen Kultur und der deutschen Lebensweise zu schlagen. Es trat sofort Entspannung bei der Studentin ein und in den nächsten Wochen nahm sie keine Angriffe ihrer Schwester mehr wahr.

In der passenden Ausweitung der Darstellung der anliegengebenden Person in ein Aufstellungsformat liegt die Kompetenz der Aufstellungsleitung. Welche Kontexte von der Aufstellungsleitung als relevant hinzugefügt werden, hängt wieder von der Intuition ab, die sich im Moment der abduktiven Lücke zeigt. In der überraschenden Ausweitung liegt die Möglichkeit für die Anliegengeber:innen, wirklich Neues über ihr System zu lernen und die eigenen mentalen Karten anzureichern. Diese Vorgehensweise lernen die Seminarteilnehmenden, wenn sie die Gelegenheit haben, dem Interview zur Entwicklung des Formats zu folgen und direkt Fragen stellen zu können.

Lerninhalt 3: Durchführung der Aufstellung

Der Ablauf einer Aufstellung in seinem Variantenreichtum ist schon vielfältig in der Literatur beschrieben worden. Ich möchte an dieser Stelle im Wesentlichen auf das Phänomen der Überraschung oder der Irritation eingehen. Wie gehe ich als Aufstellungsleitung damit um, wenn sich das Überraschende zeigt, die Irritation, die darauf verweist, dass die anliegengebende Person mit einer Information versorgt wird, die nicht auf ihre mentale Karte der Situation passt oder noch nicht auf dieser vorhanden ist. Ein Fallbeispiel dazu:

Die Vorsitzende eines Jugendzentrums fragte sich nach dreißig Jahren Vorsitz, in welche Organisationsform der Verein überführt werden müsste, um weiterbestehen zu können. Wenn diese Überführung erfolgt sein würde, würde sie das System gern verlassen. In der verdeckten Aufstellung gaben mehrere Elemente deutliche Signale, dass die Stellvertreterin, die die Vorsitzende repräsentierte, als sehr störend empfunden wurde. Sie wurde mehrfach aufgefordert, das System doch nun zu verlassen. Die Aufstellung war verdeckt, es gab keinen Fokus. Aus dem Wunsch, ein Lebenswerk geordnet zu übergeben, entstand die Information, das Lebenswerk jetzt sofort zu übergeben und zu verlassen. Das war eine deutliche Irritation, die die Anliegengeberin erfahren musste.

Aus meiner Erfahrung heraus hatte ich mögliche Irritationen schon in der Phase 1 angekündigt, in der ich den Rahmen gesetzt hatte. Ich hatte die anliegengebende Person gefragt, ob sie bereit sei, etwas über sich zu erfahren, was ihr vielleicht sehr unangenehm sein könnte. Es klingt paradox, aber um Irritationen kontrollieren zu können, müssen wir sie ankündigen. So war auch die erste Reaktion der Vorsitzenden im gerade geschilderten Fall: »Naja, Sie haben das angekündigt, dass es zu Überraschungen kommen kann, ich habe jetzt nur darauf gewartet!«

Die Offenheit, Irritationen auszuhalten, die die Vorsitzende im Fallbeispiel gezeigt hat, gibt es nicht immer. Viele Menschen kommen an emotionale Grenzen, wenn sie aus der Komfortzone ihrer kontextarmen Selbsterzählungen geholt werden. Für mich ist es eine der schwierigsten Aufgaben der Aufstellungsleitung, in der Durchführung einer Aufstellung solche Irritationen kontrolliert zu ermöglichen und den Irritationsraum so lange wie möglich offenzuhalten, auch wenn es für die anliegengebende Person oder auch für Stellvertreter:innen oder Zuschauende gerade unangenehm ist und an den Rand der Peinlichkeit geht. Aussprechen, was ist, ist der Anfang eines Heilungs- und Erkenntnisprozesses; Irritationen sind der Anfang eines Lernprozesses. Verstörung hingegen ist der Zustand, den die Aufstellungsleitung auf jeden Fall verhindern sollte; in diesem Zustand sind keine öffnenden inneren Bewegungen möglich, die anliegengebende Person wird vielmehr in einen inneren Überlebensmodus geworfen. Hier gilt es auch in einer verdeckten Aufstellung und noch viel mehr im Online-Format in einem engen Kontakt zur anliegengebenden Person zu bleiben, um erfassen zu können, ob die überraschenden Informationen ausgehalten werden können.

Eine häufige Ausweichbewegung der Aufstellungsleitung aus irritierenden Szenen heraus ist der Wechsel in den therapeutischen Modus, eben auch in Organisationsaufstellungen. Diese Bewegung wird zumeist mit der Frage eingeleitet: »Was braucht das Element, damit es ihm besser geht?« Um den Zustand eines Systems verstehen zu können, ist es meiner Meinung nach wichtig, dass alle Beteiligten die Bereitschaft haben, auch Unwohlsein der Elemente auszuhalten und stehenlassen zu können. Kurzes, fürsorgliches Nachfragen an die Stellvertreter:innen, ob sie die körperliche Situation aushalten wollen und können, hilft allen Beteiligten, den Wechsel in den therapeutischen Modus hinauszuzögern.

Lerninhalt 4: Auswertung von Aufstellungen

Ich gehe davon aus, dass in Organisations- und Erkundungsaufstellungen die Auswertungsphase die Sequenz ist, in der die meisten Erkenntnisse entstehen. Etwas auswerten heißt vielleicht sogar ganz im begrifflichen Sinne des Wortes: einer Information einen Wert geben. Wertvoll werden Informationen für uns, wenn sie bedeutungsvoll sind. Mit bedeutungsvollen Informationen können wir nach einer Aufstellung anschlussfähiges und nützliches Verhalten erzeugen, wir verstehen unsere Welt und unser System besser und handeln stimmiger.

Die Durchführung der Aufstellung ist ein Prozess der Informationssammlung, auch die Phase der Interventionen könnte noch als Prozess der Informationssammlung verstanden werden. Die von der Aufstellungsleitung durchgeführten Interventionen stellen mögliche Veränderungen dar. Auf ihrer Rückseite bleiben die nicht gemachten Interventionen als Option offen. Es könnte immer auch ganz anders sein, auch in Lösungsaufstellungen. Alles, was in Form gebracht wurde, also zu einer Information wurde, hinterlässt eine Menge des Ungeformten, einen Möglichkeitsraum für weitere Informationen. Auch das Nichtgesagte und das Nichtgemachte stellt in diesem Sinne eine potenzielle Information dar. Es äußert sich in Auswertungsgesprächen in Fragen wie: »Hätte man nicht auch …?«; »Was wäre gewesen, wenn wir …?«

Tatsächlich entstehen durch die Positionierung der Elemente, durch den Selbstausdruck der Elemente und durch die verschiedenen Befragungs- und Interventionsphasen so viele Informationen, dass es sinnvoll ist, Aufstellungen als Video aufzuzeichnen und nicht nur mitzuschreiben. Die technischen Möglichkeiten dazu zu besorgen und zu bedienen, wird bekanntlich immer einfacher. Eine informative Aufstellung ist wie ein Loriot-Film: Auch beim dritten Schauen des Videos entdecken wir Informationen, die uns bislang noch nicht aufgefallen sind. Und noch mehr Informationen entdecken wir, wenn wir die Aufstellung in einer Gruppe wieder anschauen und auswerten. Viele Bedeutungen entstehen durch die Deutungen von Individuen, die zu neuen Erkenntnissen bei anderen Individuen führen. Im wechselseitigen Reagieren aufeinander kann eine Gruppe stundenlang immer wieder neue Bedeutungen erzeugen. Dieser sogenannte hermeneutische Prozess ist in der Wissenschaft gut untersucht und im Methodenkanon des interpretativen Paradigmas der Sozialwissenschaften ausführlich beschrieben (z. B. Keller, 2012).

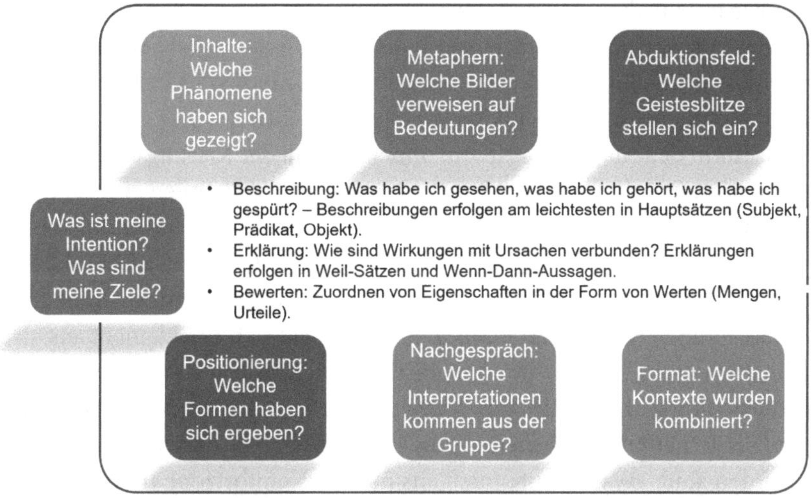

Abbildung 5: Auswertungsraum

Wie in den anderen Lerninhalten auch gibt es in dieser Phase strukturierte Inhalte und intuitive Prozesse. Beide interagieren in kaum vorhersehbarer Weise und wir können hier als lernbar nur den strukturellen Teil anbieten und diesen auch nur in seiner Vorläufigkeit (zur Lernbarkeit von Intuition vgl. den Beitrag von Kuschik in diesem Buch). Natürlich gibt es auch offene, unstrukturierte Gespräche nach einer Aufstellung. Tatsächlich ist es sehr schwierig für eine Aufstellungsleitung, aus einem offenen Gespräch, in dem Stellvertreter:innen und Zuschauende in loser und ungeordneter Reihenfolge Beobachtungen, Erklärungen und Bewertungen schildern, systematische Erkenntnisse für die anliegengebende Person zu ziehen. Es macht deutlich mehr Sinn, das Auswertungsgespräch gut zu strukturieren und zu moderieren. In der Auswertung holt uns zumeist der Komplexitätsstress der Organisation wieder ein und es kommt zu undisziplinierten Gesprächen: Viele wollen alles loswerden, was sie wahrgenommen haben, viele wollen gern ihre Erfahrungen und ihre co-therapeutischen Bemühungen einbringen.

Hilfreich ist zum Beispiel die Vorstellung, dass wir nach einer Aufstellung symbolisch in einen Auswertungsraum gehen (vgl. Abbildung 5). In diesem finden wir verschiedene Reflexionsthemen, die wir in intuitiver Reihenfolge besuchen, bei denen wir eine Weile verbleiben und deren Wert wir entdecken. Die Reflexionen können direkter und tiefer werden, wenn man vor der Aufstellung an die Gruppe der Zuschauenden Beobachtungsaufgaben vergibt: Je nach Größe der Gruppe lasse ich verschiedene Personen einzelne Elemente genauer beobachten, bitte sie, die Positionen und Bewegungen zu notieren und vor allem

Kernsätze festzuhalten. Mit den Beobachtungen der Zuschauenden beginne ich dann das Auswertungsgespräch und hole symbolisch zentrale Sequenzen der Aufstellung noch einmal in den Raum, zumeist im Modus des Reflecting Teams (zu der Methode z. B. von Schlippe u. Schweitzer, 2017).

Die Tür in den Auswertungsraum öffnet sich mit der Klärung der Frage, was die Intention und die Ziele der Auswertung sind. Beide können einerseits sehr offengehalten werden im Sinne von: »Ich möchte alles hören, was an Informationen entstanden ist und durch die Auswertung noch entstehen wird.« Sie können aber andererseits sehr klar formuliert werden: »Ich möchte gerne mehr über das zu fokussierende Element erfahren, z. B. wie drückt sich das Element aus, dass Nachhaltigkeit im Unternehmen repräsentiert.« Eine sehr kraftvolle Aufmerksamkeitslenkung an der Tür zum Auswertungsraum ist die Intention der Beteiligten, alle Irritationen zu benennen und zu vertiefen, die durch die Aufstellung entstanden sind: »Was könnte mich aus meiner Komfortzone treiben?«, »Welche Information über mich und andere im System erzeugen eine Dissonanz?«, »Welche Informationen entsprechen überhaupt nicht meiner Erwartung?«

Bedeutungsvolle Informationen kommen in verdeckten Aufstellungen häufig in der Sprache der Bilder und Metaphern sowie des Raumes zum Ausdruck: »Wie positionieren sich die Elemente zueinander?« Meiner Beobachtung nach lohnt es sich sehr, sich in die Tiefe der Bilder und Metaphern zu begeben. Hier kann ich zwar zurzeit noch keine gut strukturierten Empfehlungen geben, wie eine Metaphernanalyse nach Aufstellungen erfolgen könnte. Ich habe gleichwohl den Eindruck, dass komplexe und abstrakte Metaphern ein Königsweg sind, um in die Essenz von Phänomenen einzusteigen: Komplexitätsbewältigung durch komplexe Metaphern. Metaphern werden in der menschlichen Kommunikation vielfältige Funktionen zugeschrieben (Schmitt, 2017). Geübte Stellvertreter:innen scheinen mir in Aufstellungen auf Metaphern zurückzugreifen, um ein Übersetzungsproblem in den Bereichen zu lösen, für die es noch keine Begrifflichkeiten gibt.

Ich möchte es im Folgenden bei einem Fallbeispiel belassen:

Eine Stellvertreterin beschrieb in einer Aufstellung folgendes Bild: »Ich sehe Cladni-Bilder vor mir. Sand wird auf eine Metallplatte gestreut, die Platte mit einem Geigenbogen zum Schwingen gebracht und der Sand vibriert sich in ein erkennbares Muster. Ich selber streiche nicht die Platten an, aber meine Aufgabe ist es, zu beobachten und zu beschreiben, welche Bilder entstehen.« Die Stellvertreterin repräsentierte die Geisteswissenschaftler:innen.

Komplexe Metaphern – wie die im Fallbeispiel von der Stellvertreterin beigesteuerte – können gleichwohl häufiger von Stellvertretungen mit dem entsprechenden Bildungshintergrund angeboten werden. Solche komplexen Metaphern stellen eine Dekontextualisierung des betrachteten Phänomens dar, das von den Beteiligten im Anschluss wieder rekontextualisiert werden muss. Diese Rekontextualisierung erfolgt gemäß der Struktur der mentalen Karten der anliegengebenden Personen: Jede Person erzeugt ihre eigenen inneren Bewegungen zu einer komplexeren Betrachtung und Erkenntnis über das eigene System hin. Von daher ist es wichtig, die Stellvertreter:innen immer wieder darauf hinzuweisen, in Bildern und Metaphern zu reden, mithin alle Bilder auch mutig auszusprechen, gerade auch, wenn sie aus einer anderen Welt kommen. Ein Bild sagt mehr als tausend Worte, das gilt auch für die Metaphern in Aufstellungen.

Das Raumbild bietet auch die Möglichkeit, formenanalytische Auswertungen zu machen. Seitdem wir nun intensiver mit Online-Aufstellungen arbeiten, gewinnt die formenanalytische Auswertung eine ganz neue Gewichtung und Bedeutung: Es gibt mehr Abbilder von Aufstellungen aus der Vogelperspektive. In die Graphiken lassen sich im Nachhinein Formen hineinzeichnen, die durch bloße Anschauung entstehen oder die von den Stellvertretungen explizit erwähnt werden (vgl. Abbildung 6). Dazu gehören Dreiecke, Kreise, abgegrenzte Felder oder Linien, die sich augenscheinlich ergeben. Formenanalytische Auswertungen machen vermutlich in einer wissenschaftlich geprägten, hermeneutischen Suche nach dem Verstehen eines Systems mehr Sinn als in einer lösungsorientierten Organisationsaufstellung. Gleichwohl kann auch hier ein formengeschultes Auge Deutungen anbieten, die für Lösungs- und Anpassungsbewegungen der Beteiligten sehr hilfreich sein können.

Auf Abbildung 6 sind als Anschauungsbeispiel die Formen eingezeichnet, die die Stellvertreter:innen einer Aufstellung zur Erkundung von New Work beschrieben haben. Solche Bilder sind im Übrigen der Gewinn der Coronazeit, die Aufstellungen in den virtuellen Raum verlegt haben. Im Rahmen dieses Beitrags ist es nicht möglich, die archetypischen Deutungen von Formen zu erläutern. Kreise deuten häufig auf ein Harmoniebedürfnis hin, Quadrate wirken wie eine Grenzsetzung und Dreiecke erinnern an eine trigonometrische Landvermessung. Es kommt mir in meiner Fortbildung auch darauf an, den Blick für offensichtliche und inhärente Formen zu schulen. Offensichtliche Formen ergeben sich häufig in Aufstellungen mit ungeübten Stellvertretungen. Hier bildet sich häufig ein Kreis mit dem Wunsch der Stellvertreter:innen, alles sehen zu wollen. Wenn sich die Fähigkeit zur repräsentierenden Wahrnehmung dann intensiver herausgebildet hat, lässt sich ein Kreis in einem Ausstellungsbild auch als Ausdruck eines gesunden Systems deuten. Solche Deutungen können aber nicht verallgemeinert werden, erst der direkte Blick in das Aufstellungsbild erzeugt die Ahnung, was die Form bedeuten könnte.

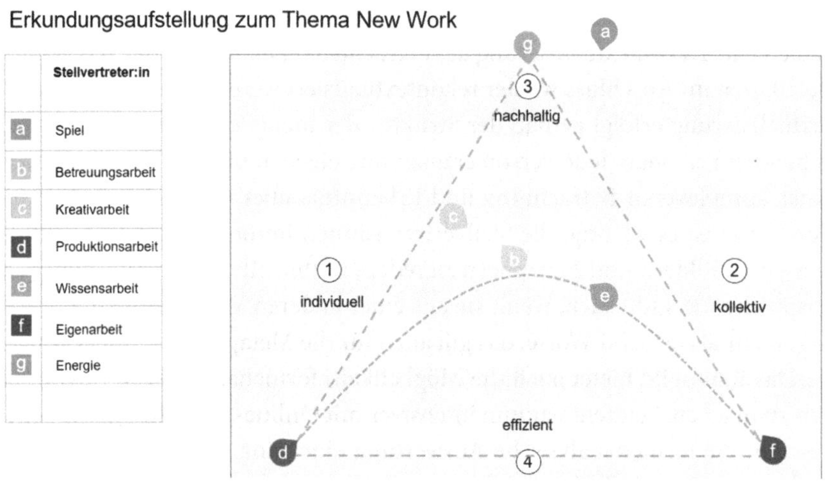

Abbildung 6: Formenanalytische Auswertung einer Aufstellung

Abbildung 7 soll einen abschließenden Hinweis darauf geben, dass es sehr verschiedene Ausprägungen von Auswertungsprozessen gibt, die Aufstellungsleitungen begleiten können. In der Beratung, in der Kunden und Kundinnen auf das schnelle Ergebnis drängen, sind Kompaktauswertungen hilfreich. Innerhalb von ein bis zwei Stunden können Positionen, Metaphern, Kernsätze und Irritationen beschrieben und erste Gestaltungsempfehlungen gegeben werden. Je kürzer die vorhandene Zeit, umso wichtiger scheint es mir, dass die anliegengebenden Personen eigene Gestaltungsvorschläge entwickeln, die sie aus der Aufstellung ableiten. Die Aufstellungsleitung kann hier animierend mit vorsichtigen Erklärungen zur Seite stehen.

Der Duktus einer Kompaktauswertung sollte es sein, das Wahrgenommene noch einmal zu beschreiben, ohne es zu bewerten. Gleichwohl ist dies eine der schwierigsten Anforderungen an das menschliche Hirn: Beschreibung und Bewertung zu trennen. Wiederholte Beschreibungen öffnen den inneren Horizont von Menschen, Bewertung schließt ihn wieder, weil mit dem Wert eine klare innere Position verbunden ist.

In den beiden anderen umfassenderen Auswertungsprozessen – der Gestaltungsauswertung und der Verstehensauswertung – kommt es meiner Ansicht nach darauf an, den Öffnungsprozess des Beschreibens möglichst lange und intensiv aufrechtzuerhalten, bevor durch Erklärungen (warum etwas ist, zu was etwas führt) und Bewertungen (ob etwas zu viel, zu wenig, gut oder schlecht ist) die mentalen Schließungsprozesse begonnen werden. Wenn wir diesen Unterschied mit der Idee der Komplexitätsbewältigung verbinden, dann geht

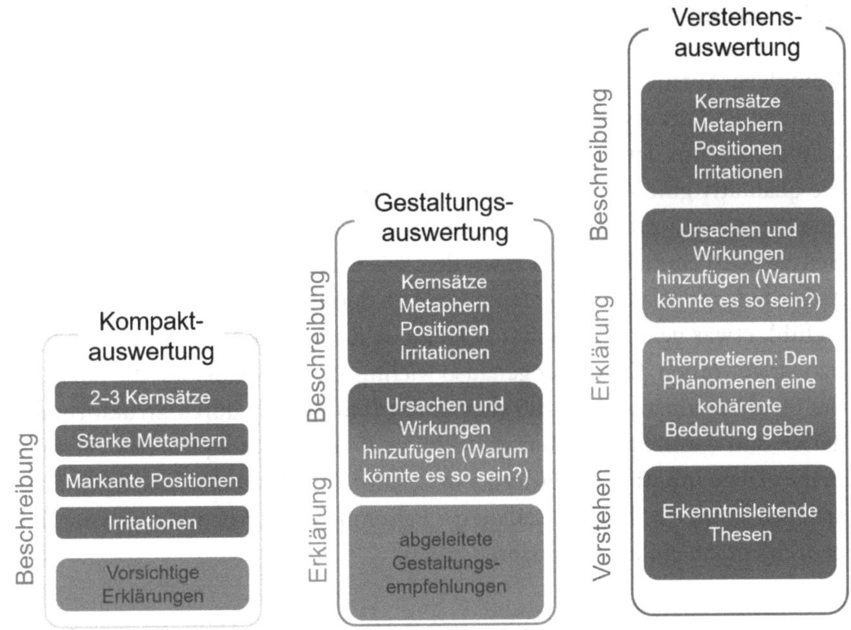

Abbildung 7: Strukturen von Auswertungsprozessen

es hier um den pulsierenden Prozess von Komplexitätserhöhung durch breite Beschreibungen und Komplexitätsreduzierung, um mit wenig Mitteln, wenig Zeit und durch effektive und effiziente Erklärungen Handlungen zu ermöglichen. Die Ergebnisse der Auswertungen könnten sich folgendermaßen darstellen:

- Kompaktauswertung in Hauptsätzen mit kurzen Nebensätzen:
  »Wir haben in der Aufstellung gesehen, dass …«,
  »Es hat sich als Überraschung gezeigt, dass …«
- Gestaltungsauswertung in Vorschlägen im Konjunktiv:
  »Wir könnten versuchen, Folgendes zu tun: …«
- Verstehensauswertung in erkenntnisleitenden Thesen:
  »Könnte es sein, dass …«

Ich versuche alle Auswertungen von Aufstellungen mit dem Hinweis zu beenden: »Und es könnte auch ganz anders sein!« Diese Aussage trägt die Information in sich, dass in komplexen Situationen jede Festlegung auf eine Lösung die anderen Möglichkeiten nicht vernichtet, sondern nur unentdeckt im Möglichkeitsraum lässt. Sie können jederzeit wieder erschlossen werden.

Schlussbemerkung

Komplexe Aufstellungen leiten – Wie viel Struktur ist lernbar und wie viel Intuition ist Voraussetzung? Intuition und Struktur sind in diesem Beitrag die Leitbegriffe, um der Frage nachzugehen, was genau Menschen lernen sollten, die qualitativ gute Aufstellungen leiten wollen. Mit Blick auf meine Rolle als Anbieter einer Fortbildungsreihe zur Aufstellungsleitung ist mir durch diesen Beitrag noch einmal deutlich geworden, wie wichtig es ist, klare Strukturen für Aufstellungsprozesse anzubieten. Sie geben den Lernenden Sicherheit und das Gefühl, etwas gelernt zu haben. Damit ist Komplexität reduziert und handhabbar geworden. Es ist aber genauso wichtig, immer wieder auf die Lücken in der Struktur hinzuweisen, die eher durch Intuition als durch Strukturmuster gefüllt und damit handhabbar gemacht werden. Es gilt folglich, das Vertrauen in die eigene Intuition zu fördern, ein Lerninhalt, der vermutlich eher indirekt erfolgen kann, weil beide Beteiligten – Lehrende und Lernende – sich mit ihrer ganzen Person einlassen müssen.

Literatur

Ahel, O. (2020). Intuition im Management. Möglichkeitsraum, Spannungsfelder und emergierende Konstellationen. Wiesbaden: Springer Gabler.

Beck, D., Cowan, C. (2017). Spiral Dynamics. Leadership, Werte und Wandel (7. Aufl.). Bielefeld: Kamphausen.

Keller, R. (2012). Das Interpretative Paradigma. Eine Einführung. Wiesbaden: Springer VS.

Müller-Christ, G. (2020a). Nachhaltiges Management. Handbuch für Studium und Praxis (3., aktual. u. erw. Aufl.). Baden Baden: Nomos.

Müller-Christ, G. (2020b). Erkundungsaufstellungen: den Raum jenseits der Lösungsorientierung im Organisationskontext erforschen. In K. Nazarkiewicz, K. Kuschik (Hrsg.), Aufstellungen im Arbeitskontext. Praxis der Systemaufstellungen (S. 53–73). Göttingen: Vandenhoeck & Ruprecht.

Müller-Christ, G., Pijetlovic, D. (2018). Komplexe Systeme lesen. Das Potenzial von Systemaufstellungen in Wissenschaft und Praxis. Berlin: Springer Gabler.

Nazarkiewicz, K., Kuschik, K. (Hrsg.) (2015). Handbuch Qualität in der Aufstellungsleitung. Göttingen: Vandenhoeck & Ruprecht.

Rippel, J. (2019). Systemische Kreativität – der inspirierende Zugang zur Innovation. Oder die Wiederentdeckung der Intuition in der Wirtschaft durch Systemaufstellungen. Heidelberg: Carl-Auer.

Scharmer, C. O. (2009). Theorie U. Von der Zukunft her führen. Heidelberg: Carl-Auer.

Schlippe, A. von, Schweitzer, J. (2017). Systemische Interventionen (3. Aufl.). Göttingen: Vandenhoeck & Ruprecht.

Schmitt, R. (2017). Systematische Metaphernanalyse als Methode der qualitativen Sozialforschung. Wiesbaden: Springer VS.

5.26 5.44 5.56 6.14 6.29 6.44
5.30 5.48 6.01 6.18 6.33 6.48
5.35 5.50 6.05 6.20 6.35 6.50
5.37 5.52 6.07 6.22 6.37 6.52
5.39 5.54 6.09 6.24 6.39 6.54
5.42 5.57 6.12 6.27 6.42 6.57
5.44 5.59 6.14 6.29 6.44 6.59
5.46 6.01 6.16 6.31 6.46 7.01
5.47 6.02 6.17 6.32 6.47 7.02
5.49 6.04 6.19 6.34 6.49 7.04
5.51 6.06 6.21 6.36 6.51 7.06
5.52 6.07 6.22 6.37 7.07
reitag
12.47 13.17
12.51 13.21
12.53 13.23
12.56 13.26
12.58 13.28
12.40 12.59 13.10 13.29 13.40
12.43 13.01 13.13 13.31 13.43

Salome Scholtens und Margreet Smit

Systemische Aufstellungen in der Ausbildung im Bereich der Medizin

aus dem Englischen übersetzt von Olesia Zabavnova

Wie setzt man die Methode der systemischen Aufstellungsarbeit bei den Menschen ein, die danach nicht gefragt haben, und das in einem Umfeld, in der die Methode nicht vertraut und wo ihre Anwendung eher unüblich ist? Diese Frage war in den letzten Jahren für uns als Lehrende von Medizinstudierenden in den Niederlanden eine der zentralen Fragen. Im Jahr 2017 wurden wir gebeten, einen Workshop mittels der systemischen Aufstellungsmethode für Medizinstudent*innen zu entwickeln und seitdem haben wir die Methode in der medizinischen Ausbildung eingesetzt. Dafür mussten wir Kontakt mit dem regulären Hochschulsystem aufnehmen – einem System, das nicht so offen für Methoden ist, die nicht evidenzbasiert sind oder einen etwas mystischen Beigeschmack haben könnten. Diese Reise forderte uns als Lehrende und systemische Aufstellerinnen sehr heraus und zwang uns, uns selbst weiterzuentwickeln und unser eigenes Verständnis für die Methode zu vertiefen. Dadurch haben wir viel darüber gelernt, wie man die systemische Aufstellungsarbeit im Allgemeinen lehrt, und insbesondere, wie man sie mit den Methoden, Normen, Werten und Perspektiven der Menschen verbindet, mit denen man arbeitet.

Neben den praktischen Erfahrungen und Erkundungen forschen wir zur systemischen Aufstellungsmethode. Diese war eine wichtige Quelle für neue Perspektiven und Erkenntnisse. Wir glauben, dass sich viele der Einsichten und die praktischen Umsetzungen sehr gut auf andere Ausbildungssettings übertragen lassen. Obwohl wir nicht ausschließlich Medizinstudierende unterrichten, konzentrieren wir uns in diesem Kapitel aus Gründen der Übersichtlichkeit auf die akademische medizinische Grundausbildung.

Hintergrund

Das medizinische Umfeld als Arbeitsumgebung ist komplex und anspruchsvoll. Menschen mit unterschiedlichen Rollen und Hintergründen (Ärzte*Ärztinnen, Krankenpflegepersonal, Sanitäter*innen, Techniker*innen, Laborpersonal, Hilfskräfte usw. aus verschiedenen Fachgebieten) müssen eng zusammenarbeiten und sind voneinander abhängig. Menschen können auch gleichzeitig verschiedene Rollen haben. Zum Beispiel kann eine Ärztin gleichzeitig eine Vorgesetzte, Managerin, Forscherin und Lehrerin sein. Das medizinische Umfeld ist auch durch einen starken Sozialisationsprozess gekennzeichnet, bei dem Studierenden und jungen Ärzt*innen Werte, Normen und Gewohnheiten vermittelt werden. Dieser Prozess beginnt bereits zu Beginn ihrer Ausbildung und »lehrt« die Studierenden die impliziten Regeln, die notwendig sind, um sich einzufügen (Sturmberg u. Martin, 2008; Witman, 2014). Dieser Sozialisationsprozess ist jedoch weitgehend unbewusst und ungewollt. Wenn Medizinstudent*innen nach und nach in den medizinischen Berufsalltag eintreten, werden sie vom medizinischen System vereinnahmt und sehr leicht überfordert. Es kann daher schwierig für sie sein, ihrem eigenen, authentischen Selbst treu zu bleiben. Dies kann einen großen Einfluss auf ihr persönliches Wohlbefinden sowie auf die Funktion als Ärzte*Ärztinnen und letztlich auf die Sicherheit der Patient*innen haben (Panagioti et al., 2018). In der Tat kommen stressbedingte Beschwerden und Burnout bei Medizinstudierenden und Ärzt*innen häufig vor (Garcia-Williams, Moffitt u. Kaslow, 2014).

Die internationale Aufmerksamkeit dafür, professionelle Entwicklung und medizinische Leitung in die medizinischen Curricula aufzunehmen und das medizinische Arbeitsumfeld als ein System herauszufordern, wächst stetig (Frenk et al., 2010). Aber wie macht man das? Wie können wir Medizinstudierende mit Fähigkeiten ausstatten und ihnen die Möglichkeit geben, Erfahrungen zu sammeln, damit sie mit diesen komplexen Organisationen besser umgehen können? Dies ist derzeit eine der wichtigsten Fragen im Bereich der medizinischen Ausbildung und es gibt noch keine klare Antwort darauf. Um diese Themen der professionellen Entwicklung und der medizinischen Führung in der medizinischen Ausbildung zu thematisieren, wurde 2017 im Medizinzentrum der Universität Groningen (University Medical Center Groningen, Niederlande) eine Ausbildungslinie für das medizinische Curriculum von einer Gruppe von Lehrenden (zu der wir auch gehören) gestaltet. Diese Lehrenden arbeiten unter der Initiative namens »SCOPE« zusammen. Die Ausbildungslinie hat ihre Wurzeln in transformativem und erfahrungsorientiertem Lernen (s. Kasten »Transformatives Lernen«, S. 209). Die systemische Perspektive auf das medizinische

Umfeld und dessen Sozialisierungsprozesse gehören zu den Schlüsselelementen dieser Linie. Der systemische Aufstellungsansatz wurde verwendet, um Fähigkeiten zur systemischen Perspektive zu entwickeln und ein Bewusstsein für Sozialisierungsprozesse im System zu schaffen. Dieser Ansatz ermöglicht ein erfahrungsorientiertes Lernen für die Einzelnen und die Gruppe. Zudem regt er die systemische Perspektive an und ist ein effektives Mittel, um aus impliziten Strukturen, Beziehungen und Werten explizite zu machen (Arnold u. Prescher, 2017; Mezirow u. Taylor, 2009). 2017 haben wir angefangen den Workshop für Bachelor-Studierende im dritten Studienjahr durchzuführen. Zurzeit organisieren wir Trainings für die Studierenden des regulären medizinischen Curriculums, einen vertiefenden Wahlkurs und mehrere Workshops in anderen Kursen an der Universität. Der systemische Blickwinkel und die Methode der systemischen Aufstellung beeinflussten die Art und Weise, wie wir als Team zusammenarbeiten, und prägten die Art und Weise, wie wir Bildung weiterentwickeln und anwenden.

Transformatives Lernen

Transformatives Lernen bedeutet durch Lehren zu verändern (Mezirow u. Taylor, 2009). Es steht neben dem informativen Lernen (Wissen und Fähigkeiten) und dem formativen Lernen (Sozialisation und Werte). Bildung, die auf transformativem Lernen basiert, zielt darauf ab, die Lernenden herauszufordern, ihr Wertesystem und ihre Weltsicht zu bewerten. Die Kernelemente dieser Theorie umfassen Folgendes: individuelle Erfahrung, Förderung der kritischen Reflexion, Dialog (mit sich selbst und mit anderen), die ganzheitliche Orientierung und das Bewusstsein des soziokulturellen Kontextes. Es wird angenommen, dass der Prozess des transformativen Lernens mit der Erfahrung der Lernenden beginnt. Überzeugungen, Einstellungen oder auch gesamte Perspektiven können sich durch Reflexion und Ausprobieren verschiedener neuer Gelegenheiten und Rollen verändern.

Leitprinzipien und Vorgehensweise

Unsere erste und größte Herausforderung war es, die uns bekannte Methode der systemischen Aufstellung in eine Form zu übersetzen, die für die Lehre von Studierenden geeignet ist und die in das Schema und das Setting der medizinischen Ausbildung passt. Dafür arbeiteten wir eng mit dem Bert-Hellinger-Institut (Niederlande) zusammen, insbesondere mit Jan Jacob Stam. Außerdem durchsuchten wir die Literatur nach bereits gemachten Erfahrungen. Die Publikation von Kopp und Martinuzzi (2013) gibt z. B. eine gute Übersicht über verschiedene Ansätze und deren Bewertung dieser für die Umsetzung der Methode in der Ausbildung. Die geltenden Studiengänge im Bereich Medizin gibt es in den Niederlanden seit sechs Jahren. Sie bestehen aus einem dreijährigen Bachelor-Studiengang und einem dreijährigen Master-Studiengang. In der Regel liegt der Schwerpunkt des Bachelorstudiums auf dem theoretischen Wissen, während der Schwerpunkt des Masterstudiums auf der Entwicklung von (fachlichen) Fähigkeiten und hauptsächlich aus Praktika besteht. Ursprünglich war im medizinischen Curriculum nur Platz für einen verpflichtenden Workshop, der allen 380 Bachelor-Studierenden des dritten Studienjahres an einem einzigen Tag angeboten werden sollte. Dies schränkte unsere Möglichkeiten ein und bot keinen Raum für längere oder mehrere Sitzungen.

Als Leitprinzipien legten wir fest, dass wir den Studierenden in ihrer Welt begegnen, um ihnen eine körperliche und lebensnahe Erfahrung bieten zu können. Es war uns klar, dass das, was wir anbieten, eine neue Erfahrung für sie sein würde. Um ihnen »in ihrer Welt zu begegnen«, verwendeten wir eine für sie vertraute Sprache und Beispiele aus ihrem Kontext. Wir stellten fest, dass es hilfreich sein würde, zu Beginn auf wissenschaftliche Literatur und bekannte Konzepte aus Psychologie, Soziologie und Philosophie zu verweisen, um die Studierenden »on board« zu holen. Auch innerlich bewegten wir uns auf sie zu. Eine körperliche Erfahrung zu vermitteln, ist in diesem Setting nicht einfach. Medizinstudierende sind hauptsächlich an formales, kognitives Lernen und den Erwerb von Wissen gewöhnt. Für uns war es wichtig, dass die Studierenden zumindest die Erfahrung der Aufstellungsarbeit gemacht haben und wir mit der Reflexion dieser Erfahrung begonnen haben würden, auch wenn sie die Vorgehensweise nicht im Detail verstanden haben würden. Wir zielten darauf ab, bestimmte Sinne anzusprechen, derer sie sich vermutlich nicht bewusst waren. Außerdem wollten wir den Studierenden die Methode zeigen und ihnen die Grundlagen der systemischen Perspektive vermitteln, damit sie diese später miteinander erforschen können würden.

Dynamiken, die uns wohl bewusst waren und die wir berücksichtigen mussten, waren der Druck, die Überlastung sowie der Drang, entweder die Aufgabe eines anderen zu erfüllen oder eigene Verantwortung auf die Schultern eines anderen zu legen. Diese beobachteten Dynamiken an der Universität sowohl unter Studierenden als auch unter den Lehrkräften sind auch in der Literatur über medizinische Ausbildung zu finden. Die Medizinstudierenden sind für gewöhnlich daran gewöhnt, geprüft, beaufsichtigt und benotet zu werden. Die meisten von ihnen sind sehr ehrgeizig und zielorientiert. Sie setzen sich selbst oft unter Druck. Aus diesem Grund sagten wir den Studierenden, dass wir explizit auf eine Beurteilung für die Teilnahme verzichten würden, sodass sie auch nicht durchfallen könnten. Wir achteten darauf, die Studierenden mit keiner zusätzlichen Aufgabe zu belasten. Unser Ziel war es nicht, bei Studierenden ein bestimmtes Verhalten auszulösen, sondern wir wollten sie einfach hautnah verschiedene Perspektiven erleben lassen und ihnen die Möglichkeit geben, mit verschiedenen Positionen im System zu experimentieren. Diese Erfahrung würde dazu beitragen, dass sich ihr Blick erweitern und sie sich einer Vielzahl von Optionsmöglichkeiten für Positionen, Perspektiven und Handlungen bewusst werden würden. Dies sprachen wir explizit an. Wir betonten ausschließlich, dass wir die Methode gezielt für den Unterricht und nicht für die Beratung oder therapeutische Intervention einsetzen würden. Wir gingen nicht auf persönliche Probleme der Studierenden ein und gaben den Studierenden die Möglichkeit, uns im Anschluss zu kontaktieren. Aus den letzten Jahrgängen nutzte allerdings niemand diese Möglichkeit. Unter Berücksichtigung der praktischen Einschränkungen und in Anlehnung an die Leitprinzipien definierten wir folgende Lernziele:

Nach Abschluss des Workshops haben die Teilnehmenden

- Wissen über die systemische Perspektive erlangt,
- eine systemische Aufstellung erlebt,
- den Unterschied zwischen dem Persönlichen und dem Systemischen erfahren,
- unterschiedliche Strukturen und Rollen in verschiedenen Systemen erlebt.

Praxis

Wir haben den Workshop basierend auf unseren Lernzielen und Leitgedanken gestaltet (s. Kasten »Praktische Details zum Workshop«, S. 212/213). Da den Bachelor-Studierenden die Erfahrung der Arbeit in einem (medizinischen) Team fehlte, konzentrierten wir uns auf das Forschungsprojektteam, in dem sich die Studierenden zum Zeitpunkt des Workshops befanden. Sie arbeiteten vierzehn Wochen lang gemeinsam in Gruppen von drei bis fünf Studierenden an einem Forschungsprojekt. Dies konnte die Relevanz des Workshops für die Studierenden erhöhen und ihnen die Möglichkeit geben, die systemische Perspektive auf eine vertraute Situation anzuwenden. Wir ermutigten sie, die Erfahrungen des Workshops für ihr Forschungsprojekt und ihre Zusammenarbeit zu nutzen, indem sie zum Beispiel mit verschiedenen Perspektiven experimentieren konnten.

In den ersten beiden Jahren (2017, 2018) leiteten den Workshop Aufstellungsleitende mit Erfahrungen in der Anwendung der systemischen Aufstellungsmethode im organisatorischen oder geschäftlichen Umfeld. Diese Leitungen wurden alle über das Netzwerk des Bert-Hellinger-Instituts (Niederlande) eingeladen und nahmen kostenlos teil. Ab 2019 konnten wir den Workshop glücklicherweise auf zwei Wochen verteilen, statt ihn an einem einzigen Tag durchzuführen. Auf diese Weise brauchten wir weniger Aufstellungsleitungen, und wir entschieden uns dafür, mit Coaches oder Trainer*innen zu arbeiten, die bereits mit dem Setting im Bereich der medizinischen Ausbildung vertraut waren. Für diese Aufstellungsleitungen würde es einfacher sein, eine Verbindung zu Studierenden herzustellen. Außerdem trug dies dazu bei, die Aufsteller*innen auf einer nachhaltigeren Basis in der systemischen Aufstellungsmethode am Institut auszubilden. Coaches und Trainer*innen, die bereits am University Medical Center Groningen (Niederlande) in der medizinischen Ausbildung tätig waren, wurden vom Bert-Hellinger-Institut (Niederlande) in einem viertägigen Training in der systemischen Aufstellungsmethode ausgebildet. Trotz dieser Ausbildung waren diese Aufsteller*innen also weniger erfahren in der systemischen Aufstellungsmethode als die Aufstellungsleitungen der früheren Jahre. Jedes Jahr hatten wir einen eintägigen Praxistag, zu dem wir auch ein studentisches Forschungsteam zum Üben eingeladen hatten.

Jeder Workshop wurde von zwei Aufsteller*innen geleitet. Während eine Person den Workshop geleitet hat und mit einem der Projektteams beschäftigt war, stand die andere unterstützend zur Seite und sorgte für die Einhaltung privater Grenzen. Drei Forschungsteams nahmen zusammen an einer Workshop-Sitzung teil, um voneinander zu lernen (insgesamt waren es zehn bis fünfzehn Studierende pro Workshop-Sitzung, um genügend Personen als Stellvertretungen einsetzen zu können). Alle Forschungsprojektteams bekamen (unabhängig voneinander) die Möglichkeit, eine Aufstellung ihres Teams zu machen. Dies führte zu drei aufeinanderfolgenden Aufstellungsrunden. Die Workshopsitzung dauerte insgesamt zwei Stunden, je zwanzig bis dreißig Minuten pro Aufstellung jedes Forschungsprojektteams.

Praktische Details zum Workshop

Der Workshop bestand aus den folgenden fünf Schritten:

1. Begrüßung und eine kurze Übung zum Aufwärmen und zur Öffnung des systemischen Empfindens. Zum Beispiel baten wir die Teilnehmenden, sich in der Reihenfolge ihres Alters in einen Halbkreis zu stellen. Dann folgte eine sehr kurze Einführung in den systemischen Ansatz und eine Erklärung des Workshops selbst.

2. Beginn der Aufstellung. Die Aufstellungsleitung lud eines der Forschungsprojektteams ein und bat es, vier Funktionen oder Elemente zu benennen, denen es im sozialen Kontext seines Projekts begegnete. Das konnten Personen (z. B. der Betreuer, die Auftraggeberin), Gruppen (z. B. Zielgruppe, Patient*innen) oder abstrakte Elemente (z. B. Planung, Kommunikation) sein. Nachdem die Elemente identifiziert worden waren, bat die Leitung das Team, vier Vertreter*innen aus den studentischen Beobachtern*Beobachterinnen auszuwählen. Diese vier Studierenden, welche die vier Elemente repräsentierten, standen auf und nahmen eine selbst gewählte Position im Raum ein. Die Aufstellungsleitung hat den Prozess unterstützt und den Studierenden geholfen, Ideen, Ansichten und Empfindungen (Körpererfahrungen) explizit zu machen, indem die folgenden Fragen gestellt wurden: »Wo ist dein Fokus?«, »Womit oder mit wem fühlst du dich verbunden?«, »Was fühlst du?«
3. Im nächsten Schritt forderte die Aufstellungsleitung die Teammitglieder auf, sich innerhalb der Aufstellungsarbeit so zu positionieren, dass ihre eigene derzeitige Position am besten repräsentiert sei.
4. Im vierten Schritt wurden alle Teammitglieder gebeten, andere Positionen in der Aufstellungsarbeit zu erkunden, um die Untersuchung von Abständen und Positionen zwischen den verschiedenen Elementen anzuregen. Alle anderen Elemente blieben an ihrem Platz.
   Nach einigen Sitzungen forderten wir die Studierenden nicht nur auf, ihre Position zu wechseln (auch wenn es nur ein winziger Schritt war), sondern verwendeten dabei auch Formulierungen wie: »Suche nach einer Position, an der du auch sein könntest« oder »Suche nach einer Position, an der du etwas anderes lernen könntest«, weil wir bemerkten, dass es den Studierenden sehr schwerfiel, ihre Position zu wechseln. Zwischen allen Schritten forderte die Aufstellungsleitung das Team und den Außenkreis auf, über die Aufstellung zu reflektieren, und half dabei, Ideen, Ansichten und Empfindungen deutlich zu machen.
5. Die Sitzung wurde mit einer kollektiven Reflexion und »Ernte« abgeschlossen. Der*Die Aufsteller*in stellte Fragen wie: »Was ist Ihnen während der Sitzung aufgefallen?«, »Welche Erkenntnis(se) nehmen Sie mit nach Hause?«, »Welchen Aspekt oder welche Erkenntnis werden Sie mit Ihrem Team weiter diskutieren?« Außerdem erklärten die Leitungen ein wenig die Gruppendynamik, die Gründe für die Verwendung dieser Methode und warum eine Aufstellung Dynamiken zeigen kann, die den Teilnehmenden nicht bewusst waren.

Meinungen der Studierenden

Wir führten den Workshop mit den Studierenden durch und ließen ihn mit einem digitalen und anonymen Fragebogen evaluieren. Als das Training im Jahr 2018 von erfahrenen systemischen Aufsteller*innen durchgeführt wurde, bewertete es fast die Hälfte der Studierenden (49 %) positiv, 13 % neutral und 37 % fanden das Training nicht gut. Das Training hatte 41 % der Studierenden nützliche Erkenntnisse gebracht. Auf einer Skala von 0 bis 100 wurde die Gesamtzufriedenheit des Workshops von Studierenden mit einem Mittelwert von 55 benotet. Im Jahr 2019, als das Training von erfahrenen medizinischen Trainer*innen geleitet wurde, welche in der systemischen Methode ausgebildet worden waren, fiel die Reaktion der Studierenden positiver aus. Die positive Bewertung stieg auf 64 % und der Prozentsatz der Studierenden, die angaben, dass das Training nützliche Erkenntnisse gebracht hatte, stieg auf 66 %. Die Gesamtzufriedenheit der Studierenden mit dem Training stieg auf einen Mittelwert von 68. Auf die offene Frage: »Was hat Ihnen im Workshop gefallen?«, gab mehr als die Hälfte der Studierenden an, dass ihnen die Visualisierung der Gruppendynamik, die neuen Erkenntnisse und die neuen Perspektiven gefallen hätten. Auch die gute Atmosphäre und die interaktive Methode wurden von den Studierenden geschätzt. Diese Ergebnisse stimmten mit unseren eigenen Erkenntnissen überein, auf die wir später noch eingehen werden.

Die Untersuchung beinhaltete noch keinen Test zu den Lernergebnissen, da wir keinen richtigen Test nach dem Workshop durchführen wollten. Unserer Meinung nach könnte dies den kognitiven Denkprozess aufrütteln und damit den erfahrungsbasierten Lern- und Transformationsprozess stören. Auch keine Bewertung der Ergebnisse, wie z. B. der Teamfunktion, wurde in der Untersuchung dargestellt, da eine solche Bewertung nach einem einzigen Workshop schwierig sein dürfte. Wir beabsichtigen, diese Ergebnisse in der zukünftigen Forschung zu untersuchen und sind derzeit dabei, eine solche Studie zu entwerfen, ohne das Lernen zu stören.

Reflexion des Ergebnisses

Trotz der praktischen Einschränkungen war der Workshop sehr gut durchführbar, die meisten Studierenden und die Aufsteller*innen hatten Spaß an der Teilnahme und Mitarbeit. Die Leitungen waren von der hohen Qualität der systemischen Wahrnehmung der Studierenden und dem entspannten Ablauf der Workshop-Sitzungen beeindruckt. Die Studierenden sind im Allgemeinen sehr kritisch in anonymen Evaluationen, daher waren wir mit den Ergebnissen der Evaluation zufrieden. Die Ergebnisse machten uns zuversichtlich, dass die Workshops für Studierende geeignet sind, und machten uns noch mehr bewusst, wie wichtig eine gute Atmosphäre während des Workshops ist. Unsere Anpassung, mit Aufsteller*innen zu arbeiten, die mit dem Setting der medizinischen Ausbildung vertraut waren, erwies sich als erfolgreich. Wahrscheinlich war es für die Aufsteller*innen, die mit der Ausbildungsumgebung und der Art der Studierenden vertraut waren, einfacher, eine Verbindung zu den Studierenden herzustellen und eine gute und offene Atmosphäre zu bewahren.

Die Visualisierung des sozialen Systems und die persönliche Anwesenheit in der Aufstellungsarbeit eröffnete Einblicke in implizite Normen, Werte und Strukturen innerhalb des Teams und des größeren sozialen Systems, das mit dem Team des Projekts verbunden ist. Es ermöglichte den Studierenden, sich diesbezüglich zu äußern, z. B. zu den Distanzen zu (stellvertretenden) Betreuungspersonen: Zu nah an den (Stellvertretungen der) Supervisor*innen zu sein, kann dazu führen, dass sich der*die Studierende aufdringlich fühlt. Zu weit weg zu sein, kann zu Verunsicherung führen oder lässt die*den Studierende*Studierenden desinteressiert wirken. Basierend auf diesen Beobachtungen teilten die Studierenden ihre Erfahrungen und Ideen mit und wie diese mit ihren eigenen Kompetenzen, Gewohnheiten, Werten und Normen zusammenhingen. Die Studierenden aus demselben Team nahmen in der Aufstellung oft unterschiedliche Positionen ein, was sie überraschte. Dies eröffnete das Gespräch über Rollen und Funktionen in einem Team, auch in Bezug auf die Welt außerhalb des Teams. Außerdem eröffnete es neue Perspektiven und bot eine Erweiterung der Möglichkeiten.

Was wir gelernt haben

Wenn wir auf unsere bisherigen Erfahrungen zurückblicken, können wir eine Reihe von wichtigen Elementen für einen erfolgreichen Workshop mit Studierenden benennen, die die systemische Aufstellungsmethode anwenden. Zentral für den Erfolg des Workshops ist, dass die Leitung die Studierenden in ihrer Welt abholt und eine Verbindung mit ihnen herstellt. Dies ist vermutlich anders als in dem normalen Beratungssetting, wo Menschen auf eine Aufstellungsleitung zugehen und um Rat bitten. In unserem Fall waren es weder die Studierenden noch die Falleinbringer*innen, die um den Workshop baten. Außerdem spürten wir eine starke Loyalität unter den Medizinstudierenden gegenüber dem medizinischen und akademischen Bereich und dessen Denken. Unserer Erfahrung nach kommt zuerst die Verbindung und dann sind die Teilnehmenden wahrscheinlich bereit, dieser für sie sehr neuen und ungewohnten Methode zu folgen. Wenn eine Seminarleitung die Schuhe auszieht, esoterisch aussieht oder mit einer langen Meditation beginnt, haben die Studierenden eher Schwierigkeiten, sich auf den Workshop einzulassen. Gleiches gilt, wenn eine Seminarleitung Begriffe verwendet, die in der systemischen Aufstellungsarbeit üblich sind, wie z. B. »Potenzial«, »Resonanz« oder »das Feld«, die aber für die Studierenden ungewohnt sind oder als »vage« oder »mystisch« empfunden werden können. Stattdessen haben wir die folgenden Beschreibungen wie: »Wo kann man am besten funktionieren« oder »Wo kann man am meisten lernen« verwendet.

Es braucht etwas Mut, die eigene, vertraute Atmosphäre zu verlassen und die Studierenden durch den Workshop zu führen. Die Gruppe besteht aus Studierenden mit ganz unterschiedlichem Interesse an dem Workshop und auch Seminarraum- und Studierende-Lehrende-Dynamiken werden wahrscheinlich während des Workshops auftauchen. Außerdem neigen die Studierenden dazu, sehr loyal gegenüber ihren Kommiliton*innen und ihrem Team zu sein. Es kam vor, dass einige während des Workshops explizit erklärten, dass sie diesen Workshop für »Bullshit« und völlig nutzlos halten würden, während wir sahen, dass andere interessiert und neugierig waren, aber Schwierigkeiten hatten, dies in der Gruppe auszudrücken. Wir stellten fest, wie wichtig es ist, dass die Teilnehmenden das Gefühl haben, der Leitung vertrauen zu können (auch wenn die Studierenden die Methode nicht verstehen), um die Aufmerksamkeit der Gruppe zu halten und den Anschluss nicht zu verlieren. Damit dies sichergestellt werden kann, muss die Leitung als solche und als Aufsteller*Aufstellerin erfahren sein und wissen was er*sie tut. Dazu ist es wichtig, am Boden zu bleiben, nicht arrogant zu wirken oder den Eindruck zu vermitteln, das Ergebnis des Workshops bereits im Voraus zu kennen, kurz: nicht mit allem deutlich zu machen, dass man Experte*Expertin ist. Die Leitung muss die Gruppe als Ganzes während des gesamten Workshops »halten« oder »tragen«. Deshalb haben wir uns entschieden, den Workshop im Tandem durchzuführen, sodass eine Person ein Auge auf die Gruppe als Ganzes haben und sie halten und tragen kann. Innerlich hießen die Aufsteller*innen alle Teilnehmenden willkommen.

Im Laufe der Jahre wurde die Einführung in die Methode und in den Workshop für die Studierenden immer kürzer. Sie brauchten oft nur eine kurze Einführung in die systemische Aufstellungsmethode, um sich auf den Workshop einlassen zu können. Es fiel uns auf, dass eine lange Einführung die Aufmerksamkeit der Gruppe verringerte und sie sogar »ängstlicher« oder skeptischer machte. Die Studierenden wurden etwas unruhig und lauter. Eine Erklärung, was Systeme sind oder was eine Aufstellung ausmacht, schien nicht notwendig zu sein. Selbst das Wort *Aufstellung* wurde kaum verwendet. Details über technische Aspekte wurden oft während oder nach dem Workshop angesprochen. Es war vor allem wichtig, mit dem Workshop zu beginnen und sie die systemische Perspektive und Aufstellungen erleben zu lassen.

Auffallend ist, dass die Studierenden eine sehr starke Tendenz hatten, explizit anzugeben, dass es kein Problem gab, d. h., dass keine Probleme oder Fragen bezüglich der Teamarbeit oder bezüglich ihres Projekts im Allgemeinen vorlägen. Die Suche nach einer Frage oder einem Problem, mit dem die Aufstellung beginnen sollte, kam nicht infrage. Oftmals hatten sie auch vorher keine Frage zur Teamarbeit. Möglicherweise lag dies daran, dass die Studierenden unter Gleichaltrigen waren und das Gefühl hatten, dass sie sich gegenüber ihrem Team illoyal verhalten würden, wenn sie ein Problem zugeben würden. Daher begann die Leitung das Gespräch mit der Projektgruppe, indem sie bat, ein wenig über das Projekt und die Zusammenarbeit zu erzählen. Sie stellte Fragen hierzu wie: »Wer hat das Projekt initiiert?«, »Wie arbeiten Sie generell zusammen?«, »Wie viele Vorgesetzte haben Sie?« Während des Gesprächs musste man genau zuhören und die Unklarheiten sehr diplomatisch formulieren. Zum Beispiel: »Ich verstehe Sie so, dass es ein paar Mal Schwierigkeiten gab, mit Ihrem Supervisor in Kontakt zu treten« oder »Sie fragen sich also manchmal, wie Sie Patient*innen in Ihre Forschung einbeziehen können« und dann: »Wahrscheinlich können wir uns das in diesem Workshop anschauen.« In dem Moment, in dem die Aufstellung sichtbar war, waren die Studierenden (das Team, die Vertreter*innen und die Beobachter*innen) direkter und ehrlicher, brachten dies aber mit der Aufstellung in Verbindung. Wenn in der Aufstellung Teammitglieder alle dicht gedrängt beieinander standen und keinen Blick auf den*die Supervisor*in oder die Patient*innen hatten, sagten die Beobachter*innen direkt, dass dieses Projekt so nicht funktionieren würde.

Außerdem beobachteten wir, dass im Workshop Bewegung und fließende Abläufe notwendig waren. Die Teilnehmenden hatten meist ein hohes Energielevel, eine kurze Aufmerksamkeitskurve und diese nicht den ganzen Tag zur Verfügung. Ein langes Interview oder wiederholtes Befragen aller Stellvertretungen wurde nicht begrüßt und minderte die Dynamik des Workshops. Die Aufrechterhaltung der Verbindung mit den Teilnehmenden während des gesamten Workshops war entscheidend und die Leitung musste sich kontinuierlich auf die Teilnehmenden einstellen, um zu spüren, welche Informationen für sie relevant waren und was sie aufnehmen konnten. Oft boten die Aufstellungen viele Einsichten in die Systeme und das Muster oder den Kontext des Teams, doch konnten die meisten Dinge nicht angesprochen werden. Für die Aufstellungsleitung fühlte es sich manchmal so an, als gäbe es viel mehr zu sagen, zu zeigen und mit den Teilnehmenden zu teilen. Es erforderte ein gutes Gespür der Aufstellungsleitung, *nur die Sachverhalte* anzusprechen, die in dem Moment für die Studierenden am wichtigsten waren und die sie wahrnehmen konnten, hier ein Beispiel:

In einer intensiven Aufstellungsarbeit zu einem Forschungsprojekt über die Einhaltung der Leitlinien zur Früherkennung von Hämophilie starrten fünf junge Männer mit einem tiefen Schweigen auf die Stellvertretung der Leitlinien. Die Stellvertretung der Leitlinie fühlte Bedauern, konnte dieses Gefühl allerdings nicht verstehen. Die Aufstellungsleitung ging weder auf die fünf jungen Männer noch auf die geäußerten Gefühle der Trauer ein. Der einzige Satz, den sie äußerte, war: »Vielleicht gibt es oder gab es einen guten Grund, die Leitlinien nicht zu befolgen.« Später äußerten die Studierenden, dass dies das erste Mal war, dass jemand das sagte, was ihnen die Augen öffnete und ihrer Forschung eine neue Richtung gab.

Unsere persönliche Erfahrung war, dass wir als Lehrende in einer Weise herausgefordert wurden, in der wir uns nicht mehr auf eine vertraute Lehrmethode verlassen konnten. Wir fühlten uns anfangs unsicher und sehr sichtbar. In einer Situation, in der man sich als Seminarleitung auf eine Lehrmethode verlassen kann, mit der man vertraut ist (und welche auch die Studierenden kennen), kann man sich auf den Workshop konzentrieren. Bei dieser neuen Methode mussten wir die Studierenden zunächst in die Methode einführen, den Lehrstoff vermitteln und den Workshop weiterführen. Wir mussten in diese Aufgabe hineinwachsen und selbstbewusster werden. Wir mussten wirklich an das glauben, was wir taten und es in unseren Adern spüren. Das ist zwar bei jeder Art von Seminar und Training wichtig, aber in einer Situation wie dieser war das besonders wichtig, um eine Verbindung zu den Teilnehmenden herzustellen.

Systemische Perspektive auf die Ausbildung

In den letzten Jahren haben wir oft über die Ausbildung, die wir entwickelt und den Studierenden angeboten haben, auch aus einer systemischen Perspektive reflektiert. Von Anfang an hatten wir die Sorge, dass wir die Studierenden zu falschen Schritten verleiten könnten. Es war z. B. zu befürchten, dass sie durch diesen Workshop das Verständnis bekämen, es wäre nun ihre Aufgabe oder Pflicht, das medizinische Ausbildungssystem zu verändern. In der Literatur über medizinische Führung wird vorgeschlagen, dass die junge Generation von Ärzt*innen so unterrichtet werden solle, dass sie sich zu »Change Agents« entwickele (Frenk et al., 2010). Dies hat uns Unbehagen bereitet, insbesondere da wir das Gefühl hatten, dass Lehrer*innen und Ärzte*Ärztinnen nicht gewillt seien, die Rolle von »Change Agents« zu übernehmen. Außerdem kann es zu Spannungen mit dem starken Sozialisationsprozess führen, wenn Studierenden gelehrt wird und sie dazu aufgefordert werden, ein »Change Agent« zu sein. In der täglichen Praxis ist ein »Change Agent« als ein Mitglied in einem medizinischen Team nicht unbedingt geeignet.

Für uns persönlich war es wichtig, zu wissen, wer – systemisch gesehen – unser Auftraggeber war und was die systemische Rolle der Aufstellungsbildung und der Aufsteller*innen sein könnte, bevor wir uns wirklich auf diese Ausbildung einlassen konnten. Wir haben es mit dem Team und mit den Ausbilder*innen des Bert-Hellinger-Instituts (Niederlande) analysiert. Die folgenden Teilnehmer*innen haben wir als wichtigste der Ausbildung identifiziert:

- Medizinstudierende (jetzt und in Zukunft),
- Lehrer*innen und Ausbilder*innern/Trainer*innen in der medizinischen Ausbildung,
- Ärzte*Ärztinnen oder das medizinische Fachpersonal,
- die für die medizinische Ausbildung verantwortliche Person: Dekan*in und direkte Kolleg*innen,
- die Person, die für die leitende Ausbildungslinie im University Medical Center Groningen, Niederlande, verantwortlich ist,
- zukünftige Patient*innen und Angehörige von Patient*innen, also die (niederländische) Gesellschaft im Allgemeinen,
- systemische Aufstellungsleiter*innen.

Offiziell wäre die medizinische Fakultät und speziell die Dekanin oder der Dekan Auftrag gebend. Das war aber nicht der Fall. In Gesprächen stellten wir fest, dass die Dekanin unsere Arbeit mochte, sie keine Einwände hatte und unseren experimentellen Ansatz »tolerierte«, ohne eine Auftraggeberin zu sein oder sich dafür verantwortlich zu fühlen. Die Ärzte*Ärztinnen und Lehrer*innen zeigten eher eine skeptische oder sogar herablassende Haltung. Für uns übernahm die niederländische Gesellschaft als Ganzes die Rolle der Auftraggeberin oder alle, die irgendeine Verbindung zum niederländischen Gesundheitssystem hatten, fungierten als Auftraggeber*innen. Wir hatten den Eindruck, dass die Workshops eine vorübergehende und direkte Kommunikation zwischen den Medizinstudierenden und der niederländischen Gesellschaft ermöglichten, unter Umgehung des Bildungssystems, der medizinischen Fakultät und der Universität. Dies galt vor allem in Aufstellungen, in denen Patient*innen oder Forschungsteilnehmer*innen anwesend waren. Mit dieser Einsicht konnten wir arbeiten. Auch die Einbindung der niederländischen Gesellschaft und der zukünftigen Patient*innen gab uns Energie und Mut, uns voll auf die Ausbildung einzulassen.

Obwohl die medizinische Fakultät nicht unsere Auftraggeberin war, gestalteten wir die Ausbildung immer (so weit wie möglich) nach den Regeln und Plänen der medizinischen Ausbildung und hatten eine respektvolle Haltung gegenüber dem medizinischen Ausbildungssystem. Auch empfanden wir eine tiefe Dankbarkeit gegenüber der Universität als Ganzes, systemisch mit Studierenden arbeiten zu können. Nach mehr Engagement oder Unterstützung zu fragen, wäre in diesem Moment nicht angebracht gewesen.

Weitere Schritte

Angesichts der bereits genannten Erfahrungen werden wir die systemische Lehre in den kommenden Jahren fortsetzen. Unser Ziel ist es, eine systemische Linie durch das gesamte medizinische Curriculum zu entwickeln, auch während der Spezialisierungsphase. Auf diese Weise baut sich unser Unterricht in aufeinanderfolgenden Schritten auf und die Studierenden können ihr systemisches Empfinden und ihre systemische Perspektive Schritt für Schritt entwickeln. Außerdem wollen wir Studierenden, die sich für das Thema interessieren, vertiefende Kurse anbieten. Ein Beispiel dafür ist ein Wahlkurs mit fünf dreistündigen Treffen, in denen wir die systemische Perspektive und Sozialisationsprozesse mit der Methode der systemischen Aufstellung mit etwa zwölf Studierenden vertiefen können. Der Wahlkurs soll ab Oktober 2020 halbjährlich stattfinden.

Neben der Fortentwicklung der Ausbildung wollen wir die Methode weiter erforschen. Die systemische Aufstellungsarbeit hat im Laufe der Jahre ihren Nutzen und ihre Effektivität bewiesen. Sie wurde in vielen Situationen und Bereichen angewendet und umgesetzt. Aus wissenschaftlicher Sicht steckt die Methode jedoch noch in den Kinderschuhen (Groth, 2004; Weinhold et al., 2014). Um die Methode weiterzuentwickeln und in großem Umfang in der Regelpädagogik zu implementieren, ist eine solide Basis an wissenschaftlichen Erkenntnissen notwendig. Wir müssen besser verstehen, wie sie funktioniert und wie sie in verschiedenen Situationen am besten anzuwenden ist. Die Studien von z. B. Weinhold, Bornhauser, Hunger und Schweitzer (2014) sowie Schlötter (2018) sind wichtige, erste Schritte und wir brauchen weitere wissenschaftlich fundierte Studien. Es ist wichtig, dass die Veröffentlichung dieser Studien die internationale wissenschaftliche Gemeinschaft erreicht. Wir haben diese Reise mit viel Enthusiasmus und Freude begonnen und sind zudem in die Entwicklung einer neuen Ausbildung und Lehre eingebunden. Mit den Erkenntnissen aus der Forschung hoffen wir, unsere Ausbildung verbessern zu können, um die Qualität und Effektivität zu steigern.

Fazit

Wir sind überzeugt, dass die systemische Aufstellungsarbeit sehr gut zu der heutigen Hochschulausbildung passt. Sie ist durchführbar und bietet wichtige neue Lernmöglichkeiten, nicht nur für die Medizinstudierenden, sondern auch für andere Studierende und Bildungssettings. Tatsächlich kann unsere ursprüngliche Frage: »Wie arbeitet man mit der systemischen Aufstellungsmethode mit Menschen, die nicht danach gefragt haben, in einem Umfeld, das mit der Methode nicht vertraut ist und in dem die Anwendung dieser Art von Methode eher unüblich ist?«, neben dem Bildungsbereich auch für viele andere Bereiche gelten. Vielleicht liegt die Antwort zu dieser Frage, gleich in welchem Umfeld, darin, dass die Menschen nicht danach fragen müssen und auch nicht mit der Methode vertraut sein müssen, solange die Aufsteller*innen in der Lage sind, sich mit dem systemischen Empfinden und den angeborenen systemischen Fähigkeiten der Menschen, mit denen sie arbeiten, zu verbinden. Außerdem ist wichtig, dass die Aufsteller*innen in der Lage sind, eine Umgebung zu schaffen, die es ihnen ermöglicht, diese Fähigkeiten bewusst einzusetzen. Die Fähigkeit, diese Verbindung herzustellen, könnte in der Ausbildung der systemischen Aufstellungsmethode für Aufsteller*innen noch mehr Aufmerksamkeit erhalten. Dies könnte nicht nur zu mehr wissenschaftlichen Belegen über die Wirksamkeit und den Mechanismus führen, sondern würde auch zur weiteren Verbreitung der Anwendung der Methode in neuen Gebieten, wie in der Hochschulausbildung, beitragen.

Literatur

Arnold, R., Prescher, T. (2017). From transformative leadership to transformative learning: New approaches in leadership development. In A. Laros, T. Fuhr, E. W. Taylor (Eds.), Transformative learning meets *Bildung*. An international exchange (pp. 281–294). Rotterdam: Sense Publishers.

Frenk, J., Chen, L., Bhutta, Z. A., Cohen, J., Crisp, N., Evans, T., Fineberg, H., Garcia, P., Ke, Y., Kelley, P., Kistnasamy, B., Meleis, A., Naylor, D., Pablos-Mendez, A., Reddy, S., Scrimshaw, S., Sepulveda, J., Serwadda, D., Zurayk, H. (2010). Health professionals for a new century: Transforming education to strengthen health systems in an interdependent world. The Lancet, 376 (9756), 1923–1958.

Garcia-Williams, A., Moffitt, L., Kaslow, N. (2014). Mental health and suicidal behavior among graduate students. Academic Psychiatry, 38 (5), 554–560.

Groth, T. (2004). Organisationsaufstellung – ein neues Zauberinstrument in der Beratung? Gruppe. Interaktion. Organisation. Zeitschrift für Angewandte Organisationspsychologie, 35 (2), 171–184.

Kopp, U., Martinuzzi, A. (2013). Teaching sustainability leaders in systems thinking. Business Systems Review, 2 (2), 191–215.

Mezirow, J., Taylor, E. W. (2009). Transformative learning in practice. Insights from community, Workplace and Higher Education. New Jersey: John Wiley & Sons.

Panagioti, M., Geraghty, K., Johnson, J., Zhou, A., Panagopoulou, E., Chew-Graham, C., Peters, D., Hodkinson, A., Riley, R., Esmail, A. (2018). Association between physician burnout and patient safety, professionalism, and patient satisfaction: A systematic review and meta-analysis. JAMA Internal Medicine, 178 (10), 1317–1331.

Schlötter, P. (2018). The social nature of man – falsifiable. Die soziale Natur des Menschen – falsifizierbar. Heidelberg: Carl-Auer.

Sturmberg, J. P., Martin, C. M. (2008). Knowing – in medicine. Journal of Evaluation in Clinical Practice, 14 (5), 767–770.

Weinhold, J., Bornhauser, A., Hunger, C., Schweitzer, J. (2014). Dreierlei Wirksamkeit. Die Heidelberger Studie zu Systemaufstellungen. Heidelberg: Carl-Auer.

Witman, Y. (2014). What do we transfer in case discussions? The hidden curriculum in medicine. Perspectives on Medical Education, 3 (2), 113–123.

Harald Homberger

Der Heilraum – unterstützen und lernen auf Gegenseitigkeit

Die folgenden Ausführungen über den Heilraum sind vom Wesen her ein »Lehrbrief« – eine Einladung zum Üben, in persönlicher Ansprache geschrieben. Der »Lehrbrief« wurde für die Teilnehmenden meiner Weiterbildungen formuliert, aber auch darüber hinaus für schon praktizierende Aufsteller, die sich den phänomenologischen Aspekten der Aufstellungsarbeit öffnen wollen, sich als zu berührende und anzuschauende Person nicht aus Lernprozessen herausnehmen möchten.

Der Heilraum möchte einladen, das eigene »Selbst« zu erkunden. Der *angewandte Heilraum* kann eine Unterstützung für den eigenen Werde- und Wandlungsprozess als Aufsteller und als Mensch sein. Lernen wird hierbei verstanden als ein sich stetig wandelnder, lebenslanger Prozess.

Achtsamkeit

Ein Kernanliegen in den von mir geleiteten Weiterbildungen liegt in der fortlaufenden Entwicklung einer bewussten Erfahrung der Präsenz des Aufstellungsleiters im gegenwärtigen Moment. Ein *Gewahr-Werden* und *Gewahr-Sein* für das, was sich *jetzt* im eigenen Bewusstsein vollzieht, ein fortwährendes bewusstes Erkennen dessen, was im Verlauf eines Aufstellungsprozesses geschieht. Dieses fortwährende Erkennen kann auch mit dem Begriff der Achtsamkeit gefasst werden. Achtsamkeit, von mir in der ursprünglichen buddhistischen Geistpraxis verstanden als eine Spiegelung im eigenen Bewusstsein, z. B. von Gedanken, Gefühlen, Spürwahrnehmungen, Körper- und Handlungsimpulsen, rein wahrnehmend, ohne einzugreifen oder wertend Inhalte zu benennen oder zu unterscheiden. Dies schließt nicht nur eine Unterscheidung von der eigenen Resonanz auf Bewusstseinsbewegungen anderer Menschen, sondern auch die Wahrnehmung von den Bewusstseinsbewegungen der anderen Menschen mit ein. Es bedarf auch in uns selbst einer übergeordneten Verortung eigener Wahrnehmungsfähigkeit, um gesehene Handlungsabläufe, formulierte Anliegen, Stellvertreterimpulse nicht nur kognitiv mit den wahrgenommenen Bewusstseinsinhalten zusammenzufügen (weiterführende Gedanken s. Homberger, 2019a, S. 87 f., 2019b, S. 3 f.). Dieser Vorgang wird in der Aufstellungsarbeit unter anderem auch als Gehen in die »Leere Mitte« bezeichnet und bedarf einer wiederkehrenden Ausrichtung in einer alltäglichen Praxis. Hierfür eignet sich nicht nur Meditation, sondern zum Beispiel auch die Aufstellungsarbeit – als Fokus einer immer wiederkehrenden Aufmerksamkeit. Aufstellungsarbeit ist so gesehen eine meditative Praxis im therapeutischen Kontext.

Übungen

In meinen Weiterbildungsmodulen fördere ich den oben beschriebenen Vorgang der Achtsamkeit insbesondere durch:
- regelmäßige Meditationen (eine Auswahl meiner Meditationen, die in der Weiterbildung zur Anwendung kommen, habe ich auf einer Doppel-CD veröffentlicht, Homberger, 2015),
- Aufstellungsübungen in Zweier- und Dreiergruppen mit dem Fokus auf Achtsamkeitsbewusstsein im gesamten Prozess einschließlich im Auswertungsprozess der Übungen,
- kommentierte Lehraufstellungen,
- Liveaufstellungen mit Reflexionsgesprächen,
- die Einübung der Aufstellungsleitung in kleinen Lerngruppen unter Anleitung von Moderatoren und zusätzlichen Initiierungen von Peergroups.

Um das Lernen und Lehren über die Weiterbildung hinaus zu fördern, habe ich im Jahr 2009 eine Aufstellergemeinschaft auf der Basis gegenseitiger Unterstützung gegründet – die »Schule des Schauens – Aufstellungsarbeit im Geiste west- östlicher Weisheit e. V.«. Die Schule ist eine Weggemeinschaft, möchte psychotherapeutisches und spirituelles Handeln zusammenfügen und veranstaltet, unter anderem, seit der Gründung zweimal jährlich eine Fortbildungsveranstaltung. In diesem Kontext habe ich auch den Heilkreis ins Leben gerufen – eine Aufstellungsform, die das Einüben in die phänomenologische Haltung, einem sich vertiefenden Verstehen des Aufstellungsprozesses, dem sich Anvertrauen in die sich zeigenden Bewegungen miteinander verbindet, und mit der Möglichkeit, eigene Anliegen zur Aufstellung zu bringen.

Unterstützung auf Gegenseitigkeit

Im *Heilkreis,* wie auch im *Heilraum,* gibt es keine ausgewiesene therapeutische Leitung, sondern ein Merkmal ist die menschliche und fachliche Unterstützung auf Gegenseitigkeit. Eine ausführliche Darstellung des Heilkreises mit Fallbeispielen ist von mir in der Praxis der Systemaufstellung veröffentlicht worden (Homberger, 2013, S. 90).

Hier möchte ich überleiten zu den Anweisungen, die ich meinen Weiterbildungsteilnehmern zur Verfügung stelle. Die daraus entstehenden therapeutische Prozesse sind jedoch keine Weiterbildungsinhalte, sondern fügen sich den eigenen Lernschritten der Teilnehmenden ergänzend hinzu. Für auftretende Fragen stehe ich diesen im Rahmen der Weiterbildung, außerhalb der Unterrichtszeiten, bei Bedarf mit Einzelgesprächen, zur Verfügung.

Der Heilraum – Text der Übungsanweisung

Unsere Biografie ist entscheidend mitgeprägt von Ereignissen und Erfahrungen, die wir nicht verarbeiten konnten. Davon erinnern wir manche Ereignisse noch ganz bewusst, einige spüren wir nur diffus, bruchstückhaft oder vage. Andere entziehen sich unserer Aufmerksamkeit, indem wir sie abspalten oder verdrängen. Psychologisch sprechen wir dann von einem Trauma und den daraus entstehenden posttraumatischen Belastungsstörungen. Diese nehmen wir entweder bewusst oder unbewusst als eine nachhaltige Beeinträchtigung in unserem Denken, Fühlen und Handeln wahr. Die Belastungsstörungen können, abhängig von der Intensität des auslösenden Ereignisses oder mehrerer Ereignisse, subtil oder gravierend unser Leben und Handeln prägen. In entsprechenden Alltagssituationen können wir Ausweichverhalten, Widerstände und Abwehr empfinden, die uns vor einem Erinnern und erneutem Spüren der erlebten Erfahrungen schützen wollen.

Die Erfahrungen der Aufstellungsarbeit zeigen, dass wir aber nicht nur eigene Belastungsstörungen wahrnehmen, sondern auch mit belastenden, nicht verarbeiteten Ereignissen unserer Eltern und Großeltern verbunden sein können. Diese spüren wir stellvertretend für unsere Vorfahren und sie überlappen sich zum Teil mit unseren eigenen Erfahrungen. In dem Fall werden eigene dissoziative, traumainduzierte Bewusstseinszustände durch das zusätzlich stellvertretende Erleben traumatischer Ereignisse unserer Vorfahren in uns verstärkt. Wir fühlen uns nicht kongruent in unserem Denken und Empfinden und werden zum Teil in unserer Selbst- und Fremdwahrnehmung unverständlich. Das Verhalten, das wir dann zeigen, entspricht nicht unserem ureigenen Potenzial, sondern wird von unseren traumatischen Erfahrungen beeinflusst und gelenkt. Unserem Selbstbild dürfen wir getrost hinzufügen, dass wir auch die Summe unserer nicht verarbeiteten traumatischen Erlebnisse sind. Und das können wir ändern!

Der Heilraum – gegenseitige Unterstützung zum Heilsein

Zu unserem Heilsein gehört, dass wir lernen, unsere gesamten Erfahrungen in den Blick zu nehmen, bewusst und klar wahrzunehmen, was wir denken, fühlen und empfinden. Wissen, warum wir welche Entscheidungen treffen, wieso wir in welcher Art und Weise handeln oder auch nicht handeln. Der *Heilraum* dient uns hierbei als Einübung zur Bewusstwerdung und Heilung unserer unbewussten, verdrängten oder, aus einer Not heraus, abgespaltenen Erfahrungen.

Diese sind unterschiedlicher Natur und mit der Intensität, Häufigkeit und Komplexität des Erlebten verbunden. Nicht verarbeitete Emotionen, unterbrochene Beziehungen, übernommene negative Einstellungen, diffuse oder auch »krankmachende« familiäre Strukturen, unklare Körperempfindungen oder auch schon manifeste Krankheitssymptome, körperliche oder seelische Verletzungen durch Unfälle oder Gewalterfahrungen weisen auf nur einige Möglichkeiten hin, die wir in uns tragen. Verbindend für alle ist, dass damit unsere Lebenskraft gebunden ist und wir in der Regel die Einschränkungen nur unbewusst spüren und sie sogar als unsere Normalität begreifen. Wir sind dann z. B. als Folge ängstlich, kontaktarm, scheu, hysterisch, depressiv, impulsiv etc. und werden entsprechend von anderen »klassifiziert« und übernehmen wiederum diese Wahrnehmungen als unsere Wirklichkeit, ohne den Anlass für unser Verhalten im Blick zu haben.

Neben dem bereits in vielen Gruppen praktizierten Heilkreis für eine gegenseitige Unterstützung mit der systemisch-phänomenologischen Aufstellungsarbeit ist der Heilraum eine Übung, die eine Dyade zur Grundlage hat. Auf der Basis einer gegenseitigen und vertraulichen Unterstützung zwischen zwei Personen ist das Ziel, das bewusste Spüren eigener, übernommener, verdrängter, abgespaltener Gefühle und Ereignisse, aber auch Persönlichkeitsanteile, die nicht gelebt oder gesehen werden, und sie in eine mögliche Lösung zu führen. Die Grundlage der gemeinsamen Arbeit ist das Hören und Miteinandersprechen in Achtsamkeit, eine innere und äußere Zuwendung zu sich selbst und zu dem anderen. Achtsamkeit im Sinne des Heilraums schließt die Wahrnehmung des Körpers, des Atems, der Gefühle, Handlungsimpulse und der Gedanken im gegenwärtigen Moment mit ein.

Einübung von Zeugenbewusstsein

Wesentlich ist die Einübung vom sogenannten Zeugenbewusstsein. Das Zeugenbewusstsein eröffnet die Möglichkeit einer achtsamen Schau auf alle Prozesse, die sich während des Prozesses spiegeln, ohne sich mit ihnen zu identifizieren bzw. sich in ihnen zu verlieren. Abgespaltene Bewegungen, die unterbrochen und verdrängt wurden, dürfen in ein befreites Fühlen, Denken und Handeln gelangen.

Das gemeinsame Praktizieren des Heilraums ist gleichsam eine Übung, die die Entwicklung des Zeugenbewusstseins mit der Entfaltung von Achtsamkeit auf allen Ebenen des Seins einübt. So gesehen ist der Heilraum ebenso ein meditativer Prozess, der die oben genannten Qualitäten durch regelmäßiges Üben entstehen lässt. Zudem kann er für dich ein hilfreiches Findungsinstrument sein. Ein Hineinspüren und möglicherweise ein Finden alter, nicht gelöster und nicht im Klarbewusstsein für dich zu erkennender innerer Konflikte. Durch den Heilraumprozess bist du eingeladen, immer wieder hinzuschauen, hinzuspüren, hinzufühlen. Das kann dich zu der Erfahrung von Selbstmitgefühl führen. Der Heilraum dient zur Selbsterforschung und Selbstheilung eigener blinder Flecken, nicht gelungener Abschiede, noch offener Wunden u. v. m.

Der Heilraumprozess – gegenseitige therapeutische Unterstützung und ein Schulungsinstrument

Im Kern ist der Heilraum ein therapeutischer Prozess auf Gegenseitigkeit. Es ist eine tiefe Begegnung auf der Herzebene, der Erfahrung reinen Seins – von Mensch zu Mensch.

Der Heilraum ersetzt dir keine möglicherweise notwendige Traumatherapie. Aber du darfst auch Mut haben, dir eigene gespeicherte Erfahrungen anzuschauen. Sei dir hierbei auch immer bewusst, dass die Erfahrung, die du im Prozess spürst, nur noch aus deiner Erinnerung gespeist ist. Sie ist spürbare, aber gewesene Vergangenheit.

Der Heilraumprozess erkennt die Möglichkeiten der gemeinsamen Erkenntnisprozesse und Wachstumsschritte sowie die Grenzen der Ausübenden an. Niemand wird und muss alles lösen – und manchmal liegt das Lösende in dem gemeinsamen Aushalten einer fühlenden Ohnmacht vor dem schier Unlösbaren.

Der Heilraum ist zusätzlich zu dem bisher Gesagten auch ein Einüben in spürende Achtsamkeit für die Aufstellungsarbeit im Einzelsetting mit Menschen, die sich dir mit ihren Problemen anvertrauen. Der Heilraum kann und soll dein therapeutisches Handwerkszeug entwickeln und erweitern, dir auch als eine Richtschnur für eine mögliche Vorgehensweise für die Arbeit im Einzelsetting dienen.

»Was ist jetzt? Und jetzt? Und jetzt?«, ist die unausgesprochene, begleitende Frage, die den gesamten Prozess des Heilraums begleitet – geprägt von universeller Liebe und Mitgefühl, einem respektvollen Abstand gegenüber dem Leid des anderen und einer Mitfreude, wenn Lösendes gelingt. Grundlegende Vereinbarung hierbei ist Gewaltfreiheit – niemand wird im Heilraum zu etwas veranlasst, was die Person nicht selbst steuern kann. Heilraum bedeutet:

- die Sicherheit zu haben, im eigenen Rhythmus den nächstmöglichen Schritt gehen zu können,
- zwischen den im Körper und im Geist gespeicherten Erfahrungen, die sich im Prozess zeigen, und einem neu erlebbaren, sicheren Verhalten zu pendeln,
- sich dabei gegenseitig zu begleiten,
- Erfahrungen zu bezeugen, zu halten und zu stützen,
- alte Erfahrungen zu erkennen, zu verändern oder loszulassen und in ein neues Handeln hinein zu entwickeln.

Das Setting

Zwei Aufstellerkollegen treffen sich an einem geschützten Ort. Als Zeitfenster sind insgesamt ca. drei bis vier Stunden (eineinhalb bis zwei Stunden pro Person, wenn beide an dem Tag arbeiten wollen und können) mit einer ausreichenden Pause einzuplanen. Beide einigen sich darauf, wer mit seinem Heilraumprozess beginnt. Die beginnende Person formuliert ihr persönliches Anliegen. Das Anliegen kann klar, aber auch diffus sein. Wiederkehrende, unklare Gedanken oder Gefühlswahrnehmungen, Körperempfindungen, Symptome, bewusste oder unbewusste belastende Ereignisse oder Anteile können Ausgangspunkt der gemeinsamen Spurensuche sein. Dabei darf nicht aus dem Blick gelassen werden, dass ein Nicht-Spüren-Können, ein Gefühl von Leere, ein Nichthandeln, das Unausgesprochene oder »Totgestellte« in uns auch wichtige Erfahrungen sind.

Es ist hilfreich, bevor der Heilraum beginnt, einen »sicheren Ort« für den, der arbeitet, festzulegen. Dies kann im Raum oder in der Imagination ein anderer Platz sein. An den kannst du gehen, wenn dich Bilder oder Gefühle im Verlauf des Prozesses überfluten, bis du wieder in ein klares Gewahrsein kommst, für das, was jetzt ist. Vereinbart ein Zeichen, wenn es erforderlich ist, dass du an deinen sicheren Ort gehst. Wenn du dann wieder bereit bist, kannst du zum Prozess zurückkehren (die sogenannte »Pendelbewegung«).

Da Trauma unter anderem eine angstbesetzte, schmerzhafte und abspaltende Erfahrung ist, spiegelt es sich unter Umständen im Rahmen des Prozesses der Spiegelneuronen mit den gleichen Empfindungen bei deinem Begleiter. Er spürt dann ebenfalls Ängste, Schmerz und Abspaltung und kann damit das Erleben wiederum als Spiegelprozess bei dir verstärken. Eine zusätzlich größere Verstärkung geschieht, wenn nicht bewusste und eigene, nicht verarbeitete Traumata deines Begleiters angerührt werden, aber nicht bewusst in den Blick kommen. Es ist daher für alle immer eine Situation, die hohe Achtsamkeit erfordert für das, was gegenwärtig ist. Bleibt aufmerksam und darüber im vertrauensvollen Austausch.

Bedenke: Du musst in der Sitzung nicht an ein vorgefasstes Ziel ankommen – weder in deinem Prozess noch als Begleiter! Es ist auch nicht sinnvoll, sich selbst zu retraumatisieren oder von deinem Begleiter retraumatisiert zu werden. Du und dein Begleiter können jederzeit den Prozess beenden und ihn in gegebener Zeit weiterführen, wenn erforderlich, mit anderer fachlicher Unterstützung. *Du* entscheidest das und dein Begleiter unterstützt dich, wenn du aus deinem Prozess heraus nicht handlungs- oder entscheidungsfähig bist. Das Maß hierfür ist immer wieder die klare Wahrnehmung und Kommunizierbarkeit dessen, was im Hier und Jetzt ist. Der Blick und das Handeln sowie auch die Grenze sind immer ausgerichtet auf den nächstmöglichen Schritt!

Mithilfe der unten aufgeführten Fragen beginnst du dich in dein Anliegen einzuspüren und es zu entwickeln. Trau dich, einen Anfang zu finden und dem Faden zu folgen. Wichtig ist, sich die Zeit zu nehmen, um das Gesagte zu spüren, die Empfindungen und Bilder, die kommen möchten, auch wahrnehmen zu können. Dein Begleiter unterstützt den Prozess durch seine achtsame Anwesenheit und, wenn erforderlich, mit zugewandten Nachfragen. Werden Widerstände, Übererregungen, Leerheiten gespürt: annehmen und dort verweilen; dir deinen Raum zu nehmen und von deinem Begleiter geben zu lassen, bis Sicherheit, Ruhe und Klarheit über das Wahrzunehmende entsteht. Gebe dir die Erlaubnis, dich zu erinnern und Verdrängtes wieder zu spüren. Dein Gegenüber ist für dich da und gibt dir Sicherheit bei diesem Prozess. Legt immer wieder gemeinsame Spürpausen ein. Auch der Begleiter ist aufgerufen, Resonanz im eigenen physischen und emotionalen Körper wahrzunehmen. Er fügt dies dem Prozessverlauf entsprechend einfühlsam hinzu.

Der Prozess

Der Prozess beginnt mit einer gemeinsamen Stille, z. B. mit einer Meditation auf den Atem oder einer anderen Achtsamkeitsmeditation, der man zugeneigt ist, um Körper, Atem und Geist zur Ruhe kommen zu lassen.

Aus der Stille heraus beginnt eine Person ihren Prozess mit dem achtsamen Hinspüren zu ihrer Fragestellung. Sie unterstützt sich selbst und wird vom Begleiter unterstützt mit den unten stehenden Fragen. Es ist möglich, die Fragen als Einstimmung vorher zu lesen und/oder die begleitende Person stellt sie ergänzend im Verlauf des Prozesses. Die Fragen sind nur eine Auswahl und nicht abschließend. Fragen entstehen auch aus dem Spüren im Prozess. Sie kommen aus dem leeren Raum! Hierbei ist auch zu beachten, dass wir bei Dissoziation nur bruchstückhaft oder gar nicht antworten können. Dann ist es erst erforderlich, der Dissoziation spürend zu folgen und nicht den Fragen. Sie sind kein Abfragekatalog.

Orientierende Fragen:

- Was ist gerade jetzt, wenn du mit deinem Thema in Verbindung gehst?
- Was spürst du im Körper, was fühlst du?
- Kommen erste Gedanken, Gedankenbruchstücke, diffuse Wahrnehmungen?
- Spürst du etwas, was du nicht zuordnen und nicht verstehen kannst?
- Gibt es ein Ereignis, an das du dich erinnerst? Was ist damals passiert?
- Was hast du gefühlt? Wie hast du es im Körper gespürt?
- Was spürst du noch heute in deinem Körper? Und was spürst du jetzt gerade?
- Wo im Körper ist es zu spüren? Wie fühlt es sich an? Gibt es dazu ein Bild für dich?
- Welche Gedanken hattest du?
- Erinnerst du Bilder? Wie war die Umgebung? Wie alt bist du möglicherweise? (Ziehe in Betracht, dass du mitunter pränatal oder frühkindlich erinnerst, oder aus einer wahrnehmbaren Verstrickung, die dir gleichermaßen fremd und gleichzeitig vertraut erscheint.)
- Hast du andere Eindrücke? Geräusche, Geschmacksempfindungen oder Gerüche?
- Was hast du in der Situation getan? Was konntest du nicht tun? Gab es Empfindungen?
- Wenn noch jemand dabei war: Was hat der oder die andere gemacht?
- Gibt es sonst noch irgendwelche Wahrnehmungen, die du fühlst, spürst oder erinnerst, wenn wir in diesem Prozess gerade verweilen?
- Fallen dir Verhaltensweisen aus deinem Leben ein, die möglicherweise damit in Verbindung stehen?
- Kennst du diese Verhaltensweisen von anderen Menschen, z. B aus deiner Familie?
- Gibt es etwas, das du uns lieber verschweigen möchtest? Weißt du warum?

Achtsamkeitspause:

- Spürt, was jetzt ist.
- Begebe dich gegebenenfalls an deinen sicheren Ort und komme wieder zurück.

Orientierende Fragen in Richtung Lösung:

- Damals hattest du keine Möglichkeit – heute kannst du dir zu dem sicheren Ort auch eine sichere Person oder Ressource hinzunehmen. Wer oder was könnte das sein?

- Was hättest du gemacht, wenn du etwas hättest tun können?
- Gibt es aus deinem damaligen Konflikterleben eine heilende, lösende Bewegung deines Körpers?
- Wenn du in dich hineinspürst: Was hätte der entsprechende Teil deines Körpers damals gern getan?
- Welche Emotion wurde vielleicht gebremst? Möchtest du sie jetzt fühlen und zeigen, wie sie eigentlich hätte sein können?
- Was konnte möglicherweise sprachlich nicht ausgedrückt werden?
- Was hättest du fühlen wollen? Was möglicherweise gebraucht? Wer oder was hat dir gefehlt?
- Möchtest du noch eine unterdrückte, nicht zu Ende gegangene Bewegung zu Ende bringen?
- Wie spürst du das? Was will dein Körper tun? Deine Seele?
- Kannst du das zeigen?
- Kommen dir heilende Worte oder Sätze?
- Wenn du die Situation betrachtest: Was ist für dich ein gesunder Abstand zu diesem Geschehen? Zu den beteiligten Personen? Willst du etwas mit der Person zu Ende bringen?
- Ziehe neben dem gesunden Abstand auch Vergebung in Betracht – für dich selbst und die anderen.
- Wo fühlst du dich sicher, wenn du zu all dem hinspürst? Wo ist dein guter Platz?

Achtsamkeitspause:
- Spürt wieder gemeinsam, was jetzt ist, und vertraut euch dem Lösenden an.
- Lasst aus der Stille und der Achtsamkeit heraus das Neue entstehen.
- Was wäre für dich und auch für andere Beteiligte eine mögliche gute Lösung?

Eine Lösung entstehen lassen:
- Sprecht gemeinsam über die möglichen Lösungen.
- Stellt die lösende Konstellation jetzt mit Bodenanker auf.
- Nehmt beide wechselnd die Positionen ein.
- Nehmt nochmal das Problem und die Lösung spürend wahr.

Dann:
- Führt gegebenenfalls die lösenden Körperbewegungen zu einem Ende.
- Vielleicht müssen heilende Worte gesagt werden.
- Möglicherweise entsteht auch ein Lösungsbild als Anker für die Zukunft.

Ausklang nach dem Prozess

Oft brauchen wir Zeit für die Integration der erlebten Erfahrung. Bleibe auch hier, nach der gemeinsamen Arbeit in einem achtsamen Spüren, was dein Körper, dein Gefühls- und Nervensystem gerade brauchen. Bedankt euch auf eure Art und Weise.

Nach einer Pause wechselt ihr. Jetzt geht der andere in seinen Prozess des Heilraums. Es ist durchaus möglich, nur in einen Heilraumprozess an einem Treffen zu gehen.

Hilfreich kann auch sein, dass du dir später deinen Prozess aufschreibst und ihr zu Beginn eures nächsten Treffens nochmal darüber sprecht. Das dient euch im weiteren Verlauf zu einer gesammelten Bewusstwerdung.

Wie der Heilkreis ist auch der Heilraum ein Angebot, sich über die Weiterbildung hinaus kontinuierlich zu treffen und miteinander in der gleichen Dyade zu arbeiten. Veränderungen bedürfen häufig der Zeit, durch wiederholendes Zuwenden und durch wachsendes Verstehen und Vertrauen! Um gemeinsame blinde Flecken in den Blick zu bekommen, ist es hilfreich, nach einer längeren Arbeitsphase mit einer Person, auch mit jemand anderem zu arbeiten. Aber: Wechselt nicht zu schnell, sondern arbeitet auch an den auftretenden Hindernissen.

»Im Jetzt zu sein heißt, die Illusion von unserem kleinen Ego aufzulösen.
Und das ist Ziel aller Übungen!«
(Bruder David Steindl-Rast, 2014, S. 42)

Literatur

Homberger, H. (2013). Der Heilkreis. Praxis der Systemaufstellung, (1), 90–94.

Homberger, H. (2015). Meditationen (Doppel-CD). Holzkirchen: Wege der Mystik.

Homberger, H. (2019a). Die stellvertretende Wahrnehmung in der systemischen Aufstellungsarbeit. In K. Nazarkiewicz, P. Bourquin (Hrsg.), Essenzen der Aufstellungsarbeit. Praxis der Systemaufstellung (S. 87–105). Göttingen: Vandenhoeck & Ruprecht.

Homberger, H. (2019b). Berührt im Sein – die spirituelle Dimension in der systemischen Aufstellungsarbeit. In Würzburger Forum der Kontemplation e. V. (Hrsg.), Kontemplation und Mystik, (1), 6–16.

Steindl-Rast, D. (2014). Einfach leben – dankbar leben. 365 Inspirationen. Freiburg i. Br.: Herder.

Die Autorinnen und Autoren

Bija Christine Armitstead
Bija Christine Armitstead ist Dipl.-Sozialarbeiterin, Personalreferentin und Lehrtrainerin/Weiterbildnerin (DGfS). Sie arbeitet in den Bereichen Systemische Persönlichkeits- und Businessentwicklung, Personalmanagement HR, Frauen in Business und Management – FBM. Weitere Informationen finden Sie unter: www.aufstellungs-praxis.de

Christina Arnold
Christina Arnold ist Theologin, Psychologische Beraterin, ÖfS-zertifizierte Weiterbildnerin für Systemaufstellungen. Weitere Informationen finden Sie unter: www.aufstellung-tirol.com

Scherin Beuther
Scherin Beuther ist Organisationsentwicklerin (IntOE), Führungskräfte-Coach (Dipl. systemisch) und Facilitatorin für Systemaufstellungen in Organisationen (zertifizierte infosyon Professional). Sie unterstützt das infosyon Qualitätsteam. Weitere Informationen finden Sie unter: www.fuehrungsimpuls.de

Christopher Bodirsky
Christopher Bodirsky ist Heilpraktiker für Psychotherapie, Anerkannter Weiterbildner (DGfS), Zertifizierter Strukturaufsteller (SySt) und außerdem der Inhaber vom Institut SWT, Hannover. Weitere Informationen finden Sie unter: www.bodirsky-systeme.de

Lisa Böhm-de Philipp
Lisa Böhm-de Philipp ist Pädagogin, Lehrerin, Autorin, Heilpraktikerin (Psychotherapie) und Weiterbildnerin für Systemaufstellungen (DGfS) mit jahrzehntelanger Meditationserfahrung. Sie arbeitet in München und Bad Wildungen. Weitere Informationen finden Sie unter: www.lisa-boehm.de

Peter Bourquin
Peter Bourquin lebt und arbeitet in Spanien. Er ist der Leiter des Instituts ECOS in Barcelona sowie anerkannter Lehrtrainer der deutschen und spanischen Fachverbände (DGfS und AECFS). Außerdem ist er Autor von acht Büchern sowie zahlreicher Artikel. Weitere Informationen finden Sie unter: www.peter-bourquin.net

Siegfried Essen
Siegfried Essen hat evangelische Theologie, Philosophie und Psychologie studiert und ist Dipl.-Psychologe und Psychotherapeut mit den Schwerpunkten Systemische Familientherapie, Integrative Gestalttherapie sowie Individualpsychologie. Er ist zertifizierter Weiterbildner des ÖfS. Weitere Informationen finden Sie unter: http://www.siegfriedessen.com

Kurt Fleischner
Kurt Fleischner ist als Sozialpädagoge und Psychologischer Berater, Coach, Trainer, Supervisor und Weiterbildner für Systemaufstellungen tätig. Weitere Informationen finden Sie unter: www.fleischner.at

Elke Foltz
Elke Foltz ist selbstständige Apothekerin. Sie arbeitet außerdem als Systemaufstellerin (DGfS) und Heilpraktikerin für Psychotherapie. Sie ist in eigener Praxis in der Nähe von Würzburg tätig. Weitere Informationen finden Sie unter: www.elke-foltz.de

Isabel Fröhlich-Rudner
Isabell Fröhlich-Rudner ist die achtsame Haltung der Verbindung verschiedenster Bereiche in allen Lebenssituationen wichtig. Sie ist Tanztherapeutin, Heilpraktikerin (psych.), Trauer-und Sterbebegleiterin, Weiterbildnerin für Systemaufstellungen DGfS, EMDR Traumatherapeutin und lernender Mensch, Frau und Mutter. Weitere Informationen finden Sie unter: www.isabelfroehlich.de.tl

Thomas Geßner
Thomas Geßner ist Dipl.-Theologe, Lehrtherapeut für Systemaufstellungen (DGfS) und Autor. Er verbindet das Potenzial der phänomenologischen Aufstellungsarbeit mit seinen Wurzeln in der Seelsorge. Weitere Informationen finden Sie unter: www.gessner-aufstellungen.de

Thomas Hafer

Thomas Hafer hat Philosophie studiert und unter anderem Humanistische Psychotherapie, Gestalttherapie, Tiefenpsychologie, Psychoonkologie und Coaching gelernt. Er verbindet seit 15 Jahren den spirituell-psychologischen Weg der Ridhwan-Schule mit seiner Arbeit. Hafer ist Weiterbildner der DGfS und unterrichtet in Köln und im Ausland. Weitere Informationen finden Sie unter: www.thomas-hafer.de

Stephanie Hartung

Stephanie Hartung arbeitet als Unternehmensberaterin, Hochschuldozentin, Gestalttherapeutin, Weiterbildnerin für System- und Organisationsaufstellungen und Fachbuchautorin. Sie ist die Inhaberin des FELD INSTITUTs in Köln. Weitere Informationen finden Sie unter: www.feld-institut.de

Harald Homberger

Harald Homberger ist Kinder- und Jugendlichenpsychotherapeut, Heilpraktiker und Lehrer der Samyama Integralen Yogameditation und hat eine psychotherapeutische Praxis. Seit 1995 gibt er Aufstellungsseminare und Weiterbildungen, er ist Lehrtherapeut und Weiterbildner der DGfS und außerdem der Gründer der Schule des Schauens, die Aufstellungsarbeit im Geiste west-östlicher Weisheit praktiziert. Weitere Informationen finden Sie unter: www.harald-homberger.de

Christina Huss-Doliana

Christina Huss-Doliana ist Sozialpädagogin, Systemische Lehrtherapeutin (DGfS) und Systemische Körperpsychotherapeutin. Sie hat in der Toscana das Institut für Systemische Lösungen gegründet und bildet dort Therapeuten aus. Weitere Informationen finden Sie unter: www.familyconstellations-toscana.com

Martina Jerchel

Martina Jerchel ist Heilpraktikerin sowie Systemaufstellerin (DGfS) und arbeitet als Therapeutin, Beraterin und Coach in eigener Praxis in Hannover. Weitere Informationen finden Sie unter: www.martina-jerchel.de

Maria Klein

Maria Klein arbeitet als freie Kreative, gestalttherapeutische Familienaufstellerin (nach Victor Chu) und als zertifizierter Matrix-Coach (nach Varda Hasselmann). Weitere Informationen finden Sie unter: www.maria-familienstellen.de

Peter Klein
Peter Klein ist Ausbildungsleiter für Integral Systemics Coaches – Innere Form, Aufstellungsarbeit – DACH, Autor, Business-Trainer, Key-Note-Speaker, Vorstandsmitglied von infosyon und Integrale Lebensarchitekten. Weitere Informationen finden Sie unter: https://integral-systemics.com

Kerstin Kuschik
Kerstin Kuschik ist Literaturwissenschaftlerin, M. A., Heilpraktikerin (psych.), Hypnotherapeutin, Achtsamkeitslehrerin sowie Systemaufstellerin (DGfS) und arbeitet als Coach, Trainerin und Therapeutin in eigener Praxis in Frankfurt am Main. Weitere Informationen finden Sie unter: www.kuschik-stimmt.de

Angelika Leisering
Angelika Leisering ist Weiterbildnerin für Systemaufstellungen, Coach für persönliche Weiterentwicklung im privaten und beruflichen Umfeld sowie Trainerin und Coach für gelingendes Change Management – für Menschen in Organisationen. Weitere Informationen finden Sie unter: www.wirkungsreich.com

Christiane Lier
Christiane Lier ist Dipl.-Psychologin, Lehrtherapeutin (DGfS), systemische Beraterin (DGSF), Supervisorin (SG) und Kinderbuchautorin. Weitere Informationen finden Sie unter: www.Christiane-Lier.de

Holger Lier
Holger Lier ist Dipl.-Sozialpädagoge, Lehrtherapeut (DGSF u. DGfS), systemischer Therapeut, Coach (DGSF) und Supervisor (SG). Weitere Informationen finden Sie unter: www.Holger-Lier.de

Marion Lockert
Marion Lockert ist Mentorin für Sinn und Wandel und bietet Seminare, Einzelsitzungen und Coaching (in Präsenz und online) zu folgenden Bereichen an: Authentisches Ichsein – Ermittlung der Seelenmatrix, Archetypencoaching, Spirituelle Aufstellungen, Mediale Beratung, Spiritualität im Business, Emotionale Führungskompetenz. Weitere Informationen finden Sie unter: www.marion-lockert-institut.de

Albrecht Mahr
Albrecht Mahr ist Facharzt für psychosomatische Medizin und Psychotherapie, Psychoanalyse und Systemtherapie in Würzburg. Er lehrt und praktiziert

weltweit Systemaufstellungen, die er zunehmend mit dem Ridhwan-Ansatz/ Diamond Approach verbindet. Weitere Informationen finden Sie unter: www.mahrsysteme.de

Wolf Maurer
Wolf Maurer ist Weiterbildner für Systemaufstellungen, Coach, Trainer und Change Management Coach. Er bietet eine Begleitung in persönlichen Klärungssituationen und eine Beratung bei Veränderungsprozessen in Organisationen an. Weitere Informationen finden Sie unter: www.wirkungsreich.com

Georg Müller-Christ
Georg Müller-Christ ist Professor für Nachhaltiges Management an der Universität Bremen. Er integriert die Aufstellungsmethode in seine Forschungen, seine Lehre und seine Beratungen und bietet eine Fortbildung zur Aufstellungsleitung an. Weitere Informationen finden Sie unter: www.mc-managementaufstellungen.de

Kirsten Nazarkiewicz
Kirsten Nazarkiewicz ist Professorin für Interkulturelle Kommunikation am Fachbereich Sozial- und Kulturwissenschaften an der Hochschule Fulda, Sozialwissenschaftlerin (Dr. rer. soc.) und Erwachsenenpädagogin (M. A.). Sie ist außerdem in »Systemischer Traumapädagogik und Traumafachberatung« (DGEPT) zertifiziert. Weitere Informationen finden Sie unter: www-consilia-cct.com

Malte Nelles
Malte Nelles ist Dipl.-Politologe, Lehrtherapeut (DGfS) und Co-Leiter des Nelles-Instituts. Er führt eine Praxis für Psychotherapie, Paartherapie und Coaching in Berlin und übt eine internationale Lehr- und Seminartätigkeit aus. Weitere Informationen finden Sie unter: www.nellesinstitut.de

Salome Scholtens
Salome Scholtens (PhD) ist Senior Researcher und Dozentin an der University Medical Centre Groningen in den Niederlanden mit Schwerpunkt persönlicher und professioneller Entwicklung. Sie hat eine Weiterbildung in Systemdynamiken in Organisationen und Systemischem Coaching am Bert Hellinger Institut in den Niederlanden absolviert. Weitere Informationen finden Sie unter: www.rug.nl/staff/s.scholtens

Margreet Smit
Margreet Smit (MSc) hat Pädagogik studiert und sich auf das Feld »Lebenslanges Lernen« spezialisiert. Sie arbeitet als Dozentin am Fachbereich Gesundheitswissenschaften, University Medical Center Groningen, Niederlande, und entwickelt Weiterbildungen für SCOPE: Center of Expertise for Personal Development. Weitere Informationen finden Sie unter: www.rug.nl/scope

Carola von Bismarck
Carola von Bismarck interessiert die Balance von Körper, Seele und Geist in uns Menschen. Im Einklang mit dem Großen und mit dem Ausdruck unseres originalen Wesens zu leben: Wie kann das gelingen? Weitere Informationen finden Sie unter: www.carolavonbismarck.de

Klaus-Ingbert Wagner
Klaus-Ingbert Wagner, Heilpraktiker, Lehrtherapeut für Systemaufstellungen (DGfS), Supervisor (DGSv), Gesprächs- und Gestalttherapie, Gruppendynamik (TOPS), hat eine Praxis für Psychotherapie, Coaching und Supervision sowie ein eigenes Ausbildungsinstitut, die Zukunftswerkstatt Amberg. Weitere Informationen finden Sie unter: www.zukunftswerkstatt-amberg.de

Theresa Weismüller
Theresa Weismüller ist Dipl.-Psychologin, niedergelassen in eigener Praxis mit den Verfahren Verhaltenstherapie und Systemische Familientherapie. Sie hat sich seit 1998 auf traumatisierte Patienten spezialisiert, ist Supervisorin in EMDR und lehrt am eigenen Ausbildungsinstitut in Systemaufstellungen seit 2001. Weitere Informationen finden Sie unter: https://weismueller.saarland

Hildegard Wiedemann
Hildegard Wiedemann ist Studienassessorin, Lehrtherapeutin für Initiatische Therapie (Graf Dürckheim) und Systemaufstellungen (DGfS), Weiterbildnerin für System- und Märchenaufstellungen (DGfS) und Autorin. Außerdem arbeitet sie als Hypnotherapeutin und Heilpraktikerin für Psychotherapie. Weitere Informationen finden Sie unter: https://www.maerchenmythen.de

Über den Fotografen Helmut Seuffert

Helmut Seuffert, 1955 in der Hauptstadt Baden-Württembergs geboren und in einer sparsamen Kleinstadt mit Amtssprache Schwäbisch großgeworden, will zuerst Straßenbahnschaffner, dann Fahrlehrer und schließlich definitiv Fotograf werden. Eine Fotografin rät ihm davon ab. Immer nur Kühlschränke zu fotografieren sei ziemlich eintönig.

Nach mittelmäßigem Abitur will der langhaarige Zivildienstleistende dann lieber Psychologie studieren und wechselt nach einer kurzen Süddeutschlandtournee als Straßenmusiker und einer Tätigkeit als Nachtportier ins hessische Frankfurt am Main, wo er einen Studienplatz für das Fach Soziologie zugelost bekommt.

Um sich zum Lebensunterhalt etwas dazuzuverdienen, beginnt der arme Student nebenbei erfolgreich mit der Zähmung, Dressur und dem Umbau von programmierbaren Kleincomputern. Schließlich sind fähige Computerdompteure zu der Zeit extrem rar, aber dafür exzellent bezahlt. Was man von Soziologen nicht behaupten kann. Zusammen mit zwei Freunden gründet er den ersten Computerladen Hessens, übersetzt Handbücher vom Amerikanischen ins Hochdeutsche, schult in Seminaren erfahrene Manager im Umgang mit Computern und entwickelt außerdem Software für Steuerberechnungen und zur Kalkulation von Montageprojekten in ganz Europa inklusive Georgien, ohne wirklich Ahnung von der Sache zu haben.

Um sein fehlendes Fachwissen besser überspielen zu können, wechselt er zielstrebig vom vor sich hindümpelnden Studium der Soziologie zum Fach Wirtschaftswissenschaften. Dann entdeckt er begeistert die wunderbare Welt des technischen Zeichnens mit Computern. Kurze Zeit später ist er einer der erfolgreichsten Händler eines deutschen CAD-Programms und verkauft dankbaren Architekten, Maschinenbauern, Elektrotechnikern, Anlagenbauern und Elektronikern ein in Deutschland entwickeltes CAD-System. Wiederum ohne wirklich fachlich Ahnung von der Sache zu haben.

1995 küsst ihn überraschend die kreative Muse. Nach der Geburt seiner Kinder beginnt der Computerspezialist sein lange dornröschenschlafendes Hobby wieder aufzuwecken: die Fotografie. Eher zufällig beteiligt er sich an einem Wettbewerb zum Thema »Bewegung« und gewinnt ohne Anlauf und auf Anhieb einen ganz ordentlich dotierten 2. Platz.

Nun erwacht die Fotografie-Leidenschaft wie ein schlafender Drache. Innerhalb von Monaten verkauft der Künstler seine Computervergangenheit, beginnt eine Lehre zum Fotografen und beendet seine erste eigene Berufsausbildung schließlich im Alter von 46 Jahren mit dem mittlerweile nutzlosen Meisterbrief. Gerade jetzt, als die neue digitale Fotografie sich dran macht, dem altehrwürdigen Fotografenhandwerk das Licht auszuknipsen.

Und seit dieser Zeit lebt er als Fotograf glücklich und zufrieden, fotografiert – jetzt digital – keine Kühlschränke, aber gern und viel Musiker, Schauspieler, Theater und andere Bühnen des Lebens und macht mit seinem fotografischen Auge vieles sichtbar, was auf den ersten Blick unsichtbar ist.

Praxis der Systemaufstellung

Die Zeitschrift »Praxis der Systemaufstellung« wurde 1997 von Wilfried De Philipp, Jakob Schneider, Eva Madelung, Gunthard Weber u. a. ins Leben gerufen. Ab 1998 erschien sie fast zwanzig Jahre lang zweimal jährlich als Fachzeitschrift, die sich den verschiedenen Aspekten der Aufstellungsarbeit widmete.

Herausgegeben im Namen der Deutschen Gesellschaft für Systemaufstellungen (DGfS), erscheint die »Praxis der Systemaufstellung« (PdS) seit 2017 einmal jährlich als Themenbuch bei Vandenhoeck & Ruprecht.

Das PdS-Printarchiv mit Zugang zu allen zwischen 1998–2017 publizierten Artikeln der ehemaligen Zeitschrift sowie aktuelle Fachartikel, Erfahrungsberichte und Debatten zu einem breiteren Themenfeld finden Sie im PDF-Format auf der Website: www.praxis-der-systemaufstellung.de

Bislang bei Vandenhoeck & Ruprecht veröffentlichte PdS-Jahrbücher:

- Trauma und Begegnung (2017),
- Einflüsse der Welt. Individuelles Schicksal im kollektiven Kontext (2018),
- Essenzen der Aufstellungsarbeit (2019),
- Aufstellungen im Arbeitskontext (2020),
- Aufstellungsarbeit lernen und lehren (2021).